LUKAS HERMSMEIER

UPRISING
AMERIKAS
NEUE LINKE

Klett-Cotta

Für meine Eltern und Natasha

Klett-Cotta
www.klett-cotta.de
© 2022 Lukas Hermsmeier
© 2022 by J. G. Cotta'sche Buchhandlung
Nachfolger GmbH, gegr. 1659, Stuttgart
Alle Rechte vorbehalten
Cover: Rothfos & Gabler, Hamburg
unter Verwendung einer Abbildung von Lukas Hermsmeier
Gesetzt in den Tropen Studios, Leipzig
Gedruckt und gebunden von CPI – Clausen & Bosse, Leck
ISBN 978-3-608-98436-1
E-Book ISBN 978-3-608-11852-0

Bibliografische Information der Deutschen Nationalbibliothek:
Die Deutsche Nationalbibliothek verzeichnet diese Publikation
in der Deutschen Nationalbibliografie; detaillierte bibliografische Daten
sind im Internet über http://dnb.d-nb.de abrufbar.

INHALT

EINLEITUNG 7

1 **AMERIKAS NEUE LINKE** 19
Aus der Enttäuschung über Obama geht eine radikalisierte Generation hervor, die andere Formen der kollektiven Organisierung verfolgt.

2 **OCCUPYS ERBE** 42
Ein anarchistisches Experiment im New Yorker Zuccotti Park stellt Systemfragen und öffnet dadurch den demokratischen Horizont.

3 **VISIONEN DER SCHWARZEN BEWEGUNG** 74
Black Lives Matter läutet eine neue Ära des antirassistischen Aktivismus ein, dessen Kraft sich im Sommer 2020 entlädt.

4 **SOZIALISTISCHER REALISMUS** 97
Ausgerechnet in den USA werden die Alternativen zum Kapitalismus dringender und konkreter – beziehungsweise gerade dort.

5 **LAND ZURÜCK** 126
Der indigene Widerstand in Standing Rock weist den Weg in eine Welt, in der Menschen und Natur miteinander blühen.

6 **ABOLITIONISMUS** 152
Eine Gesellschaft ohne Polizei und Gefängnisse? Wie sich eine radikale Utopie verbreitet hat und lokal bereits anvisiert wird.

7 **KLASSE UND CARE** 180
Eine neue Arbeiter*innenbewegung wächst,
angeführt von Frauen of Color. Ihr Ziel ist nicht
weniger als die Demokratisierung aller Arbeit.

8 **ÜBER DEN GREEN NEW DEAL HINAUS** 211
Zum ersten Mal steht eine Klima-Vision im Raum,
die den Umbau der Ökonomie und Infrastrukturen
als Freiheitsprojekt versteht.

9 **STAATSFEIND*INNEN** 236
Unter Trump treten faschistische Strukturen hervor,
die einigen Bevölkerungsgruppen bekannt sind.
Ein neuer Antifaschismus ist gefragt.

10 **ZWISCHEN BEWEGUNG UND PARLAMENT** 266
Progressive Organisationen helfen jungen
Kandidat*innen in die Politik. Lässt sich die
Demokratische Partei so von innen und
außen wandeln?

SCHLUSS 295

ANMERKUNGEN 311

DANKSAGUNG 319

EINLEITUNG

Für einen Moment schien die Polizei fast bedeutungslos, zurückgelassen, überflügelt. Mehrere Hundert Menschen hatten sich den Weg von der Flatbush Avenue auf die Manhattan Bridge gebahnt, vorbei an Beamt*innen mit gezückten Schlagstöcken und Handfesseln aus Plastik. Manche Protestler*innen jaulten vor Freude, andere rannten und hüpften auf den ersten Metern, irgendwo musste die Energie hin. »Black Lives Matter« und »Defund the Police« las man auf den Plakaten, wobei die Slogans eine halbe Stunde nach Beginn der Ausgangssperre zweitrangig waren. Die Brücke war jetzt *ihre*, eine kurze Demonstration kollektiver Macht.

Die Autofahrer*innen hupten, aber nicht, weil sie auf unabsehbare Zeit stillgelegt waren, sondern aus Solidarität. Ein Auto nach dem nächsten, spontaner Überschwang. In Erinnerung ist mir vor allem ein Fahrer geblieben, den wir nach rund zwei Minuten passierten. Der Mann, ein vielleicht Anfang 20-jähriger Afroamerikaner mit Beanie und hellblauer Schutzmaske, hatte den Motor ausgestellt und sich aufgerichtet, sodass sein Oberkörper aus dem Dach seines schwarzen Kleinwagens ragte. Er streckte die rechte Faust Richtung Himmel, ganz still, mit ernstem Blick, nahezu stoisch. Ich weiß nicht, woher er kam, wohin er wollte, was er dachte, aber er machte den Eindruck, als käme ihm die Unterbrechung gerade recht. Wirklich planbar waren die Abende im Juni 2020 sowieso nicht mehr.

Eine Woche war seit dem Mord an George Floyd durch einen weißen Polizisten vergangen, eine Woche Ausnahmezustand. Erst hatten die Menschen in Floyds Stadt Minneapolis die Straßen in Beschlag genommen, schnell sprangen die Demonstrationen und

Ausschreitungen aufs ganze Land über. Bis zu 26 Millionen Amerikaner*innen beteiligten sich an den Protesten, die gegen Rassismus und Polizeigewalt gerichtet waren, aber auch ganz grundsätzlich gegen einen Staat, der seine Bürger*innen systematisch verkümmern lässt. Nachdem die pandemischen Städte monatelang wie betäubt wirkten, waren die Straßen plötzlich wieder voll. Statuen wurden gekippt, Plätze besetzt, neue Bündnisse geformt. Das öffentliche Leben wurde reaktiviert, anders zwar, weil das Virus ja weiter in der Luft lag, aber gerade deshalb mit einem verstärkten Gefühl für die Gemeinschaft. Die Protestler*innen marschierten mit bedeckten Gesichtern, reichten sich gegenseitig Desinfektionsmittel. Am Straßenrand wurden selbst genähte Masken, Getränke und Essen verteilt. Den Leuten, die die Straßen, Brücken und Autobahnen einnahmen, ging es nicht nur um Krisenbewältigung und die Negierung des Status quo, sondern auch darum, neue politische Ansprüche zu formulieren.

»Care Not Cops« war ein oft gehörter Ruf dieser Wochen, Fürsorge statt Polizei – gleichermaßen eine Forderung und Inkraftsetzung. Die Gesellschaft könnte umsichtiger organisiert sein, wenn die Menschen die Möglichkeit dazu bekämen. Berührend waren deshalb auch die kleinen Momente am Rand. Eine uralte Frau in Spanish Harlem, die sich aus ihrem Fenster im sechsten Stock lehnte und auf einen Kochtopf trommelte. Eine Ärztin vor dem Brooklyn Hospital Center, die dem vorbeiziehenden Marsch applaudierte und von einem Protestler im Gegenzug eine Rose in die Hand gedrückt bekam. Kinder, die strahlten und tanzten, weil endlich wieder etwas los war. »Ein Aufstand kann die Toten nicht zum Leben erwecken, aber er kann die toten Räume der Städte reanimieren, die Straßen beleben – ›Our Streets!‹, heißt es im Sprechchor, ein städtisch-anarchisches Klischee, das im Moment Sinn ergibt, weil die Straßen anders genutzt werden«, hielt die Künstlerin und Autorin Hannah Black später fest.[1]

Was machte diese Protestbewegung, von der *New York Times* als die »größte in der Geschichte des Landes« eingeordnet, so besonders? Sicherlich die Intensität und Vehemenz, zweifellos die schiere Masse von Menschen aus allen demografischen Gruppen. Trump und Corona – das Land war schon vorher an seine Grenzen gelangt und darüber hinaus.

Besonders war der Frühsommer 2020 aber auch, weil man für ein paar Wochen nicht wusste, wie es weitergehen, welche Richtung das alles nehmen würde. Tagsüber fanden gigantische Märsche statt, oft parallel, sodass sie sich irgendwann kreuzten und zu maßlosen Massen wuchsen. Nachts explodierten die Unruhen, unberechenbar und roh, wie hätte es anders sein können in dieser Lage. Und morgens stand man auf und fragte sich nicht, *ob* etwas an diesem Tag passieren würde, das war ja klar, sondern wohin es führt.

Über einen Telegram-Kanal mit dem Namen »NYC George Floyd Announcements«, in dem Aktivist*innen mitschrieben, was über den Polizeifunk lief, konnte man die Unkontrollierbarkeit live verfolgen. Im Minutentakt wurde dort deutlich, wie die Beamt*innen versuchten, bezüglich der Protest-Standorte, Teilnehmerzahlen und außerordentlichen Vorfälle hinterherzukommen.

*»Es gibt eine weitere Gruppe am
Grand Army Plaza, ich bin mir nicht
sicher, vielleicht sind es dieselben?
Nochmal 8000.«*

*»Rund 1500 Leute auf der Canal Street
Richtung Osten.«*

*»3000 Menschen an der 7th Ave,
unklar wohin.«*

*»Ausgangssperre jetzt. Lasst uns
ein paar Leute schnappen.«*

Das Aufeinandertreffen von Polizei und Protest war oft brutal und niederschmetternd, der ganze Sommer von so viel Tod, Leid und Gewalt geprägt, dass sich die Idee einer daraus schälenden Utopie absurd anhören mag. Doch gleichzeitig gab es eben immer wieder diese Momente beispielloser Solidarität und unvermittelter Freiheit, – »Magic Actions«, wie es der Autor Tobi Haslett in einem Essay nannte. »Es hat sich etwas in Amerika gewandelt; es pulsiert etwas unter dem Panzer der Parteipolitik«, schrieb Haslett. »Die Rebellion hat nicht nur zu einer Eruption der Wut geführt, sondern den Aufruhr ohne Abbitte in den Rhythmus des politischen Lebens eingebaut.«[2]

Das Revolutionäre lag in der Ungewissheit und Offenheit, darin, dass plötzlich fast alles auf dem Spiel zu stehen schien und deshalb so vieles möglich. Spricht dieser Eindruck für das Privileg des Bessergestellten? Kann man die Unordnung nur genießen, wenn man die Ordnung hinter sich weiß? Nun, es waren ja gerade die Nicht-Privilegierten, die die Rebellion anführten, junge Schwarze Menschen, viele von ihnen arbeitslos oder prekär beschäftigt, entrechtet und hungrig, Menschen, die immer weniger zu verlieren hatten. *Sie* gaben den Rhythmus vor, keine Politiker, Autorinnen oder NGOs. *Sie* setzten ein Lebenszeichen gegen die allgegenwärtige Morbidität.

»Der Mut war größer, als ich es mir je hätte vorstellen können«, sagte mir Robin Wonsley, eine junge Schwarze Frau aus Minneapolis, die vom ersten Tag der Revolte an dabei war. Die Momente auf der Straße seien »frei von Angst« gewesen, so Wonsley. »Wir hatten das Gefühl, dass wir die ganze Stadt erobern.«

UPRISING

Zugegeben, es gibt einige gute Gründe, sich von den Vereinigten Staaten abzuwenden. Kein anderes Land hat sich in dieser Welt so breit gemacht, im übertragenen, aber auch im wahrsten Sinne des Wortes, als Resultat von Jahrhunderten der Machtausdehnung. Der Amerikanische Exzeptionalismus, diese unnachgiebige Beschwörung der Einzigartigkeit, hat im 21. Jahrhundert nicht nachgelassen. Manchmal wirkt es sogar so, als würde er zunehmen, je dysfunktionaler das Land wird. Während zahlreiche Kommentare im Sommer 2020 zu dem Urteil kamen, dass die USA ein »failed state« seien, ein gescheiterter Staat also, der seine Funktionen und Verantwortungen gegenüber der Bevölkerung nicht mehr erfüllen kann, bestand Donald Trump wie im Wahn auf Amerikas unbändiger Stärke.

Gerade aus der Ferne betrachtet, konnte man in den vergangenen Jahren den Eindruck bekommen, dass das Land nur nach rechts gerückt ist. Trump bestimmte die Schlagzeilen, viele der Entwicklungen und Ereignisse wirken wie eine Warnung, dass noch Düstereres bevorsteht: vom Aufstieg der Verschwörungsideologie QAnon über den Sturm auf das Kapitol bis zu den neuen Abtreibungsverboten, die Liste ließe sich lange weiterführen.

In den USA hat allerdings noch ein anderer Wandel stattgefunden, eine gesellschaftliche Verschiebung, von der seltener erzählt wird und deren Wirkung sich gerade erst entfaltet. Das Land ist nicht nur nach rechts, sondern auch nach links gerückt. Wir erleben eine zunehmende Polarisierung, die insbesondere Beobachter*innen aus der Mitte Angst bereitet, die aber bezogen auf die eine Seite Hoffnung machen sollte. Es haben sich in den USA neue politische Räume ergeben, vor allem jenseits des Wahlsystems, jenseits der alten Institutionen, jenseits der bekannten Figuren. Zum ersten Mal seit Jahrzehnten gibt es wieder eine amerikanische Linke – und um genau die geht es in diesem Buch.

Es geht um soziale Bewegungen wie Occupy Wall Street und Black Lives Matter, um immer größer werdende Gruppen wie Sunrise Movement und die Democratic Socialists of America. Es geht um neue Formen der politischen Organisierung, direkt-demokratische Experimente und antifaschistischen Widerstand. Es geht um Visionen, wie man Wirtschaft und Arbeit fundamental anders gestalten könnte, um Orte und Momente des Wandels. Es geht um Arbeiterinnen, Akademiker, Aktivistinnen und Politiker, die nicht nur beweisen, dass es theoretische Alternativen gibt, sondern zeigen, wo sich die Hebel zur Umsetzung befinden. Es geht um eine

Linke, die offensiver, mutiger, radikaler ist als vorherige Generationen – die es auch sein muss, alleine aus Zeitgründen. In der laufenden Dekade wird sich entscheiden, wie bewohnbar diese Erde bleibt. Dem kapitalistischen Status quo, mit seiner Profitlogik, Eigentumsfixierung und Wachstumsnotwendigkeit, sind die Argumente jedenfalls schon vor einiger Zeit ausgegangen.

Wenn ich von »Amerikas neuer Linke« spreche, möchte ich allerdings keine Einheit beschwören, die es in der Realität nicht gibt. Ich meine damit die Vielzahl von Bewegungen und Gegenkräften, die sich entfaltet haben, manche größer, manche kleiner, manche schneller, manche langsamer. Es sind Entwicklungen, die sich oft überschneiden, zum Teil widersprechen, die keinem singulären Plan folgen, sondern von einer emanzipatorischen Energie angetrieben werden. Wenn man so will, ist die Pluralität und Zerstreuung das bestimmende Merkmal dieser Ära. Dass man aber überhaupt wieder von einer gesellschaftlichen Linken reden kann, das ist die Geschichte hinter den einzelnen Geschichten.

Die Idee für dieses Buch entstand zwar vorher, aber ich wusste erst im Juni 2020, dass ich es wirklich schreiben wollte. So spontan die Unruhen waren und so speziell die Umstände, so deutlich zeigte sich in diesen Wochen eben auch, wie groß der linke Veränderungswillen in den Vereinigten Staaten allgemein ist. Aus diesen Erfahrungen leitet sich der Titel des Buches ab. Uprising, das bedeutet so viel wie Aufstand oder Aufbegehren, direkt übersetzt, heißt es Aufstieg (rising) nach oben (up). Die Protagonist*innen wollen allerdings nicht im Sinne individueller Karrieren nach oben, um von dort zu regieren, in leicht modifizierten Hierarchien. Sie wollen die Hierarchien und Klüfte generell überwinden. »Transformative Macht« nennt die queer-feministische und anti-rassistische Aktivistin Charlene Carruthers diesen Ansatz, der auf der Überzeugung beruht, dass es kollektive Macht braucht, um die Dominanz Einzelner loszuwerden.

EINE GEGENERZÄHLUNG

Warum sollte man sich dafür in Deutschland interessieren? Zunächst, ganz allgemein, lassen sich die Entwicklungen der Länder kaum voneinander trennen. Allein der Klimawandel spricht dafür, die Probleme und Lösungen zu verknüpfen, global zu denken, sich über Grenzen hinweg auszutauschen und zu organisieren. Das gleiche gilt für viele andere Bereiche, in denen ein nationales Denken von der Realität eingeholt wird. Wenn Amazon-Angestellte in den USA streiken, spüren das auch ihre Kolleg*innen in Deutschland. Wenn amerikanische Feminist*innen #MeToo starten, tauschen sich etwas später deutsche Migrant*innen und People of Color unter #MeTwo über ihre Erfahrungen mit Rassismus aus. Wenn Bernie Sanders mit der Botschaft eines demokratischen Sozialismus Millionen von Amerikaner*innen begeistert, schöpfen daraus auch deutsche Linke Mut. Wenn in Minneapolis ein Schwarzer Familienvater von der Polizei ermordet wird, gehen von Berlin bis München Zehntausende unter dem Banner von Black Lives Matter demonstrieren.

Diskurse und Ideen schwappen von hier nach dort und zurück. Denn so verschieden die politischen Systeme und Landschaften sind, so ähnlich sind oft die Kämpfe. Der Abbau der öffentlichen Infrastrukturen, die Senkung von Steuern für Unternehmen und Reiche, die Bekämpfung von Gewerkschaften, all das hat nicht nur in den USA massive Spuren hinterlassen, sondern auch in Deutschland. In beiden Ländern wird Armut systematisch produziert und kriminalisiert, weshalb auch das Klassenbewusstsein immer stärker wächst. In beiden Ländern sorgt das jetzige Modell der repräsentativen Demokratie für Frust und Entfremdung. In beiden Ländern beruht Wohlstand auf der Ausbeutung der Menschen im globalen Süden. In beiden Ländern gibt es tausend gute Gründe, die ökonomischen Strukturen, politischen Hierarchien und gesellschaftlichen Konventionen infrage zu stellen und neue Dinge auszuprobieren.

Natürlich sind die Voraussetzungen andere, allein schon durch die verschiedenen Parteiensysteme. In den USA gibt es zwei große Parteien, die in einem oft lähmenden Antagonismus feststecken. Dass sich Demokraten und Republikaner in den vergangenen Jahren voneinander entfernt haben, liegt allerdings weniger daran, dass die Demokraten so viel linker geworden sind, sondern vielmehr an der Rechtsradikalisierung der Republikaner. Gemeinsam haben beide Parteien hingegen, dass sie seit Jahrzehnten vielmehr die Interessen großer Unternehmen als die der Arbeiter*innenklasse vertreten. Darüber hinaus kommt die Demokratische Partei für amerikanische Linke als politisches Zuhause kaum infrage, weil sie nur wenig Partizipation an der Basis ermöglicht. Das wichtigste Gremium, das Democratic National Committee, ermöglicht nicht mal eine Mitgliedschaft. Wer sich beteiligen will, muss sich also andere Wege suchen.

Im deutschen Mehrparteiensystem – in dem es mit der SPD, den Grünen und den Linken drei große Parteien gibt, die entweder mal links waren oder es immer noch versuchen zu sein – kommt es häufiger dazu, dass (zumindest nominell) progressive Parteien in Regierungsverantwortung stehen. Sarah Leonard, die Herausgeberin des sozialistisch-feministischen US-Magazins *Lux*, sagte mir, dass für sie besonders interessant sei, was in Deutschland passiere, weil man dort beobachten könne, »wie sich linke Parteien in Regierungen verhalten, wo sie erfolgreich waren, wo sie gescheitert sind und wie sich das Ganze auf die außerparlamentarische linke Bewegung auswirkt«.

Die gewachsenen Strukturen der großen Parteien sorgen in Deutschland dafür, dass die Menschen zumindest auf lokaler Ebene schnell Anschluss finden können. Wer bei einer Partei mitmachen will, kann sich in der Regel bei der nächsten Ortsgruppe melden, und dadurch Mitstreiter*innen kennenlernen. Die Basisstrukturen sind zwar oft verkrustet, aber immerhin gibt es sie. Auch Gewerkschaften sind in Deutschland verwurzelter – ein Resultat der langen sozialdemokratischen Geschichte, die den USA so fehlt.

Die Menschen müssen in Deutschland nicht mehr für das Prinzip einer staatlichen Krankenversicherung oder eines Kündigungsschutzes protestieren, diese Kämpfe wurden bereits vor einiger Zeit ausgetragen. Ebenso hat die deutsche Umwelt- und Klimabewegung einen anderen Stellenwert als die amerikanische, erkennbar unter anderem durch die Etablierung und Popularität der Grünen.

Etwas grob gesprochen könnte man festhalten, dass linke Kräfte in den USA über schlechtere Voraussetzungen verfügen. Das Sozialnetz ist desolater, die staatliche Gewalt repressiver. Viele der amerikanischen Institutionen – vom Supreme Court, der von erzkonservativen Richter*innen bestimmt wird, bis zum Wahlrecht, das in vielen Bundesstaaten massiv eingeschränkt ist – machen progressive Veränderungen von unten schwer. Die Wiedergeburt der amerikanischen Linken lässt sich deshalb nicht von der enormen Entfremdung und Verelendung trennen, die dieses Land bestimmen. Gerade weil die Abgründe hier so offen liegen, ist radikaler Widerstand nötig geworden. Gerade weil die konventionelle Politik so wenig offeriert, haben sich neue Formen, Ideen und Ansprüche gebildet.

Vor allem junge Amerikaner*innen kennen ihr Land eigentlich nur im Notstand. Angefangen mit den Terroranschlägen vom 11. September 2001 und seinen außen- und innenpolitischen Konsequenzen über die Finanz- und Wirtschaftskrise, deren Folgen bis heute zu spüren sind, bis zu Trump und Corona. Die Lücke zwischen Arm und Reich ist im Laufe des 21. Jahrhunderts immer extremer geworden. Zehntausende Amerikaner*innen sterben jährlich aufgrund fehlender Gesundheitsversorgung, weitere Zehntausende durch Waffengewalt und Opioid-Überdosierungen. Über alledem ragt die Klimakatastrophe, die sich in den USA in Form von Waldbränden, Hurrikans und Überflutungen existenzieller zeigt als in Mitteleuropa. In einer im April 2021 veröffentlichten Studie unter Amerikaner*innen, die einen Umzug planen, sagte die Hälfte der Befragten, dass der Klimawandel bei der Auswahl des nächsten Wohnortes eine Rolle spiele.[3] Die Hälfte!

Der britische Ökonom Paul Mason sprach bereits vor über einem Jahrzehnt von einem neuen soziologischen Typ, dem »graduate with no future« (Uniabgänger*innen ohne Zukunft).[4] Während die Zahl der Hochschulabsolventen seither weiter gestiegen ist, hat sich der Arbeitsmarkt weiter prekarisiert. Die Zukunft scheint heute noch kleiner, der Kampf darum noch schärfer. Die treibenden Logiken, der junge Amerikaner*innen unterworfen sind, von der Schule über den Sport bis zum Job, sind die des Wettbewerbs und der Konkurrenz, wie der Autor Malcolm Harris in seinem Buch *Kids These Days* anhand etlicher Studien und Beispiele aufzeigt. »Junge Menschen fühlen sich [...] weniger in Kontrolle über ihr Leben als jemals zuvor«, konstatiert er.[5] Dass sich die Generationen Y und Z, also die nach 1980 Geborenen, in den USA deutlich radikalisiert und bei den letzten Wahlen mehrheitlich für den linkesten aller Kandidat*innen, Bernie Sanders, gestimmt haben, wundert angesichts all dieser Faktoren kaum.

Umso interessanter ist es aber im Vergleich zu dem, was in Deutschland passiert, beziehungsweise nicht passiert ist. Zwar gibt es mit Fridays for Future auch hier eine Jugendbewegung, die sich zumindest in Teilen für einen Systemwandel im Sinne des Klimaschutzes einsetzt. Zwar haben sich auch in Deutschland in den vergangenen Jahren neue Kollektive und Initiativen gegründet, die radikalen Ideen folgen. Von so etwas wie einer linken Aufbruchsstimmung kann allerdings keine Rede sein. Bestätigt wurde dieser Eindruck durch die Ergebnisse der Bundestagswahl im Herbst 2021, als die Unter-34-Jährigen überwiegend für die Grünen und die FDP stimmten, zwei Parteien also, die an den grundsätzlichen Machtverhältnissen und ökonomischen Strukturen wenig verändern wollen. Die Wahl war eher eine Wahl der Bestandswahrung als eine des Neuanfangs.

Die These dieses Buches lautet jedoch nicht, dass es in Deutschland keinerlei interessante linke Organisationen, Bewegungen oder Visionen gibt. Angesichts der Größe der politischen Landschaft wäre das eine lächerliche bis anmaßende Behauptung. Die These lautet vielmehr, dass die gesellschaftliche Linke in Deutschland auf vielen Ebenen zu stagnieren scheint, oder, betrachtet man das Resultat der Linkspartei, sich sogar im Zerfall befindet. Es sind Linke selbst, die mir in den vergangenen Jahren am klarsten vermittelt haben, dass es in Deutschland an überzeugenden Strategien und konkreten Utopien mangelt, dass es schlichtweg zu viele Gründe gibt, sich von der jetzigen linken Politik abzuwenden. In diesem Sinne ist das Buch auch der Versuch einer Gegenerzählung. Ich möchte nicht nur davon berichten, dass sich in den USA außergewöhnliche Dinge entwickelt haben. Ich möchte einen Wandel beschreiben, der Menschen in Deutschland inspirieren könnte.

WAS BEDEUTET LINKS?

In den folgenden zehn Kapiteln beschreibe ich verschiedene Bewegungen, die jeweils ihre eigenen Genesen, Spannungen und Ziele haben. Voneinander trennen kann man sie allerdings kaum, wie im Laufe des Buches hoffentlich erkennbar wird. Die Themen und Kämpfe fließen oft zusammen, ergänzen und beeinflussen sich. Die Protagonist*innen verkörpern mit ihren unterschiedlichen Hintergründen und Lebenskonstellationen auch nicht die einzelnen Bewegungen, sondern sind Teile ihrer, wenn auch bemerkenswerte.

Während ich versucht habe, die großen Entwicklungen einzufangen, kann dieses Buch gewiss keine Vollständigkeit beanspruchen. Schlichtweg zu viel ist in den vergangenen Jahren passiert, um alles abbilden zu können. Das ist auch der Grund, warum es in erster Linie um innenpolitische und sozial-gesellschaftliche Themen geht, während explizit außenpolitische Fragen nicht behandelt werden. So wie ich als Reporter ständig auswähle, mit wem ich spreche und worüber ich schreibe – ohne, dass ich dabei den Anspruch auf »Objektivität« oder »Neutralität« hätte –, trifft auch dieses Buch eine Auswahl, die weder objektiv noch neutral ist.

Als Journalist sollte man sparsam sein mit Taxianekdoten. Sie sind nicht der zuverlässigste Indikator für gründliches Recherchieren oder originelles Schreiben. Deshalb gibt es in diesem Buch nur eine einzige solche Erzählung, und die kommt jetzt: Als ich im Oktober 2020 in Michigan war, in der Nähe der Kleinstadt Muskegon, wollte eine Taxifahrerin, die mein nichtamerikanisches Englisch registriert hatte, wissen, was mich in die Gegend geführt hatte. Wir tauschten ein paar Sätze aus, ich erzählte von dem Versuch, ein Buch über »die amerikanische Linke« zu schreiben, als sie eine Frage stellte, mit der ich, warum auch immer, nicht gerechnet hatte. »What do you mean by ›left‹?«

Was bedeutet links? *Ich* werde diese Frage nicht beantworten, aber ich werde von Menschen erzählen, die es auf verschiedene Weise interpretieren. Mich interessieren dabei vor allem die Momente, in denen aus Beobachter*innen Aktive werden, in denen Politisierung stattfindet. Ich möchte zeigen, wie sich radikale Ideen verbreitet und vertieft haben, wie die neuen Bewegungen und Organisationen funktionieren, wie linke Macht entstehen kann.

Interessant war die Frage der Taxifahrerin aber noch aus einem anderen Grund. Die Frau, die ihrer Stimme nach vielleicht 40 Jahre alt war, wollte ja nicht wissen, wie *ich* linke Politik definiere, sondern, was das grundsätzlich bedeuten soll: »the left«. Für viele Menschen, das wurde mir in dieser Situation wieder einmal bewusst, bleiben solche Begrifflichkeiten und die dazugehörigen Diskurse leer. Auch das ist kein individuelles Problem, sondern ein Systemfehler. Wenn dieses Buch ein durchgängiges Thema hat, dann ist es deshalb die Frage nach kollektiver Selbstbestimmung. Wie lässt sich Demokratie so organisieren – ob auf Straßen oder Plätzen, in Gruppen oder Unternehmen, durch Räte oder Parlamente –, dass die Menschen sie direkt machen?

1 AMERIKAS NEUE LINKE

Als Barack Obama am 3. Juni 2008 auf einer Bühne in St. Paul, Minnesota, vor rund 17 000 Unterstützer*innen sprach, herrschte eine progressive Aufbruchstimmung, wie sie das Land in Jahrzehnten nicht erlebt hatte. Der damals 46 Jahre alte Senator aus Illinois war gerade als Sieger aus zwei entscheidenden Vorwahlen hervorgegangen und stand damit als Kandidat der Demokraten für die Wahl im November gegen den Republikaner John McCain fest. Dass die USA erstmals in der Geschichte von einem Schwarzen Präsidenten geführt werden, war nun keine Fiktion, auch keine vage Hoffnung mehr, sondern kurz vor der Realisierung.

Obama sah an diesem Abend frisch aus, trotz aufreibendem Wahlkampf. Dunkler Anzug, hellblaue Krawatte, keine Falten oder grauen Haare, die jedoch bald kommen sollten. Seine Rede war mitreißend wie immer: jugendlicher Charme, gepaart mit staatstragender Entschlossenheit, unterbrochen nur von donnerndem Applaus. Er versprach *hope* und *change*, verkündete einen Neuanfang auf jeder Ebene, nicht zuletzt in der Klimapolitik. Dieser Moment, sagte Obama, könnte der Moment sein, auf den kommende Generationen zurückblicken und erkennen, dass sich der »Anstieg der Ozeane verlangsamt hat und unser Planet zu heilen begann«.

Aus heutiger Sicht erscheinen diese Worte und Bilder nicht nur zeitlich weit weg, fast 14 Jahre sind es mittlerweile. Sie wirken wie der Einblick in eine andere politische Welt, in eine Art Paralleluniversum, in dem es für eine kurze Zeit lang so schien, als könnte ein einziger Mann, ein Superheld namens Barack Obama, alle Sorgen lindern, Weichen stellen und Probleme lösen – fast alleine schon durch seine Präsenz. Nur wenigen anderen Figuren im 21. Jahrhundert wurde eine solche Bedeutung zugesprochen, national und global. Obama war der Grund, warum Linke auf der Straße tanzten, warum Europäer*innen auf die USA neidisch blickten, warum Politikverdrossene wieder an Politik glaubten. Er war die Verkörperung von Fortschritt und Versöhnung, was an seiner Art, seinen Versprechen und am Übermaß an Projektionen lag, die auf ihn gerichtet waren. Obama war ein Symbol. Und er ist auch heute noch ein Symbol, allerdings für etwas anderes: Desillusionierung.

Was die Menschen von seiner Präsidentschaft halten, ist natürlich von der Perspektive und politischen Haltung abhängig. Es gibt Millionen von Amerikaner*innen, die Obama von Anfang an verhindern wollten, weil sie in ihm eine Bedrohung für das Land sahen. Als Donald Trump 2016 seine Nachfolge antrat, muss es sich für diesen Teil der Bevölkerung wie eine Bestätigung angefühlt haben, dass »jemand wie Obama« – was von rechts eigentlich immer eine rassistische Chiffre ist – nicht ins Weiße Haus gehört.

Bemerkenswerter ist allerdings, dass große Teile seiner Anhängerschaft, diejenigen, die Obama leidenschaftlich unterstützten, für ihn Wahlkampf machten und seine Ideen mittrugen, damals so schnell und tiefgehend frustriert waren. Man könnte es als realpolitische Zwangsläufigkeit bewerten, passiert das nicht bei allen progressiven Amtsträger*innen irgendwann? Die Unzufriedenheit, die Obama massenhaft erzeugte, hatte allerdings eine andere Dimension. Sie stand für die Unzufriedenheit über ein ganzes System, über eine Art des Politikdenkens und -machens, die kaum noch Antworten fand, kaum noch Antworten findet. Und das gilt längst nicht nur für die USA.

OBAMA UND DIE LEERE
DER LIBERALEN MITTE

Der Politikwissenschaftler Corey Robin schrieb 2019, dass Obamas wichtigstes Erbe in der »produktiven Enttäuschung« liegen könnte, die er unfreiwillig geschaffen habe.[1] Schaut man sich an, wie die neue amerikanische Linke heute aufgestellt ist, wird deutlich, was Robin damit meinte. Viele der Organisationen und Bewegungen, die nun eine entscheidende Rolle spielen, nahmen während Obamas Amtszeit ihren Lauf, oft in expliziter Opposition zu seiner Politik. Occupy war (auch) eine Antwort auf Obamas Handhabung der Finanz- und Wirtschaftskrise; Black Lives Matter (auch) Ausdruck einer Wut, dass sich der erste Schwarze Präsident nur halbherzig dem Thema Rassismus annahm. Die Zahl der Proteste und Streiks steigerte sich in dieser Zeit. Bernie Sanders' erste Kandidatur entstand als Gegenpol zum Zentrismus der Demokratischen Partei. Will man verstehen, woher die neuen Kräfte in den USA kommen, landet man also automatisch bei Obama. In vieler Hinsicht bereitete seine Politik überhaupt erst den Nährboden dafür, dass es sie heute gibt.

* * *

Dass die Erde nicht zu heilen begann, wie der 44. Präsident der USA in seiner inzwischen berüchtigten Rede im Sommer 2008 prophezeite, sondern sich weiter fatal erhitzt hat, liegt gewiss nicht nur an ihm. Verantwortlich dafür sind alle Staaten und Konzerne, die das fossile Wirtschaftssystem angetrieben haben und aufrechterhalten; deutlich untergeordnet auch die Wähler und Konsumentinnen, die es unterstützen. Andererseits aber gibt es wenige Personen auf der Welt, die mehr Macht hatten, den Klimawandel mit einer neuen Politik anzugehen, als Obama, der acht Jahre lang an der Spitze der größten Industrienation stand.

Obama brachte 2015 zwar das Pariser Klimaabkommen mit auf den Weg und stellte im gleichen Jahr seinen Clean Power Act vor, untergrub aber mit seiner Energiepolitik zugleich die genannten Vereinbarungen. Die USA lösten unter seiner Führung Russland als größten Erdgasproduzenten und später auch Saudi-Arabien als größten Ölproduzenten ab,[2] was der Präsident selbst bei Reden immer wieder stolz betonte. Obama trieb trotz aller Warnungen die Öffnung neuer Bohrstellen im Atlantik voran, setzte verstärkt auf Fracking und hob sogar ein jahrzehntelang geltendes Verbot des Rohölexports auf. Vor allem nutzte Obama die Rezession nicht, um ein grünes Infrastrukturprogramm aufzusetzen, das erneuerbare Energien, nachhaltige Jobs und einen Ausbau des öffentlichen Transportwesens konsequent verbinden hätte können. Stattdessen schob der Präsident das Thema Klima entgegen aller Ankündigungen in seiner ersten Amtszeit fast ganz zur Seite.

Nicht nur beim Klima versprach Obama einen Neuanfang, ohne ihn zu verfolgen. Auch bei anderen Themen war die Diskrepanz zwischen progressiver Rhetorik und regressiven Entscheidungen eklatant. Er wollte das Immigrationssystem »humaner« machen und wurde zum Deporter-in-Chief. Er kritisierte die »dummen Kriege« seiner Vorgänger und machte Tötungen per Drohnen zum Standard. Er geißelte die Wall Street, nahm aber ihre Spenden an und rettete die großen Player durch gigantische Bailouts. Selbst Obamas wohl größter Erfolg, der Affordable Care Act, ließ das kaputte, unübersichtliche Gesundheitssystem, in dem vor allem die CEOs der privaten Versicherer, Krankenhäuser und Pharmakonzerne gewinnen, im Kern unberührt. Rund 30 Millionen Amerikaner*innen blieben trotz seiner Reform, die als Obamacare bekannt wurde, komplett ohne Krankenversicherung. Einen staatlichen Schutz für alle lehnte er nämlich ab.

Obamas Herausforderungen waren zweifellos enorm, als erster Schwarzer Präsident, der sich einer Republikanischen Partei gegenübersah, die versuchte, viele seiner Vorhaben schon im Keim zu ersticken. Dass Obama immer wieder bei Kompromissen landete, ist insofern nicht allzu überraschend. Kompromisse an sich sind ja auch nicht das Problem, sie gehören dazu, will man keine autokratische Herrschaft. Andersrum aber sind Kompromisse auch kein Wert an sich. Die Frage ist doch: Mit wem geht man sie ein? Zu welchem Zweck? Wie sieht der Prozess dorthin aus? Und *wer* bringt sie hervor? Das Kernproblem bei Obama lag zumindest aus linker Perspektive darin, dass seine Politik fast immer mit falschen Kompromissen *begann*.

Er wollte es allen recht machen – der kleinen Minderheit der Multimilliardäre genauso wie der großen Mehrheit der Prekären, der Wall Street genauso wie der Main Street, den fossilen Energieunternehmen genauso wie dem Rest der Menschheit. Am Ende machte er es aber vor allem denen *nicht* recht, die ihn gewählt hatten. Dort, wo es radikale Ansätze gebraucht hätte, verwies Obama auf »Unrealisierbarkeit« und sorgte dafür, dass die Dinge radikal ungerecht blieben. Dort, wo Polarisierung notwendig gewesen wäre, zum Beispiel in ökonomischen Fragen, verschanzte sich Obama hinter »Überparteilichkeit«, was dazu führte, dass die Kluft zwischen Arm und Reich noch größer wurde. Gerade die Kombination aus entwaffnender Freundlichkeit, progressiver Aura und einer Politik, die am Ende die Machtverhältnisse konserviert, war deshalb am Ende für so viele ein Weckruf. Die Figur Obama repräsentierte einen technokratischen Liberalismus, der für immer weniger Menschen funktioniert.

* * *

Es gibt zahlreiche Artikel und Bücher, die sich mit Obamas gebrochenen Versprechen beschäftigt haben. Was in den vergangenen Jahren jedoch vergleichsweise wenig beleuchtet wurde, ist die Art und Weise, *wie* Obama Politik gemacht hat – und warum diese Form so viele seiner Wähler*innen verdross. Der Autor Micah L. Sifry hat in einem aufwendig recherchierten Artikel mit dem Titel *Obama's Lost Army*[3] genau diesen Aspekt untersucht. Sifry erklärt darin, dass Obamas »entscheidender Fehler« bereits vor seinem Einzug ins Weiße Haus geschehen sei: mit der Entscheidung nämlich, die außerordentliche Graswurzel-Energie, die während seines Wahlkampfes entstanden war, verpuffen zu lassen.

Alleine die Plattform My.BarackObama.com, die im Wahlkampf zu einem der entscheidenden Tools geworden war, hatte in der Spitze mehrere Millionen aktive Nutzer*innen. Es gab eine Infrastruktur, aufs ganze Land verteilt, über die sich Obamas Unterstützer*innen austauschten und in lokalen Gruppen organisierten. Sie alle wollten den Mann nicht nur ins Weiße Haus tragen, sondern Politik mitgestalten, so hatte es der Kandidat mit seinem »Yes, we can« ja auch offeriert. Wie genau man die Menschen längerfristig einbeziehen kann, wurde hinter den Kulissen über Monate lang diskutiert. Movement 2.0 sollte das Ganze heißen, die Idee dazu kam von Obamas leitendem Berater Christopher Edley. Und die Bereitschaft war groß. Zwei Wochen nach dem Wahlsieg 2008 sagten bei einer Umfrage 86 Prozent der rund 550 000 Befragten, dass sie den neuen Präsidenten aktiv unterstützen wollten. Umgesetzt wurde das Projekt allerdings nie. Mit Obamas Amtseinführung, so schildert es Sifry im Detail, versandeten die Pläne für immer.

Millionen von Wähler*innen waren nicht nur in ihrem Willen mitzumachen gebremst. Diese aktive Basis fehlte in den kommenden Jahren auch, so erklären es Obamas ehemalige Vertraute in dem Artikel, als es darum ging, durch Druck von unten bestimmte Gesetzesvorhaben zu realisieren. Während sich mit der Tea Party rechts eine Bewegung entwickelte, die die Republikaner geschickt nutzten, blieb die Demokratische Partei bei ihrem Top-Down-Modell, das Menschen alle vier Jahre mobilisiert und dann wieder zu Statist*innen degradiert.

Die Bewegungen, Kollektive und Menschen, um die es in diesem Buch geht, wollen deshalb mehr als nur »truth to power«, heißt, sie wollen mehr, als den Mächtigen die Wahrheit zu vermitteln. Sie wollen die Machtverhältnisse selbst verändern. Sie sind davon überzeugt, dass sich die liberalen Versprechen von Freiheit, Gleichheit und Brüderlichkeit nicht durch liberale Politik erfüllen lassen. Sie verlangen Freiheit, aber wissen, dass die erst in einer Ökonomie funktioniert, die das Klassensystem überwindet. Sie verlangen gleiche Chancen, aber wissen, dass sich die nur dann verwirklichen lässt, wenn andere demokratische Institutionen geschaffen werden. Sie verlangen Solidarität, aber verstehen es als etwas Gelebtes, für das die Menschen öffentliche Orte und Infrastrukturen brauchen. Kurz: Sie wollen in die Praxis umsetzen, was Liberale so oft nur in der Theorie befürworten.

Wie viel sich seit Obama entwickelt hat, erkennt man in dem Sinne auch daran, dass sich das Verhältnis zum politischen Liberalismus verändert hat. Wer von zehn Jahren von sich selbst sagte, anti-liberal zu sein, wurde als konservativ verstanden. Wer sich heute in diese Richtung äußert, meint damit oft einfach nur, eine Zukunft haben zu wollen. »Wir werden ›radikal‹ genannt, mit der Konnotation von Irrationalität, etwas, das man fürchten muss«, schreibt die Schwarze Aktivistin Charlene Carruthers.[4] Radikal sei im ursprünglichen Sinne des Wortes aber genau das, was es brauche: die Probleme »bei den Wurzeln« packen. »Wenn Liberale sagen, dass wir Veränderungen in Maßen brauchen, höre ich ›du nicht‹ und ›noch nicht‹«, so Carruthers, die mit diesem Satz den Frust einer Generation auf den Punkt bringt. Wer immerzu »du nicht« und »noch nicht« hört, zweifelt irgendwann daran, dass sich das Warten wirklich lohnt.

Es war Obama selbst, der in einem Interview am Ende seiner Präsidentschaft eingestand, dass es mehr »Aufbau von unten« gebraucht hätte. Trump hatte gerade die Wahl gewonnen, die Erkenntnis kam also etwas zu spät. Anderseits aber war zu diesem Zeitpunkt schon längst eine linke Opposition am Wachsen, die genau das, den Aufbau von unten, selbst in die Hand genommen hatte. Die »produktive Enttäuschung«, von der der Politologe Corey Robin spricht, bezieht sich also letztlich auf eine Demokratie unter kapitalistischen Vorzeichen, an deren Spitze Obama stand. Millionen von Amerikaner*innen haben erkannt, dass es nicht nur neue Inhalte und Programme braucht, sondern, dem vorgeordnet, neue *Formen* der Politik. Hoffnung auf Transformation, spüren sie, ist bei einem einzigen Politiker falsch aufgehoben. Wirklicher Wandel, realisieren sie, kommt nicht aus dem Weißen Haus, sondern von unten, indem man Macht dezentralisiert und so viele Menschen wie möglich dauerhaft in die politischen Prozesse holt.

AUSSEN UND INNEN

Wenn in den vergangenen Jahren vom Wiedererstarken der US-Linken die Rede war, waren damit vor allem in der internationalen Berichterstattung oft die Politiker*innen der ersten Reihe gemeint. Neben Bernie Sanders, dem Senator und zweifachen Kandidaten in der Vorwahl der Demokraten für die Präsidentschaftswahl, wird vor allem der jungen Kongressabgeordneten Alexandria Ocasio-Cortez zugesprochen, die Stimme dieser linken Generation zu sein.

Sanders und Ocasio-Cortez haben, daran besteht wenig Zweifel, wie keine anderen Politiker*innen dafür gesorgt, dass linke Ideen wieder im amerikanischen Mainstream stattfinden. So gut wie unumstritten ist auch, dass die parlamentarische Opposition heute so stark wie lange nicht mehr ist. Zusammen mit AOC zogen 2019 Ilhan Omar für Minnesota, Rashida Tlaib für Michigan und Ayanna Pressley für Massachusetts ins Repräsentantenhaus. Pressley ist die erste Schwarze Frau, die den Bundesstaat im Kongress repräsentiert, Omar die erste somalische Abgeordnete überhaupt, Tlaib die erste mit palästinensischen Wurzeln. Omar und Tlaib sind außerdem bis heute die einzigen Muslima, die je im Kongress saßen. Was sie neben den biografischen Vorreiterrollen eint, ist in erster Linie jedoch, dass sie sich programmatisch vom kapitalistischen Zentrum der Demokratischen Partei absetzen.

Im Januar 2021 folgten ihnen mit Cori Bush, einer ehemaligen Krankenschwester und Pastorin, die zu den Black-Lives-Matter-Aufständischen in Ferguson zählte, und Jamaal Bowman, einem früheren Grundschullehrer aus New York, zwei weitere linke Politiker*innen in den Kongress. Zusammen nennen sich die Sechs

»The Squad«: Ausdruck einer frischen Angriffslust, die es so lange nicht mehr in Washington gab. Durch Abgeordnete wie Marie Newman (Illinois), Katie Porter (Kalifornien) und Pramila Jayapal (Washington) ist in den vergangenen Jahren auch der Progressive Caucus gewachsen, die Fraktion, in der sich alle demokratischen Kongressmitglieder links der Mitte sammeln. Wenn es eine Hoffnung auf Neuorientierung der Demokratischen Partei gibt, dann ist es dieser wachsende Flügel.

Man könnte ein ganzes Buch über diese Generation progressiver Politiker*innen schreiben. Über ihre Arbeit in der Hauptstadt D. C., neue Gesetzesinitiativen, darüber, wie sie Politik für junge Menschen zugänglicher machen, und um all das geht auch in diesem Buch. Ich glaube allerdings, dass das Wesentliche dadurch nicht erzählt wäre. Ich glaube, dass es, vielleicht insbesondere aus deutscher Perspektive, interessanter ist, wie diese Parlamentarier*innen dort gelandet sind.

Verfolgt man die linken Wahlerfolge der vergangenen Jahre zurück, zeigt sich eine entscheidende Dynamik. Kongressabgeordnete wie Ocasio-Cortez und Bush, aber auch die vielen Sozialist*innen, die lokale Wahlen gewonnen haben, sind nicht als Einzelkämpfer*innen angetreten, sondern sozialen Bewegungen entsprungen, ohne deren Arbeit sie nie gewonnen hätten. Den Unterschied in den jeweiligen Wahlkämpfen machte nicht die Unterstützung der Demokratischen Partei, im Gegenteil, wurden die Amtsinhaber sogar fast immer gegen den Willen der Parteispitze verdrängt. Den Unterschied machte auch nicht das meiste Geld, das fehlt Kandidat*innen, die sich mit dem Establishment der Democrats anlegen, nämlich meist. Den Unterschied machten lokale Graswurzel-Gruppen und landesweite Organisationen wie die Justice Democrats, Sunrise Movement oder die Democratic Socialists of America, die sich in aufwändigen Wahlkämpfen zusammenschlossen, um jemanden von ihnen ins Parlament zu schicken. Dass es heute eine neue parlamentarische Linke gibt, hat also kaum damit zu tun, dass sich die Demokratische Partei und die Parlamente großzügig geöffnet haben, sondern vielmehr damit, dass sich außerparlamentarische Kräfte diese Räume erkämpft haben.

ORGANIZING

Schaut man sich an, wie die wichtigsten sozialen Transformationen in der Geschichte der Vereinigten Staaten zustande gekommen sind, wird deutlich: Es waren immer marginalisierte Gruppen und linke Kräfte, die diesen Wandel möglich machten. Von der Abschaffung der Sklaverei, die durch die abolitionistische Bewegung von unten angetrieben wurde, über das Frauenwahlrecht, das sich ohne den Kampf der Suffragetten nicht vorstellen lässt, und den New Deal, der von der damals mächtigeren Arbeiter*innenklasse geprägt wurde, bis zum Civil Rights Movement, das wesentlich mehr von militanten Strömungen beeinflusst war, als oftmals porträtiert: Progressive Ideen gleiten nicht elegant im Fluss des Fortschritts in die Mitte der Gesellschaft. Sie werden in der Regel dorthin gedrückt, oft gegen Widerstände aus genau dieser Mitte. Linker Kampf, mit dessen Resultaten sich liberale Politiker*innen gerne schmücken.[5]

Auch mit Blick auf die Gegenwart zeigt sich, dass nahezu jede moderate Sozialreform einen radikalen Vorlauf hat. Nehmen wir als Beispiel den Mindestlohn. Aufbauend auf Jahrzehnten des Arbeitskampfes schlossen sich 2012 rund 200 Fast-Food-Arbeiter*innen zu einem Streik in New York zusammen und starteten anschließend, auch durch Occupy befeuert, die »Fight for $15«-Kampagne. Ziel war es, den Mindestlohn von mickrigen 7,25 Dollar pro Stunde auf 15 Dollar anzuheben – mehr als eine Verdopplung also. Wobei selbst dieser Betrag in den meisten amerikanischen Städten kaum zum Leben reicht.

Es war Kshama Sawant, eine in Seattle lebenden Marxistin, die 2013 die Forderung nach 15 Dollar pro Stunde in ihren Wahlkampf zur Stadträtin aufnahm. Sawant gewann die Wahl dank einer Graswurzelkampagne und sorgte ein Jahr später schließlich dafür, dass Seattle als erste amerikanische Großstadt eine entsprechende Lohnuntergrenze beschloss. Spätestens mit Sanders' erster Kandidatur im Jahr 2015 wurde der Mindestlohn von 15 Dollar zum nationalen Thema. Die »Fight for $15«-Kampagne hat sich seither ausgebreitet, etliche Großstädte sind dem Beispiel Seattle gefolgt. Gewiss keine Revolution, aber ein materieller Fortschritt, der vielen Menschen eine andere finanzielle Basis ermöglicht. Und zwar insbesondere Frauen und nicht-weißen Menschen, die überproportional im Niedriglohnsektor vertreten sind. Ob Biden sein Wahlkampfversprechen einlöst und ein landesweites Gesetz erlässt, ist weiterhin offen. Im April 2021 beschloss der Präsident immerhin, dass sich die Hunderttausenden Mitarbeiter*innen der Regierung nun auf eine Lohnuntergrenze von 15 Dollar verlassen können.

An solchen Beispielen zeigt sich, wie zäh Fortschritt sein kann, wie hart er erkämpft werden muss und wie viele Kräfte es dafür braucht. Wie aber setzt man solch einen Wandel überhaupt in Gang? Wie schafft man es, Menschen davon zu überzeugen, dass es sich lohnt, an einem Projekt praktisch mitzuwirken, obwohl die etablierten Parteien und Institutionen dem Projekt skeptisch bis feindlich gegenüberstehen?

Man könnte auch fragen: Wie entwickelt die Linke Macht, ohne an der Macht zu sein?

* * *

Die Bewegungen und Organisationen, um die es in diesem Buch geht, haben so etwas wie einen gemeinsamen Nenner: Es ist das Prinzip des Organizings. Organizing, das ist einerseits eine Art, sich Politik zu nähern und Demokratie mit Leben zu füllen, man könnte es fast als Philosophie bezeichnen, weil es sich auch um einen erkenntnissuchenden Prozess handelt. Andererseits meint Organizing eine ganz konkrete Reihe an Fähigkeiten und Werkzeugen, die sich Menschen aneignen und weitergeben, um politische Ziele zu erreichen.

Die Grundidee des Organizings ist es, Menschen auf lokaler Ebene zusammenzubringen, um gemeinsame Interessen zu formulieren und diese durch verschiedene Strategien zu verfolgen. Organizer*innen nehmen Kontakt in der Nachbarschaft und in Betrieben auf, oft auch am Telefon oder über Versammlungen. »Beim Organizing verfolgen wir bewusst, jeden einzelnen Tag, das, was wir ›Basiserweiterung‹ nennen. Wir erweitern das Universum der Menschen, auf die wir später zurückkommen können«, sagt die Gewerkschaftsforscherin und Autorin Jane McAlevey.[6]

Die Bürgerrechtsaktivistin Ella Baker beschrieb Organizing einst als *spade work,* als Schaufelarbeit, wie bei einem Feld, das man auch erst beackern und besäen muss, ehe man nach einer Weile die Ernte einfahren kann. Die Politologin Alyssa Battistoni nahm diesen Begriff in einem Essay[7] auf, in dem sie ihre eigenen Erfahrungen als Organizerin reflektierte. Die wohl größte Herausforderung liege nicht darin, die Menschen von der Wichtigkeit eines *Themas* zu überzeugen, schreibt Battistoni, sondern davon, dass *sie selbst* wichtig sind. Beim Organizing gehe es deshalb in erster Linie um Selbstermächtigung, darum, dass Menschen zu politische Akteur*innen werden, die Wut und Enttäuschung in Aktion umsetzen.

Der Kontakt mit fremden Menschen könne mühsam sein, auch überfordernd, erklärt Battistoni, »der Sinn des Organizings ist es schließlich, über die Leute, die bereits auf deiner Seite sind, hinauszugehen und so viele wie möglich zu erreichen«. McAlevey geht soweit zu sagen, dass »jedes gute Organizing-Gespräch für alle zumindest ein bisschen unangenehm« ist. Organizing bedeutet in dieser Denkweise also auch Konfrontation. Konfrontation mit den materiellen Bedingungen und gegenwärtigen Machtstrukturen, genauso wie mit anderen Menschen oder mit der eigenen Bequemlichkeit.

Was Organizing-Arbeit im Detail heißt, ist von Bewegung zu Organisation zu Kampagne verschieden. Manchmal geht es um spezifische Projekte, wie zum Beispiel darum, genügend Unterstützung für ein Referendum, die Gründung einer Gewerkschaft oder die Durchsetzung eines neuen Gesetzes zu bekommen. Der Unterschied zum Prinzip des Mobilisierens, bei dem es in erster Linie um die kurzzeitige Aktivierung geht, besteht jedoch darin, dauerhafte und tiefgehende Verbindungen herzustellen – Beziehungen, die, wie Battistoni ausführt, im besten Fall »den feministischen Traum von Intimität außerhalb von Romantik und Familie« erfüllen. Ziel ist es, genauso wie beim Prinzip der Mutual Aid (gegenseitigen Hilfe), Solidaritätsstrukturen aufzubauen, die bleiben.

»Meet them where they are« lautet ein Organizing-Grundsatz. Um Menschen in den Prozess zu holen, muss man ihre Lebensrealität verstehen, Anknüpfungspunkte finden, sie »abholen, wo sie sind«. Dieses Abholen lässt sich jedoch schwer organisieren, wenn man nicht weiß, wo. Nach Jahrzehnten der neoliberalen Demontage öffentlicher Infrastrukturen liegt eine der größten Herausforderungen darin, passende Orte überhaupt zu finden und zu schaffen. Dazu kommt das Problem Zeit. Wer einen Platz besetzen, an einem Nachbarschaftstreffen teilnehmen, sich einer Protestaktion anschließen will, muss es eben nicht nur wollen, sondern auch mit Job, Familie oder dem Aufenthaltsstatus vereinbaren können. Organizing ist ein Kampf für Bedingungen, unter denen Organizing überhaupt erst richtig funktioniert.

Die Vorstellung solch einer politischen Praxis mag für viele eher erschöpfend als faszinierend klingen. Wer schon einmal stundenlange Community-Meetings erlebt hat oder Tür-zu-Tür-Wahlkampf aus eigener Erfahrung kennt, weiß auch, dass es erschöpfend *ist*. Niemand sollte politisch aktiv sein *müssen*, was aber wäre, wenn es jede*r *könnte*? Was wäre, wenn Politik nicht darauf begrenzt wäre, dass man Leute wählt, die man nicht wirklich kennt, die dann Entscheidungen treffen, auf die man keinen Einfluss mehr hat? Was wäre, wenn Menschen die Zeit für politische Entscheidungen bekämen, weil Arbeit anders aufgeteilt ist? Was wäre, wenn Politik nicht so abstrakt und bürokratisch wäre, sondern – Achtung – auch Spaß machen würde? Wenn wirkliche Demokratie erschöpfend klingt, dann auch deshalb, weil wir erschöpft von der fehlenden Demokratie sind.

Bestimmte direkt-demokratische Instrumente sind zu einem gewissen Grad bereits in das jetzige System integriert, könnte man dem entgegenhalten. Bürger*innenräte, Volksabstimmungen und Petitionen werden selbst von konservativen Parteien befürwortet oder geduldet: allerdings nur solange sie nichts daran ändern, dass die wirklichen Entscheidungen – oder zumindest das, was als »wirklich« wahrgenommen wird – in den Parlamenten und Regierungen getroffen werden. Die Organizer*innen, mit denen ich in den vergangenen Jahren gesprochen habe, gehen nicht davon aus, dass Parlamente, Regierungen und Wahlen bald eine Sache der Vergangenheit sind. Was man in den USA *electoral politics* nennt, wird von ihnen auch nicht ignoriert. Aber es hat eine andere Stellung, wie in diesem Buch verdeutlicht werden soll.

Welche Rolle Organizing längst auch für die *electoral politics* spielt, wurde bei der Wahl 2020 deutlich. Während sich Bidens offizielle Wahlkampfkampagne auf große Veranstaltungen, sowie TV- und Online-Werbung konzentrierte, traten unzählige Graswurzel-Organisationen und Gewerkschaften in direkten Kontakt mit den Wähler*innen, um sie von der Wichtigkeit der Wahl zu überzeugen und ihnen bei der Registrierung zu helfen. In Staaten wie Arizona, Georgia und Nevada – wo Biden jeweils nur hauchdünn gegen Trump gewann – machte dieser Einsatz am Ende den Unterschied. Angetrieben wurden die Volunteers dabei weniger von der Überzeugung, dass Bidens Programm die Erfüllung ist. Treibendes Ziel war es, vier weitere Jahre Trump zu verhindern. 58 Prozent der Biden-Wähler*innen sagten bei einer Umfrage im August 2020, dass ihre Wahl mehr *gegen* Trump gerichtet sei als *für* Biden. Im Organizing, das wurde hier deutlich, verbinden sich revolutionäre Ziele oft mit pragmatischer Praxis.

In Deutschland ist die Idee des Organizings noch weniger verbreitet, nimmt aber immer mehr an Bedeutung zu. »Alle erfolgreichen Bewegungen der vergangenen Jahren gründen darauf«, sagte mir die Journalistin und Organizerin Nina Scholz. Als Beispiele nannte sie die Mieter*innen-Initiative »Deutsche Wohnen & Co. enteignen«, die bei der Berliner Wahl im September 2021 ein sensationelles Ergebnis einfuhr (mehr dazu im Schlusskapitel); und die Berliner Krankenhausbewegung, die kurz danach ebenfalls einen historischen Sieg in Form besserer Arbeitsverträge erkämpfte. Gerade im Vergleich zu den etablierten Parteien, die viel zu selten in intensiven Kontakt mit den Wähler*innen treten, seien Bewegungen, die auf Organizing setzen, im Vorteil, wie Scholz erklärte.

Die Ideen und Konzepte aus den USA gelten in Deutschland als Maßstab. Verschiedene Gewerkschaften haben in den vergangenen Jahren Schulungen dazu entwickelt. Die Rosa-Luxemburg-Stiftung bietet seit 2019 das Trainingsprogramm »Organizing for Power« an, das von Jane McAlevey geleitet wird. Dass sich Linke – in den USA und immer stärker auch in Deutschland – auf diese Art der politischen Selbstorganisierung konzentrieren, sollte man deshalb nicht als einen Rückzug ins Lokale verstehen, sondern als Machtstrategie. Was oft auf Mikroebene beginnt, sei es im Wohnblock oder in einer bestimmten Abteilung eines Betriebes, weitet sich im besten Fall aus. Vom Haus auf die Nachbarschaft bis zur Stadt, von der Abteilung auf die ganze Firma bis zur Branche. Organizing ist zum Fundament sozialer Bewegungen geworden, die erfolgreich sein wollen. Die zwei Verdi-Gewerkschaftler*innen Jana Seppelt und Kalle Kunkel sagen, dass Organizing für sie nicht weniger als einen »Paradigmenwechsel« bedeute.[8]

ANTI-AMAZON
UND DAS RECHT AUF STADT

Paradigmenwechsel vollziehen sich nicht über Nacht. Die Früchte der Organizing-Arbeit lassen sich oft erst nach Jahren ernten. Menschen schließen sich zusammen und scheitern, tun es wieder, scheitern erneut. Manche Projekte enden deshalb in Resignation und Frust. Andermal häufen sich die Erfahrungen, Rückschläge und Beziehungen an, bis irgendwann etwas aufbricht. Im Winter 2018/2019 fand solch ein Aufbruch statt. Es passierte etwas, von dem sie sich in den USA womöglich noch in ein paar Jahrzehnten erzählen werden. Ein Knall, ausgelöst dadurch, dass sich eine Gruppe von Menschen nicht auf die Versprechen eines Unternehmens verlassen wollten.

Das Unternehmen ist Amazon, und das Versprechen galt dem New Yorker Viertel Long Island City in Queens, in dem Amazon sein zweites Headquarter bauen wollte. Die Nachbarschaft sollte aufgewertet werden, 25 000 neue Arbeitsplätze entstehen, frisches Geld, neuer Drive, boomende Wirtschaft – so kündigten es damals sowohl CEO Jeff Bezos als auch New Yorks verantwortliche Politiker an. Selbst die Queensbridge Houses, ein riesiger Sozialwohnungsbaukomplex nebenan, wäre angeblich von Amazon bereichert worden, Bürgermeister Bill de Blasio prophezeite »außergewöhnliche Synergien«. Das Problem war nur, dass die Leute in Queens diese Zusagen schon zigfach gehört hatten, nämlich immer dann, wenn private Immobilienprojekte Aufwertung versprachen, was in der Regel die Folge hatte, dass sich ärmere Menschen ein neues Zuhause suchen mussten. Gentrifizierung sagt man dazu, ein Begriff, bei dem oft ein Fatalismus mitschwingt. Passiert halt, so wie der Hudson River fließt und die New Yorker Taxis gelb sind. Das Besondere am Widerstand gegen dieses Projekt war, dass er von Beginn an von einem Anti-Fatalismus geprägt war: Die Stadt gehört uns – und wir wollen bestimmen, was hier passiert.

Bereits im Oktober 2017, Amazon hatte gerade den Wettbewerb um den neuen Standort gestartet, verbreitete eine Koalition von Graswurzel-Organisationen einen öffentlichen Brief, in dem sie davor warnten, eines der wertvollsten Unternehmen der Welt mit Steuervergünstigungen und Subventionierungen in Milliardenhöhe nach New York zu locken. Gruppen wie das Center for Popular Democracy und Make the Road führten die Initiative an. In der

Folge fanden immer wieder Aktionen statt, zum Beispiel vor dem Amazon-Geschäft am Herald Square in Manhattan. Noch wichtiger war allerdings das, was vor Ort in Long Island City passierte, wo Organizer*innen monatelang mit den Anwohner*innen über die möglichen Folgen diskutierten. Als sich Amazon im November 2018 final für Queens entschied, war schnell klar, dass der Protest nicht mehr aufhören würde. Es war nun das Thema der Stadt.

In besonderer Erinnerung ist mir eine Veranstaltung geblieben, die einen Monat später, im Dezember 2018, unter dem Namen »Amazon Teach-In« im LaGuardia Community College in Queens stattfand. Von den 200 Plätzen im Theater war an diesem Tag kaum einer frei, die Anwesenden schwirrten ungeduldig zwischen den Gängen. Es herrschte eine Anspannung, die man selten bei Podiums-Veranstaltungen spürt: Alle wirkten beteiligt.

Den Anfang machten zwei Professoren des LaGuardia Colleges, die kurze Vorträge über die globale Rolle von Amazon sowie die extreme Gentrifizierung in Long Island City hielten. Die stadtbekannte Miet-Aktivistin Cea Weaver sprach anschließend über die grundsätzliche Wohnungsnot in New York, die sich in einer historisch hohen Zahl von rund 100 000 obdachlosen Menschen ausdrückte. Danach kam ein Gewerkschaftler zu Wort, der die miserablen Arbeitsbedingungen bei Amazon schilderte und darauf hinwies, dass die neuen Jobs nicht an die Nachbarschaft gehen würden, sondern größtenteils an Fachkräfte von außerhalb.

Ich weiß noch, wie beeindruckt ich von der gleichzeitigen Wucht und Präzision war, mit der die Beteiligten das ganze Vorhaben auseinandernahmen. Wie sie die zunehmende Privatisierung ihrer Stadt, die Machenschaften von Amazon und das Potenzial von Graswurzelbewegungen zusammenführten. Wie sie erklärten, wofür das Geld, das die Stadt dem Konzern schenken wollte, besser genutzt werden könnte, zum Beispiel für neue bezahlbare Wohnungen oder eine Schuldenerleichterung der Student*innen. Eine Perspektive wurde nach der nächsten gehört, nicht zu lang, nicht zu kurz. Das Wissen sprudelte durch den Saal. Theoretische Erkenntnisse kombinierten sich mit aktivistischen Strategien und der Lebenserfahrung derer, die in Long Island City wohnen. Die Menschen hatten schlichtweg zu viel gesehen, um das Projekt widerstandslos zu ertragen. Jede*r wusste, was passieren würde, wenn sich Amazon hier breit macht.

Junge Aktivistinnen, alte Akademiker, Studentinnen, Gewerbetreibende, Künstlerinnen, Gewerkschaftler, Anwohner*innen: Die Anti-Amazon-Koalition war enorm. Und sie zeigte, wie außerparlamentarische Kräfte und Politiker*innen effektiv zusammenwirken können. Rückendeckung gab es nicht nur von der gerade frisch in den Kongress gewählten Ocasio-Cortez. Mitentscheidend war auch eine kleine Gruppe von New Yorker Stadträt*innen, die in extra einberufenen Anhörungen Amazon Druck machten. Unterstützung erhielt die Koalition zudem durch eine Delegation von Lokalpolitiker*innen aus Seattle, wo Amazon seinen Hauptsitz hat. Mehrere Vertreter*innen reisten extra nach Queens, um von den Veränderungen zu berichten, die Amazon in ihrer Stadt ausgelöst hat. Mieterhöhungen, Preissteigerungen, Obdachlosigkeit, soziale Verdrängung. Die Schilderungen waren eindrücklich.

Im Februar 2019, es war Valentinstag, passierte dann, womit wohl nicht mal die Optimistischsten gerechnet hatten: Amazon gab auf. In einem Statement begründete das Unternehmen seinen Rückzug mit der Opposition einzelner Politiker*innen, was sicherlich zum Teil der Wahrheit entsprach. Die Schuld allein auf ein paar widerspenstige Amtsträger*innen zu schieben, war für Amazon allerdings auch die bequemere Erzählung. Unterschlagen wurde so, dass der massivste Widerstand direkt aus der Bevölkerung kam.

Die *Washington Post* sprach von einer »Machtdemonstration der wiederauflebenden Linken«, und es stimmt, der Erfolg fühlte sich sofort historisch an. Etwas vermeintlich Unaufhaltsames war aufgehalten worden, fast wie ein Fehler in der kapitalistischen Matrix. Die Leute in Queens zeigten, dass man sich politische Macht erkämpfen kann, auch wenn man nicht gefragt wurde. Sie inspirierten damit die Tausenden Amazon-Mitarbeiter*innen, die sich in den kommenden Jahren weltweit gegen ihren eigenen Arbeitgeber auflehnen sollten. Und sie demonstrierten, wie man sich ein »Recht auf Stadt« – so nannte der französische Philosoph Henri Lefebvre den Anspruch auf Zugang zu all den Vorzügen, Diensten und Möglichkeiten, die eine Stadt manchen Bewohner*innen bietet, aber eben längst nicht allen – erkämpfen kann: indem sich die Menschen organisieren.

Als ich ein paar Wochen nach Amazons Rückzug die Sozialwissenschaftlerin und Autorin Frances Fox Piven interviewte, sagte sie, dass dieses Ereignis nur ein Indiz von vielen dafür sei, dass wir die Lockerung einer Blockade erleben. »Der ideologische Status quo wird in den USA zunehmend infrage gestellt«, erklärte Piven, die mehr als 30 Jahre lang an der City University of New York unterrichtete. »Und dieses Infragestellen führt die Menschen dazu, die Alternative Sozialismus zu benennen.«

Ist es wirklich so einfach? Die eine Ideologie verliert zunehmend ihre Legitimation, die andere nimmt dafür langsam ihren Platz ein? Piven, die zahlreiche Bücher über die sozialpolitischen Verschiebungen in den USA geschrieben hat, führte aus, dass es natürlich komplexer ist. Und sie äußerte auch Skepsis darüber, wie sozialistisch der neue Sozialismus überhaupt sei, oder ob wir nicht eher so etwas wie eine Reaktivierung der sozialdemokratischen New-Deal-Politik erleben. Die Wandlungen, die sich in den USA vollziehen, da war sich Piven jedenfalls sicher, gehen über das Land hinaus. Sie fallen in eine Zeit der globalen Umbrüche.

DAS ENDE VOM ENDE DER GESCHICHTE

»Es gibt keine Alternative«, sagte die britische Premierministerin Margaret Thatcher bekanntermaßen in den 80er Jahren und brachte mit diesem Slogan die vorherrschende Politik der Zeit auf den Punkt. Thatcher stand, wie ihr Kollege Ronald Reagan auf der anderen Seite des Atlantiks, für einen Abbau des Sozialstaates, für Privatisierungen und Unternehmensprivilegien, ein strenges Strafsystem, eine globalisierte Wirtschaft und kulturellen Nationalismus. Thatcherismus und Reaganomics bestärkten sich gegenseitig, andere Länder folgten; auch nominell sozialdemokratische Regierungen setzten diese Politik später fort. Nach dem Ende der Sowjetunion verkündete der Politikwissenschaftler Francis Fukuyama das »Ende der Geschichte«, womit er das angeblich unaufhaltsame Voranschreiten der liberalen Marktwirtschaft meinte. Der Kulturkritiker Mark Fisher beschrieb die Atmosphäre, in der die Systeme der westlichen Welt quasi als Naturgesetz betrachtet wurden, später als »kapitalistischen Realismus«.

Wirklich originell ist der Zugriff auf diese Zitate und Tropen nicht. Sie sind in gewisser Weise selbst kanonisiert und werden fast bei jeder Gelegenheit herangezogen, um das zu beschreiben, was man grob Neoliberalismus nennt. Interessant ist aber, dass diese, nennen wir es Konzepte, allesamt nur noch bedingt das Grundgefühl unserer Zeit einfangen, geschweige denn die Realität wiedergeben. Das Ende der Geschichte ist zu einem düsteren Witz geschrumpft, angesichts der Gleichzeitigkeit der globalen Krisen, die ein ganz anderes Ende der Geschichte andeuten, als es Fukuyama vorhersah. Wer von Alternativlosigkeit spricht und damit die Ökonomie in ihrer jetzigen Form retten möchte, kommt inzwischen eher verzweifelt rüber. Auch der kapitalistische Realismus scheint allmählich zu erodieren, viele Menschen können sich ein Ende dieses Systems vorstellen, sie arbeiten auch schon dran. Wenn wir uns noch nicht in einer neuen Ära befinden, dann zumindest nicht mehr in der alten, in der das Neue unmöglich erschien.

Wie fluide diese Ära ist, wurde besonders deutlich, als die Pandemie im Frühjahr 2020 anfing, das Leben zu bestimmen. Man konnte damals tagtäglich beobachten, wie alte Vorstellungen von Governance auf neue treffen, wie sich Politik gleichzeitig entblößt, erweitert und schrumpft.

Überall, aber vielleicht besonders in den USA, machten sich

Entscheidungen aus der Vergangenheit bitter bemerkbar. Das Gesundheitswesen zum Beispiel war vor allem deshalb so überfordert, weil es über Jahrzehnte hinweg abgebaut und privatisiert worden war. Was die verantwortlichen Politiker*innen zu welchem Zeitpunkt entschieden, wirkte noch unmittelbarer auf das Leben der Menschen ein als sonst. Zögerliche Reaktionen rächten sich genauso wie fehlende Transparenz. Dass Donald Trump die Gefahren erst ignorierte, dann eine Lüge nach der anderen verbreitete und über Monate lang effektive Maßnahmen verhinderte, führte, wie eine Kommission aus führenden Gesundheitsexpert*innen nahelegte, zu mindestens 180 000 Toten, die bei einer anderen Politik vermeidbar gewesen wären.[9]

Politik war in dieser Zeit offen, und zwar offen im doppelten Sinne: spürbar und veränderbar. Was eben noch kategorisch abgelehnt wurde, war plötzlich möglich. Zahlreiche amerikanische Großstädte öffneten Hotels für obdachlose Menschen, Zwangsräumungen wurden verboten, soziale Programme verallgemeinert, Teile der privaten Wirtschaftsproduktion staatlich umgestellt und Tausende Gefängnisinsassen im ganzen Land freigelassen, um die Ausbreitung des Virus in den elenden Einrichtungen zu bremsen. Es war eine Phase, in der Grundsätzliches infrage gestellt wurde, notgedrungen, weil Grundsätzliches noch weniger funktionierte als im Normalzustand.

Zugleich aber, und das war angesichts der politischen Auflandung besonders kurios, hörte man im Frühjahr 2020 immer und immer wieder, dass es »keine Zeit für Politik« sei. New Yorks Gouverneur Andrew Cuomo, der sich so aufdringlich wie kaum ein anderer Demokrat als liberaler Gegenspieler zu Trump inszenierte, wiederholte bei seinen Pressekonferenzen, dass Politik nun zurückzustellen sei. »Wir sind in einer nationalen Krise, wir sind im Krieg, es gibt jetzt keine Politik«, sagte Cuomo, der mit *seiner* Sparpolitik großen Anteil daran hatte, dass die New Yorker Krankenhäuser in so desaströsem Zustand waren. Sein Parteikollege Biden, damals mitten im Wahlkampf, appellierte, dass man in Momenten wie diesen »Politik zur Seite legen« müsse. Die Republikaner wiederum versuchten ihre magere Variante eines Corona-Hilfspakets zu verkaufen, in dem sie den Demokraten ebenfalls zuriefen, dass es »keine Zeit für Politik« sei.

Wenn Politiker*innen fordern, Politik außen vor zu lassen, soll damit Rationalität und Reife vermittelt werden. Es gibt Wichtigeres als Parteikonflikte und persönliche Sensibilitäten, ist die beabsichtigte Botschaft, deshalb müssten wir jetzt alle am gleichen Strang ziehen. Was damit gemeint ist, hängt jedoch immer von den Interessen der entsprechenden Akteur*innen ab. Den gleichen Strang gibt es so wenig wie das *wir alle*. Der Aufruf zur Depolitisierung ist deshalb gewöhnlich nichts anderes als, genau, Politik.

Wer kann es sich erlauben, sich der Politik mal kurz symbolisch zu entledigen? Es sind allermeist Menschen in Machtpositionen, besonders oft Politiker*innen der Mitte. Obama war ein Meister dieser Methode, die Phrase »put politics aside« gehörte zu seinem Standardrepertoire, vor allem dann eingesetzt, wenn es um für ihn wichtige Gesetzesvorhaben ging. Mahnungen, dass es »keine Zeit für Politik« sei, hört man aber längst nicht nur in Krisen oder Extremfällen. Wer den Namen etablierter US-Politiker*innen zusammen mit »politics aside« googelt, bekommt Ergebnisse in allen möglichen Zusammenhängen. Hinter dem Satz steckt, selbst wenn er gut gemeint ist, fast immer die Absicht, die eigene Ansicht als alternativlos zu verkaufen.

Genau an dieser Stelle verdichtet sich ein Kernproblem unseres politischen Systems, und zwar nicht nur in den USA, sondern überall dort, wo überholte Formen der repräsentativen Demokratie im Einsatz sind. Während gewählte Politiker*innen in der Regel aus machtstrategischen Gründen den Rahmen des Möglichen begrenzen, ist Politik für die meisten Menschen tatsächlich »aside«, also außen vor, etwas Fernes, Fremdes, Unveränderbares. Politik und Bevölkerung, das sind letztlich zwei verschiedene Welten. Als »Postdemokratie« hat der britische Politikwissenschaftler Colin Crouch diesen Zustand bezeichnet.

* * *

Anders als zu Beginn der Pandemie sitzt nun kein faschistoider Clown mehr im Weißen Haus, sondern ein Mann, »Uncle Joe«, der das Kunststück versucht, den versprochenen Neuanfang mit der ebenfalls versprochenen »Rückkehr zur Normalität« zu vereinbaren. Während die Unterschiede zwischen Biden und Trump in manchen Bereichen wie der Klimapolitik zu erkennen sind (obwohl längst nicht genug, siehe Kapitel 8), zeigen sich woanders, beispielsweise in der Immigrationspolitik, fatale Kontinuitäten.

Die aktuelle Regierung sorgt für weniger Skandale, agiert leiser, das kann man schon jetzt festhalten. Und sie hat – das ist auch ein Unterschied zur Obama-Regierung – durch einige Konjunkturprogramme, die die öffentliche Infrastruktur stärken, deutlich gemacht, dass die neoliberale Austeritätsmaxime zumindest teilweise gelockert ist. Ob Bidens Politik wirklich einen Bruch bedeutet, wie von manchen Ökonom*innen behauptet, bleibt fraglich. Nicht zuletzt deshalb, weil er selbst im eigenen Lager mit Senator*innen wie Joe Manchin und Kyrsten Sinema konfrontiert ist, die progressive Projekte blocken. Die nächsten Jahre werden daher auch im Zeichen eines Kampf um die Machtverhältnisse in der Demokratischen Partei stehen.

Biden – Jahrgang 1942 – ist der Präsident einer Zwischen-Ära, so scheint es. Offen einerseits gegenüber mancher Reform, klammernd andererseits an vielen Dogmen. Schon jetzt deutet sich an, dass er eine Reihe von Versprechen aus dem Wahlkampf nicht halten wird. In gewisser Weise ähnelt seine Situation der Obamas, der das Land damals ebenso inmitten einer historischen Krise übernahm, und versuchte, alle Seiten irgendwie miteinander zu versöhnen. Ein großer Unterschied ist jedoch der, dass es heute eine linke Opposition gibt, die sich neue politische Räume geschaffen hat. Wohin die USA in den kommenden Jahren und Jahrzehnten steuern werden, wird auch von diesen Kräften abhängig sein.

2 OCCUPYS ERBE

Wenn man die Anfänge von Occupy Wall Street zurückverfolgt, landet man bei einer kitschigen Fotocollage in schwarz-weiß. Auf dem Rücken des berühmten Wall-Street-Bullen posiert eine barfüßige Ballerina, ihr Spielbein nach hinten angewinkelt, ihre Arme seitwärts vom Körper gestreckt. Die Frau wirkt souverän, beinahe mühelos, obwohl das Tier unter ihren Füßen mit Wucht zur Seite zu reißen scheint. Im Hintergrund rennen Menschen mit Gasmasken durch einen Nebel von Rauch, es könnte auch Tränengas sein. Chaos und Kontrolle sollen in diesem Bild keine Gegensätze sein, so wirkt es, sondern zusammengehören.

Das kanadische Independent-Magazin *Adbusters* hatte die Collage als ein Poster gedruckt, in der Juli-Ausgabe 2011. Die größenwahnsinnige wie überfällige Idee war es, eine anti-kapitalistische Protestbewegung in Nordamerika auszulösen. »Was ist unsere eine Forderung?«, stand in roten Buchstaben über dem Kopf der Ballerina, dazu der neu geschaffene Hashtag #OccupyWallStreet, ein Aufruf, Zelte mitzubringen, und ein Datum: der 17. September.

Der 17. September 2011 wurde tatsächlich ein Ereignis, ein prägendes sogar. Es war der Beginn einer Protestbewegung, die sich von New York in über 1500 Städte weltweit verbreitete. Es war der Initialmoment einer jungen, linken Generation, der Auftakt einer widerständigen Ära. Mit der Abbildung auf dem *Adbusters*-Poster hatte das, was an diesem Tag geschah, jedoch wenig zu tun.

Auf dem »Charging Bull«, der tonnenschweren Bronzeskulptur, die südlich der Wall Street steht und seit Jahrzehnten als Symbol der Börse dient, triumphierte an dem Samstagvormittag im Herbst keine filigrane Tänzerin, stattdessen war der Bulle mit Metallgittern abgesperrt und wurde von rund 20 Polizist*innen bewacht. Auch der Eingang zur Wall Street war geblockt, genauso wie der Chase Plaza um die Ecke, an dem die ganze Aktion ursprünglich starten sollte. Die Pläne der Aktivist*innen hatten sich herumgesprochen. Die Beamt*innen des New York City Police Departments waren vorbereitet.

Der Beginn von Occupy war weniger martialisch, als es das *Adbusters*-Poster erdacht hatte. Keine Gasmasken, keine Nebelschwaden, dafür eine Menge Frust, Ideen und Neurosen. Auch die Festlegung auf die *eine* Forderung, die das Magazin verlangte, wirkte abwegig. Warum festlegen? Wieso einschränken? Die Occupyer*innen beschlossen in den folgenden Tagen und Wochen gemeinsam, dass ausformulierte Forderungen kontraproduktiv seien und das radikale Potenzial ersticken würden. Der autonome Charakter, der Occupy ausmachen sollte, zeigte sich bereits in diesen Anfangsmomenten. Alles sollte anders werden, also sollte auch alles anders gemacht werden.

* * *

Geschichte lässt sich nicht durch einzelne Ereignisse verstehen. Selten zumindest. Und wer sich bei großen gesellschaftspolitischen Entwicklungen auf bestimmte Daten fokussiert, vernachlässigt fast zwangsläufig ihre Zusammenhänge. In diesem Sinne begann Occupy weder am 17. September 2011 noch mit dem *Adbusters*-Poster im Juli zuvor. Occupy wurde durch den Arabischen Frühling inspiriert, durch die Indignados-Proteste in Spanien und Anti-Austeritäts-Demonstrationen in Großbritannien angetrieben, erklärbar nur durch den Geist der Zeit. Der Ausbruch der Finanz- und Wirtschaftskrise lag ein paar Jahre zurück, die Auswirkungen waren immer noch bitter spürbar. Millionen von Amerikaner*innen, die ihre Jobs, Ersparnisse oder Häuser verloren hatten, mussten dabei zusehen, wie die Banken und Großkonzerne mit Milliardenpaketen von der Obama-Regierung gerettet wurden und die CEOs bis auf wenige Ausnahmen so weitermachen durften wie zuvor. Parallel dazu war mit der Tea Party eine rechtspopulistische Bewegung gewachsen, die entscheidenden Anteil daran hatte, dass die Republikaner bei den Midterm-Wahlen 2010 das Repräsentantenhaus zurückerobern konnten.

Gerade wenn man diesen Kontext berücksichtigt, wenn man die Occupy-Bewegung also in Beziehung zu ihrem historischen Umfeld betrachtet, wird deutlich, dass da im September 2011 doch etwas sehr Außergewöhnliches in New York seinen Anfang nahm. Vor Occupy, sagen viele im Rückblick, gab es so etwas wie eine Linke in den USA kaum. Und durch Occupy schien plötzlich alles ein bisschen möglicher.

»Occupy Wall Street hat einen Blitz durch die amerikanische Gesellschaft und Politik gejagt, wie es seit Jahrzehnten nicht mehr geschehen ist«, stellte die damals noch eher unbekannte und inzwischen preisgekrönte Autorin Keeanga-Yamahtta Taylor im November 2011 fest. Die Proteste hätten die großen Medien nahezu gezwungen, »über Armut, ökonomische Ungleichheit und Korruption zu berichten«, schrieb Taylor, die heute African American Studies an der Princeton University lehrt und mehrere Bücher zum anti-rassistischen Kampf verfasst hat.[1] Der Soziologe und Autor Peter Frase verlautete ein paar Wochen später in *Jacobin*, einem zu dem Zeitpunkt unbedeutenden Randmagazin, dass Occupy es leichter mache, »sich das Ende des Kapitalismus vorzustellen«.[2] Und der Linguist Noam Chomsky, einer der weltweit bekanntesten linken Intellektuellen, konstatierte: »Die Occupy-Bewegung kreierte spontan etwas, das es in diesem Land so eigentlich gar nicht gibt: Gemeinschaften, die sich gegenseitig unterstützen, Kooperation, offene Räume für Diskussionen.«

Occupy fühlte sich revolutionär an, sagen die, die dabei waren. Doch das tun so manche Proteste, Aktionen und Ereignisse, die im Laufe der Geschichte dann eher aus dem Gedächtnis verschwinden. Das Besondere an Occupy ist vielmehr, dass der Bewegung auch ein gutes Jahrzehnt später noch so eine zentrale, nahezu mystische Bedeutung zugerechnet wird. Worin aber liegt diese Bedeutung genau?

Will man das Erbe Occupys greifen, trifft man auf eine gewisse Widersprüchlichkeit. Einerseits war Occupy eine anarchistische Aktion, die sich der Institutionalisierung und Vereinnahmung ganz bewusst entzog und gegen den Staat an sich gerichtet war. Zur Utopie gehörte das Denken jenseits von Parteien, Wahlen und repräsentativer Politik, jenseits der bekannten Territorien. Andererseits sind aus Occupy zahlreiche Netzwerke, Organisationen und sogar Präsidentschaftskampagnen gewachsen, die heute die Linke ausmachen. Diese Ambivalenz lässt sich nicht auflösen, soll und muss sie auch gar nicht. Sie zeigt in erster Linie, dass sich in Occupy so viel Energie bündelte und freigelassen wurde, dass davon verschiedene Strömungen angetrieben wurden.

ASTRA TAYLOR

Astra Taylor stellte sich auf eine Enttäuschung ein, als sie sich am Nachmittag des 17. Septembers auf den Weg von Brooklyn ins Finanzviertel von Manhattan machte. Wieder nur das Übliche, vermutete die Filmemacherin und Autorin: einige linke Seelen, die durch die Straßenschluchten taumeln und brüllen, um irgendwann von der Polizei nach Hause geschickt zu werden. Wie viele Protestler*innen an diesem ersten Tag von Occupy durch Manhattan zogen, lässt sich schwer sagen. Mehrere Hunderte waren es mindestens, über zweitausend nach anderen Schätzungen. Die meisten der Teilnehmer*innen waren jung, im Schnitt vielleicht 25, höchstens 30. Unter ihnen Studentinnen, Gewerkschafter, Künstlerinnen, Arbeitslose, Akademikerinnen, Punks, Pastoren, Anonymous-Hacker. Manche waren extra angereist, aus Ohio, Texas, Kalifornien oder Pennsylvania, ein paar sogar aus Europa und Südamerika. Andere hatten am Vorabend davon erfahren und kamen spontan aus Brooklyn oder Queens.

Der *Adbusters*-Aufruf hatte dazu geführt, dass sich in den Wochen vor dem 17. September ein paar Dutzend Anarchistinnen und Sozialisten regelmäßig in Lower Manhattan zur Planung getroffen hatten. Die wortwörtliche Umsetzung von #OccupyWallSteet war zwar das vage Ziel, schien aber unrealistisch. Sie erstellten deshalb eine Liste von Ersatzorten. Am Tag selbst fiel dann die Entscheidung für den Zuccotti Park, einen kleinen, unscheinbaren Platz nordöstlich der Wall Street, wo ab 14.30 Uhr immer mehr Menschen eintrafen.

Im Zuccotti Park fiel Taylor zunächst eine Sache auf: Die Leute wollten reden. Und zwar mit einer Ernsthaftigkeit und Direktheit, die sie kaum für möglich gehalten hatte. Drei Stunden lang diskutierte Taylor in einer von mehreren Gruppen, die sich auf den Park verteilt hatten. Darüber, warum sie heute gekommen waren; über die Massenverschuldung junger Amerikaner*innen durch Studiengebühren; über horrende Krankenkassenbeiträge; über das sogenannte Citizens-United-Urteil des Obersten Gerichtshofs, das nahezu grenzenlose Wahlkampfspenden ermöglicht; über das Wirtschaftssystem ganz grundsätzlich. Endlich, dachte Taylor, endlich ein Protest, der sich explizit mit dem Kapitalismus auseinandersetzt. Gegen 19 Uhr machte sich Taylor auf den Weg nach Hause, beeindruckt zwar, aber in der Annahme, dass das Ganze demnächst beendet sei.

Dass hier etwas Besonderes geschieht, womöglich sogar etwas Historisches, begannen die rund 200 Leute, die im Park geblieben waren, am nächsten Morgen zu ahnen. Warum die Polizei trotz ausgesprochener Drohungen am Ende nicht räumte, weiß keiner so wirklich, bis heute nicht. Es heißt, die Beamt*innen hätten Angst davor gehabt, dass Anonymous ihre Bankkonten hacken würde. Das Protestcamp existierte jedenfalls noch, als die Sonne aufging. Das Überstehen dieser ersten Nacht sei entscheidend gewesen, sagen viele. Nur so habe sich Occupy verbreiten können, als Methode und Anspruch, vom Zuccotti Park über die Stadtgrenzen hinaus.

* * *

Astra Taylor wurde 1979 im kanadischen Winnipeg geboren, aber wuchs in den USA auf, wo ihr Vater eine Karriere als Pharmakologe anstrebte. Die Familie lebte erst in Tucson, Arizona, und zog später nach Athens, Georgia. Was Taylors Kindheit außergewöhnlich machte, war jedoch etwas anderes: Sie ging nicht zur Schule. Ihre Eltern hatten nach der ersten Klasse entschieden, sie zu Hause zu unterrichten. Als sich Taylor in den ersten Wochen weigerte, dem von ihrer Mutter entworfenen Stundenplan zu folgen, gaben sie ohne großen Widerstand nach. Das Mädchen durfte fortan ihre Tage verbringen, wie sie wollte, das gleiche galt für ihre drei jüngeren Geschwister.

Unschooling sei ein Privileg gewesen, betont Taylor heute, und in Schulen per se liege auch gewiss nicht das Problem. Das Problem sei vielmehr, wie statisch, autoritär und letztlich undemokratisch das derzeitige Bildungssystem, einschließlich der Universitäten, funktioniere. Es sei ein System, sagt Taylor, in dem nur ganz bestimmte Leistungen belohnt, aber viele Potenziale und Interessen unterdrückt würden, in dem Geld über Möglichkeiten entscheidet und ökonomische Ungleichheiten reproduziert werden. Was wir Meritokratie nennen, sagt Taylor, sei ein Mythos. »Ich möchte dabei helfen, diesen Mythos zu brechen.«

Taylor ist eine imposante Erscheinung, groß, markante Gesichtszüge, lange, dunkle Haare mit Pony. Sie strahlt eine behutsame Autorität aus, wenn sie spricht, vor allem dadurch, dass sie beim Reden nicht nur Worte zusammensetzt, sondern, so wirkt es, auch immer wieder die eigenen Gedanken neu sortiert und hinterfragt. Sie nimmt Raum ein, ohne sich aufzudrängen. Interessant ist das auch deshalb, weil Occupy als die »führungslose Bewegung« bekannt werden sollte, was insofern stimmt, dass es keine vereinbarten Chefs gab, und insofern falsch ist, dass es natürlich führende Figuren gab. Leute, die durch ihre Erfahrung, ihr Wissen, auch ihre Persönlichkeit vorangingen. Menschen wie Astra Taylor.

In den Essays, die Taylor schreibt, den Filmen, die sie dreht und in ihrer Arbeit als Organizerin geht es fast immer um Alternativen. Alternativen zum Bildungssystem, Alternativen zur Art und Weise, wie wir miteinander kommunizieren, Alternativen dazu, wie wir politische Entscheidungen treffen. Occupy war für sie eine Öffnung. Nicht nur zu anderen Kapitalismusgegner*innen, sondern auch zu neuen Ideen und Fragen, zu »besseren Problemen«, wie Taylor sagt. Was für Widersprüche und Spannungen ergeben sich, wenn wirklich *alle* herrschen sollen? Für welche liberalen Werte lohnt es sich zu kämpfen, welche funktionieren nur im Sinne einer Verwaltung des Status quo? Und wie könnte es einer Protestbewegung gelingen, die politischen Strukturen ganz konkret zu verändern, ohne sich von ihnen kooptieren zu lassen? Auch ihr Dokumentationsfilm *What is Democracy?* hat seinen Ursprung im Zuccotti Park. Der Begriff Demokratie sei ihr vorher verstaubt vorgekommen, leer sogar, sagt sie. Bush hatte den Irak-Krieg damit verkauft, »Demokratie« in den Nahen Osten bringen zu wollen. Was war dieses Wort also wert? »Ich habe durch Occupy verstanden, dass Demokratie etwas sein sollte, das wir ständig *machen*«, sagt sie.

Taylor reist in ihrem Film an verschiedene Orte der Vereinigten Staaten, nach Italien und Griechenland, um mit Menschen darüber zu sprechen, was Demokratie für sie konkret bedeutet. Am eindrucksvollsten sind die Szenen, in denen unbekannte Protagonist*innen den Versprechen der liberalen Demokratie ihre Lebenserfahrungen entgegensetzen – *excluded wisdom*, wie der Schwarze Intellektuelle W. E. B. Du Bois es nannte: die Weisheit der Nichtgehörten. Ein Friseur in Miami zum Beispiel, der davon erzählt, dass er seit seinem Gefängnisaufenthalt nicht mehr an Wahlen teilnehmen dürfe. Oder eine Gruppe Schwarzer Teenager, die berichten, dass sie die Regeln des *land of the free* im Schulunterricht zwar vor und zurück lernten, sich von der Freiheit zur Mitgestaltung aber weit entfernt sehen.

Der Film kreist immer wieder um die Frage, ob die USA überhaupt eine Demokratie sind – eine in ihrer Direktheit typische Occupy-Frage. Schaut man sich die tatsächliche Machtkonzentration in der Politik und in der Wirtschaft an, bedenkt man die unzähligen Wahlhürden und -einschränkungen, von denen vor allem nicht-weiße Amerikaner*innen betroffen sind, behält man die elf Millionen undokumentierten Immigrant*innen im Kopf, die auf noch mehr Ebenen ausgeschlossen sind, dann kann man zumindest feststellen, dass diese Frage eine dringende Berechtigung hat. Demokratische Elemente mischen sich in den USA mit plutokratischen, oligarchischen und gerontokratischen: Wir sehen eine Herrschaft der Reichen, Wenigen und Alten; und gelegentlich erkennt man, dass es doch eigentlich eine Herrschaft der Vielen sein sollte. Demokratie, sagt Taylor, sei in den USA zugleich »abstinent und in Gefahr«. Diese Ambivalenz drückt sich auch in dem Titel ihres Buches aus, das den Film begleitete: »Demokratie mag nicht existieren, aber wir werden sie vermissen, wenn sie weg ist.«[3]

Fragt man Taylor nach ihrer Politisierung, hört man einen Entwicklungsverlauf, der exemplarisch ist für amerikanische Linke ihrer Generation. Für viele von ihnen war die Alter-Globalisierungsbewegung der 90er Jahre prägend, insbesondere die massiven und militanten Proteste gegen die WTO-Ministerkonferenz in Seattle im November 1999. Als ein paar Monate nach Seattle der Verbraucherschutzanwalt Ralph Nader seine Präsidentschaftskandidatur verkündete, schien auch auf der wahlpolitischen Ebene etwas zu passieren. Nader wollte als Kandidat der Green Party das De-facto-Zweiparteiensystem herausfordern und versprach eine sozialdemokratische Politik. Bis heute wird Nader die Schuld dafür gegeben, dass seine knapp 2,9 Millionen Wähler*innen am Ende dem Kandidaten der Demokraten, Al Gore, gefehlt hätten. Präsident wurde jedenfalls George W. Bush.

Mit den Terroranschlägen vom 11. September war nicht nur die globalisierungskritische Bewegung erstickt. Die Folgen der Anschläge bestimmten auch die Politik der Nullerjahre in fast allen anderen Bereichen. Der Patriot Act setzte Grundrechte außer Kraft und polsterte den von der Bush-Regierung angetriebenen Nationalismus. Mit dem Department of Homeland Security wurde eine Megabehörde geschaffen, die im Namen des »Heimatschutzes« fortan Muslim*innen und Immigrant*innen terrorisierte. Proteste wurden noch schneller und noch repressiver von der Polizei unterdrückt als sonst. Die großen, friedlichen Märsche gegen den Irak-Krieg blieben unter dem Strich wirkungslos. Gelegentlich kamen zwar kapitalismuskritische Politiker wie jener Nader oder ein gewisser Bernie Sanders in den etablierten Medien zu Wort, manchmal auch Intellektuelle wie Noam Chomsky oder Naomi Klein. So etwas wie eine linke Bewegung, sagt Taylor, die habe es in all diesen Jahren aber nicht gegeben. »Es gab regelrecht eine Allergie dagegen, Strukturen und Macht aufzubauen.« Sie habe sich sich isoliert gefühlt, »wie in einer Wüste«. Bis Occupy anfing.

ALLES BESETZEN, NICHTS FORDERN

Der Zuccotti Park ist im Grunde ein unmöglicher Ort für Protest. Er liegt direkt am Broadway, zwei Blocks nördlich der Wall Street und nur ein paar Gehminuten vom neuen World Trade Center entfernt, also mitten in einem Viertel, in dem jeder Zentimeter von Überwachungskameras festgehalten wird und in dem die Polizei dauerpräsent ist. Mit seinen dünnen Bäumchen, die zwischen den grauen Steinplatten herausragen, sieht der Platz so aus, als wären technokratische Stadtplaner dazu verpflichtet worden, in letzter Sekunde eine Grünquote zu erfüllen. Geschäftsleute hasten hier vorbei, manche von ihnen bleiben für eine kurze Mittagspause, bevor sie wieder in den Glastürmen verschwinden. Tourist*innen machen Rast auf den Granitblöcken.

Der Zuccotti Park ist zwar für die Öffentlichkeit zugänglich, gehört aber – wie so vieles in dieser Stadt – einem Privatunternehmen, das im Zweifel darüber entscheidet, wer was wann in diesem Park tun darf. Die Firma heißt Brookfield Properties und ist einer der größten Immobilienentwickler der Welt. 2006 wurde der Park umbenannt, nach dem langjährigen Vorsitzenden von Brookfield Properties, John Eugene Zuccotti. Bis dahin hieß er Liberty Plaza Park.

Vielleicht ist es auch der ideale Ort für Protest.

Es dauerte es nur ein paar Tage, bis aus dem sterilen Platz ein kleines Dorf wuchs. Die Occupyer*innen richteten eine Küche ein, in der Obst und Gemüse, Snacks und Getränke, frisch zubereitete Speisen und von Restaurants gespendetes Essen verteilt wurden. Es wurde eine Bibliothek aufgebaut, die am Ende über 5000 Bücher umfasste. In einem Erste-Hilfe-Zelt, das 24 Stunden besetzt war, konnte man sich ohne Krankenversicherung von Ärztinnen und Pflegern umsonst untersuchen lassen, was insbesondere obdachlosen Menschen half. Es gab ein Welcome Center, eine Pressestelle, einen Kulturbereich und sogar eine Kinderbetreuung. Dass es diesen Platz, der unter den Aktivist*innen fortan den neuen, alten Namen Liberty Square trug, als Angelpunkt gab, war für die Occupy-Bewegung gerade zu Beginn entscheidend. Es gab einen Ort – physisch, nicht nur gedanklich oder virtuell, an dem Leute sich finden, widersprechen und ausprobieren konnten, einen Ort der präfigurativen Politik.

»Wenn man den Park betrat, fühlte es sich so an, als würde man die Vereinigten Staaten verlassen«, erinnert sich Jesse Alexander Myerson, der damals, 25 Jahre alt, als künstlerischer Leiter für eine Theaterfirma arbeitete und am dritten Tag der Besetzung zum ersten Mal im Park vorbeischaute. Occupy sei ein »komplett anderes soziales Arrangement« gewesen, freier, gleicher, berauschender. »Ich habe ziemlich schnell aufgehört, im Theater zu arbeiten, weil ich realisiert habe, dass Theater für mich nur ein Ersatz gewesen war«, sagt er. Vor Occupy habe es in New York kaum Räume für linke Politik gegeben. »Und plötzlich gab es diesen Park, in dem ich etwas mit meinem Körper, meinen Muskeln, meinem Gehirn, meiner Zeit und meiner Energie anfangen konnte.« In der Rückschau, sagt Myerson, der als Organizer in New York arbeitet, sei das wichtigste Vermächtnis Occupys die Art und Weise, wie sich die Menschen im Zuccotti Park organisierten. Occupy habe Maßstäbe gesetzt, wie »dezentrale Bewegungen heute funktionieren«.

Die Occupyer*innen teilten sich in verschiedenen Arbeitsgruppen auf, zum Beispiel zu den Themen Lohnarbeit, Alternative Banking und Wohnpolitik. Die Idee war es nicht nur, themenspezifische Diskussionen zu ermöglichen, sondern auch, die Gestaltung des Park-Alltags effektiv zu organisieren. Die Arbeitsgruppe »Nachhaltigkeit und Umwelt« entwickelte ein System von stationären Fahrrädern, durch die das Camp mit Strom versorgt wurde. Die Aktivistin Winnie Wong sagt, dass es innerhalb der Gruppe vor allem um die Frage gegangen sei, wie eine autarke Stadt funktionieren könne. »Radikalen Munizipalismus« nennt Wong dieses Konzept. Occupy habe einen Raum geschaffen, sagt sie, in dem nicht nur Expert*innen, sondern alle Interessierten über die Zusammenhänge von Klimapolitik, Stadtplanung und Rassismus nachdenken konnten. Wong gründete später die Organisation People for Bernie, die Sanders' erste Kandidatur vorantrieb.

Fragen und Vorschläge wurden jeden Abend um 19 Uhr in die General Assembly eingebracht, eine Generalversammlung mit Konsensprinzip, an der oft mehrere Hundert Menschen teilnahmen und die über Livestream zu verfolgen war. Diskutiert wurden dringende Angelegenheiten, zum Beispiel die Notwendigkeit eines barrierefreien Zugangs zum Park und etwas absurd klingende Fragen wie die danach, wie viele Stunden am Tag der Trommelzirkel trommeln darf. Die Idee der General Assembly war es, verschiedene Perspektiven und Haltungen miteinander zu vereinbaren, statt sie zu nivellieren. Ein brillantes Konzept, wie viele Occupyer*innen fanden. Und zuweilen quälend, wie sich herausstellte. Direkte Demokratie ist anstrengend, war eine der vielen Erkenntnisse dieses Herbstes, unter anderem deshalb, weil man es nicht gewohnt ist.

Da Audioverstärker im Park nur mit Ausnahme geduldet waren, wurde bei den abendlichen Runden über Handzeichen und das sogenannte *people's mic* (oder auch: *human microphone*) kommuniziert. Satz für Satz wiederholen die vorne Sitzenden das, was die jeweiligen Sprecher*innen sagten, sodass auch die hinteren Reihen alles verstanden. Der Effekt war ein sonderlich mächtiges Echo. »Ich kannte dieses Verfahren nicht, deshalb wirkte es erst mal bizarr. Es war aber ebenso faszinierend«, sagte eine der Besetzer*innen, Sandra Nurse, die heute im Stadtrat von New York City sitzt.

Der Versuch, eine hierarchielose Gesellschaft vorzuleben, funktionierte auf manchen Ebenen besser als auf anderen. Wie in jeder anderen größeren Gruppe fanden sich auch im Zuccotti Park welche, die zu gerne redeten und welche, die zu wenig zuhörten – oft waren es dieselben. Und wie bei vielen anderen anarchistischen Aktionen war die Dezentralität nicht nur Segen, sondern eine immense Herausforderung. »Wenn niemand das Sagen hat und man voll Adrenalin ist, kann jede*r die Illusion haben, dass er in Wirklichkeit das Zentrum der Bewegung ist«, bemerkte der Journalist Nathan Schneider in einem Gespräch mit *The New Inquiry*.

Occupy verselbstständigte sich permanent, letztlich bis heute. Es gibt tausend Versionen und Interpretationen, die zwar miteinander verbunden sind, aber, wie bei so vielen sozialen Bewegungen ohne den einen Stamm oder die eine Wurzel oder den einen Grund. Wenn man Occupy verstehen will, scheint es also von Vorteil zu sein, Occupy nicht *ganz* verstehen zu wollen. Für viele der großen, traditionellen Medien war die horizontal organisierte Bewegung ein dementsprechend großes Rätsel. In der *New York Times* wurde sich über die »diffuse, anführerlose Versammlung von Aktivist*innen« gewundert. »Wofür steht Occupy Wall Street?«, fragte *CNN* in einem Beitrag und empörte sich darüber, dass die Leute im Zuccotti Park MacBooks und Smartphones benutzten – als sei das mit einer antikapitalistischen Haltung nicht zu vereinbaren. Manche Reporter*innen machten sich die Mühe, die Pluralität der Motivationen samt der Gemeinsamkeiten zu ergründen. Viele blieben bei einer spöttischen Grundhaltung.

Es gibt zwei Vorwürfe, die den Occupyer*innen dabei immer wieder gemacht wurden, von Medien genauso wie von der Politik. Zwei Vorwürfe, die in einer unfreiwilligen Dialektik die vielleicht einzig mögliche Essenz von Occupy ergeben. Einerseits, so die Kritik, habe es der Bewegung an konkreten Forderungen gemangelt. Andererseits seien die Forderungen zu unrealistisch gewesen. Was nach einem Widerspruch klingt, war letztlich genau das, was viele selbst sagten: Unsere Forderungen sind zu groß, um sie in einen Zehnpunkteplan zu gießen.

»Occupy everything, demand nothing« lautet die Synthese. Alles besetzen, nichts fordern. Oder anders formuliert: Die visionärste Forderung liegt in der Aktion selbst. Mit dieser Parole sei jedoch nicht nur der anarchistische Anspruch verbalisiert, sondern auch ein Klassenargument gemacht worden, schrieb die Politikwissenschaftlerin Jodi Dean in einem Artikel für die ad hoc geschaffene Zeitung *Occupy! Gazette*. »Occupy everything« verdeutliche, dass die Mehrheit der Menschen auch ein Recht auf die Mehrheit der Ressourcen dieser Welt habe, so Dean. »Wir besetzen alles, weil es uns bereits gemeinsam gehört.«

Es war diese bewusste *Über*forderung, die Occupy vorantrieb. Ein Liveexperiment in Sachen direkter Demokratie, wie oft passiert so etwas schon? Dass Occupy etwas Neues war, etwas Eigenartiges, zeigte sich auch darin, dass vielen Politiker*innen nichts anderes übrig blieb, als zu versuchen, die Bewegung als apolitisch zu diskreditieren. »Warum geht ihr nicht raus und versucht die Dinge zu ändern, die ihr nicht mögt, oder schafft Jobs, die uns fehlen, anstatt nur zu schreien und zu brüllen«, sagte New Yorks damaliger Bürgermeister Michael Bloomberg, der als ehemaliger Wall-Street-Händler, Multimilliardär und Marktliberaler fast schon karikaturhaft das verkörperte, was die Protestler*innen überhaupt erst zusammengebracht hatte.

Es war Bloombergs »eigene Armee« – wie der Bürgermeister die New Yorker Polizei mal verblüffend akkurat beschrieben hat –, die Occupy entscheidende Aufmerksamkeits- und Sympathieschübe verpasste. Die erste größere Konfrontation fand am 24. September am Union Square statt, wo ein Protestzug vom Zuccotti Park aus geendet war. Für Aufsehen sorgte insbesondere ein Video, auf dem ein Polizist zu sehen war, wie er einer jungen Frau mit Pfefferspray direkt ins Gesicht sprühte. Anders als auf dem *Adbusters*-Poster ausgemalt, tanzten die Protestler*innen nicht über dem Reizgas – sie waren ihm ausgesetzt. Der Clip verbreitete sich blitzschnell über Twitter, Facebook und YouTube. Der Zuccotti Park war am nächsten Tag voller als in den Tagen zuvor.

Kaum noch ignorierbar wurde Occupy eine Woche später, am 1. Oktober, als weit über tausend Menschen vom Park Richtung Brooklyn Bridge zogen, ausgestattet mit Schildern (»Tax the rich!«), Sprechchören (»This is what democracy looks like!«) und Bannern (»We the People«). Am Eingang der Brücke teilte sich die Masse auf. Der eine Teil blieb im Fußgängerbereich, der andere Teil wechselte auf die Autospur, und einige Minuten sah es tatsächlich so aus, als sei eines der ikonischsten Bauwerke der Stadt in der Hand der Demonstrant*innen. Nach etwa einem Drittel war allerdings Schluss. Die Polizei hatte den Marsch gestoppt, rund 700 Menschen waren nun eingekesselt. Den Protestler*innen wurden erst Handfesseln angelegt, dann wurden sie nach und nach abtransportiert. Die Bilder davon liefen später bei den großen Nachrichtensendern.

Metropolen wie Chicago, Los Angeles und Boston waren dem Vorbild aus New York schnell gefolgt, doch erst nach der Massenfestnahme vom 1. Oktober explodierte die Bewegung. Occupy St. Louis, Occupy Baltimore, Occupy Portland, Occupy Louisville. Selbst in kleinen Städten wie Prescott (Arizona), Amherst (Massachusetts) oder Corvallis (Oregon) wurden Proteste organisiert und Plätze besetzt. Auch immer mehr Gewerkschaften, Student*innengruppen und politische Organisationen solidarisierten sich. Die Bewegung hatte Menschen weltweit aktiviert und sich mit ihren Themen im kollektiven Bewusstsein verankert. 77 Prozent der Amerikaner*innen gaben in einer Umfrage des Pew Instituts Ende

2011 an, dass »zu viel Macht in der Hand weniger reicher Menschen und großer Unternehmen« liege.

EINE GENERATION WIRD GEPRÄGT

Spricht man heute mit amerikanischen Linken, ob nun mit welchen, die sich als Sozialisten oder Kommunistinnen bezeichnen, mit Black-Lives-Matter-Aktivistinnen, Klimaschützern oder Antifaschistinnen – die meisten bewegen sich ja sowieso zwischen diesen Kategorien –, wird deutlich, dass Occupy vor allem deshalb so viele Spuren hinterlassen hat, weil es ein Bruch war – und zwar in zweierlei Form: Occupy bedeutete eine Störung der Ordnung, in dem Sinne, dass öffentliche Plätze besetzt und auf ihnen improvisierte Experimente durchgeführt wurden. Und es war eine Offenlegung der Unordnung, in dem Sinne, dass endlich wieder Systemfragen gestellt wurden.

Nicht nur über den Kapitalismus, der für immer weniger Amerikaner*innen funktioniert, wurde wieder geredet, sondern auch über das politische System, das immer mehr Menschen demobilisiert und ausschließt. »We are the 99 percent«: In diesem Satz, der zum Slogan von Occupy wurde, drückte sich die Wut über die Verteilung von Vermögen, Macht und Ressourcen aus – und die große Sehnsucht nach neuer Politik.

Für manche Occupyer*innen besteht das Erbe von Occupy deshalb vor allem in der Entwicklung und Verbreitung horizontaler Prinzipien. Für andere liegt das Erbe in den Netzwerken und Organisationen, die aus der Bewegung gewachsen sind. Für wieder andere ist weniger wichtig, was aus Occupy *wurde*, sondern was Occupy *war*: ein Probieren ohne vordefinierte Regeln und Ziele.

»Was sich damals für mich revolutionär anfühlte, war vor allem die Erfahrung, mit Freund*innen und *Comrades* auf der Straße zu sein und ein anderes Leben an einem Ort zu führen, der normalerweise ein Ort intensiver Entfremdung, Ausbeutung und des

Leids war«, sagt die anarchistische Autorin Vicky Osterweil, die zu den Organisator*innen in den Wochen vor dem 17. September 2011 gehörte. Die Wirkung von Occupy, so schreibt es auch Keeanga-Yamahtta Taylor, war die Relegitimierung von »Straßen-Protesten, Besetzungen und direkten Aktionen«. Getrieben wurde die Bewegung nicht von der Überlegung, wie man Obama ein, zwei Reformen abringen könne oder wie man die Chefetagen der Wall Street weiblicher macht oder wie man die Wahlbeteiligung um ein paar Prozent anhebt. Getrieben wurde Occupy nicht von Kompromissen, sondern von großen Ansprüchen, der Idee einer radikal anderen Gesellschaft.

* * *

Occupy schwappte auch nach Deutschland. Startpunkt dafür war ein internationaler Aufruf zum Protest gegen den Kapitalismus am 15. Oktober 2011, also knapp einen Monat nach Beginn der Besetzung des Zuccotti Parks. In zahlreichen deutschen Städten fanden an diesem Tag Demonstrationen mit Tausenden Teilnehmer*innen statt. Unter anderem in Berlin und Hamburg bildeten sich Zeltcamps, obgleich diese Camps in der Öffentlichkeit wenig Aufmerksamkeit bekamen. Den stärksten Widerhall fand die Bewegung in Frankfurt, wo der Sitz der Europäischen Zentralbank und das Headquarter der Deutschen Bank ins Visier genommen wurden. Die Finanzmetropole am Main war auch Schauplatz der sogenannten Blockupy-Proteste, die ab 2012 und besonders explosiv im Jahr 2015 stattfanden.

Während Occupy in Amerika einen Nerv traf und sich in der politischen Landschaft dauerhaft eingepflanzt hat, blieb die Bewegung in Deutschland jedoch vergleichsweise irrelevant. Gerade im Rückblick wird deutlich, wie unterschiedlich die Wirkung in den zwei Ländern war. Occupy öffnete in den USA einen neuen Horizont, diskursiv, machtpolitisch, strategisch. Es schuf die Basis für zahlreiche Gruppierungen, inspirierte kommende Bewegungen, übersetzte sich in Gesetzesinitiativen. Die Bewegung füllte in den

USA eine Leere und machte deutlich, dass politische Formationen eine andere Kraft entfalten können, wenn sie nicht auf Wahlen oder Parteien ausgerichtet sind. In Deutschland dagegen prägte Occupy die gesellschaftliche Linke kaum. Die Bewegung ist heute fast in Vergessenheit geraten. Dabei lohnt die Erinnerung, als Anstoß und auch als Lehre.

DIE KOMMUNE VON OAKLAND

Als die *New York Times* im August 2012, also ein knappes Jahr nach Besetzung des Zuccotti Parks, in einem ausführlichen Artikel über den »letzten Hort des radikalen Amerikas« berichtete, ging es weder um New York noch um irgendeine andere große Metropole. Die Rede war von Oakland, einer Stadt am östlichen Ufer der Bucht von San Francisco, wo Occupy nicht nur länger als in anderen Städten wirkte, sondern auch militanter und diverser war als woanders. Warum ausgerechnet Oakland?

Cat Brooks wirkt irritiert, als sie die Frage hört. So als wäre die Antwort zu offensichtlich. »Naja, das ist Oakland! Der Ort, an dem die Black Panthers entstanden sind.«

Brooks, die seit 2006 in Oakland lebt, gehört zu den vielen Organizer*innen in der Stadt, die versuchen, den revolutionären Geist der Black Panther Party for Self-Defense, so lautete der ursprüngliche Name, weiterzutragen. Die marxistische Organisation war 1966 von Bobby Seale und Huey Newton als Antwort auf die rassistische Gewalt gegründet worden. Selbstverteidigung gehörte zum Überlebensprinzip, deshalb patrouillierten die Panthers mit schwarzen Lederjacken und Baretten in ihren Nachbarschaften und überwachten die Polizei (*copwatching*). Ihre politischen Forderungen waren allerdings von Anfang an umfassender, festgehalten in einem Zehn-Punkte-Programm, zu dem unter anderem Vollbeschäftigung, menschenwürdiges Wohnen für alle, eine Befreiung aller afroamerikanischen Männer vom Militär und bessere

Bildungschancen gehörten. Insgesamt über 60 soziale Projekte entwickelte die Gruppe im Laufe der Jahre. Das wohl bekannteste war das kostenlose Frühstücksprogramm für Schulkinder, das so beliebt war, dass sich die US-Regierung Jahre später gezwungen fühlte, ein eigenes Frühstücksprogramm aufzusetzen. Bis heute sind die Panthers, die zu Hochzeiten in knapp 70 Städten in den USA vertreten waren, für viele Aktivist*innen wie Brooks auch deshalb eine Inspiration.

Brooks leitet das Justice Teams Network, eine Dachorganisation für Graswurzelprojekte in Kalifornien, die sich dem Kampf gegen Rassismus und staatliche Gewalt verschrieben haben. Sie ist außerdem Gründerin des Anti Police-Terror Project, ein Netzwerk, das in Fällen von *police shootings* Helfer*innen zu den Tatorten sendet, um die betroffenen Familien emotional und durch Dokumentation der Vorgänge gerichtlich zu unterstützen. Beiden Organisationen geht es darum, neue Formen der öffentlichen Sicherheit zu entwickeln.

Welchen staatlichen Repressionen Schwarze Amerikaner*innen in ihrem Alltag ausgesetzt sind, erfuhr Brooks, die in der Arbeiter*innenklasse von Las Vegas aufwuchs, früh. Sie sah, wie ihr Vater, der sein Geld als Bühnenhelfer verdiente, regelmäßig aus dem Verkehr gezogen wurde, wie er mit blutiger Nase wieder ins Auto stieg und gedemütigt weiterfahren musste. Sie sah, dass der Staat ihrem Vater, der Probleme mit Drogen hatte, keine medizinische Betreuung anbot, sondern ihn wegsperrte; da war Brooks acht Jahre alt. Und sie sah, wie ihre alleinerziehende Mutter fortan kämpfte, ohne viel Geld, auf wenig Wohnraum. Diese Erfahrungen spielten eine entscheidende Rolle, als sich Brooks nach ihrem Schauspielstudium dafür entschied, doch einen anderen Weg einzuschlagen. In Los Angeles bekam sie ihren ersten Job bei einer Community-Organisation, die sich um obdachlose und drogensüchtige Menschen kümmerte. Später zog sie nach Oakland, wo sie seither als Organizerin und Radiomoderatorin arbeitet. »Die meisten von uns sind in einem politischen Haushalt groß geworden«, sagt Brooks über die Bewohner*innen Oaklands. »Wir bringen eine spezielle Form der Analyse und eine anderes Feuer mit.«

Occupy, sagt Brooks, habe sich in Oakland weniger wie ein Bruch angefühlt und »mehr wie ein Katalysator der bestehenden Bewegungen«. Anders als in vielen Städten, wo der Fokus expliziter auf ökonomischen Themen lag, sei es in Oakland stärker darum gegangen, den Kampf gegen kapitalistische Ausbeutung mit dem Kampf gegen Rassismus und Polizeigewalt zu verbinden. Occupy Oakland war in dem Sinne eine Mahnung und Vorwegnahme. Man konnte beobachten, woran es der Occupy-Bewegung grundsätzlich mangelte, nämlich an einer intersektionalen Herangehensweise, die die Kämpfe gegen Kapitalismus, Rassismus und das Patriarchat zusammendenkt.

Ein Fall prägte Occupy Oakland dabei besonders: die Tötung des 22-jährigen Familienvaters Oscar Grant. Als Occupy startete, lag der Fall Grant zwar bereits knapp drei Jahre zurück, hatte sich aber nachhaltig ins Gedächtnis der Stadt gebrannt. Grant war in den Morgenstunden des 1. Januar 2009 an der Bahnstation Fruitvale festgenommen worden, nachdem Beamte von einer Prügelei in einem der gerade angekommenen Züge gehört hatten. Mehrere Handyaufnahmen zeigten, dass Grant zunächst auf dem Bahnsteig saß, dann von zwei weißen Polizisten auf den Boden gedrückt wurde, bis plötzlich einer der beiden seine Pistole zog und Grant in den Rücken schoss. Er starb wenige Stunden später im Krankenhaus. Der Fall hatte eine radikalisierende Wirkung, sagt Brooks, auch deshalb, weil er mit einem anderen historischen Ereignis kollidierte, das nur drei Wochen danach stattfand: der Amtseinführung Obamas.

Grant wurde beerdigt, Obama zog ins Weiße Haus, und zumindest in Oakland war die Hoffnung darauf, dass das Justizsystem unter dem ersten Schwarzen Präsidenten automatisch anders funktionieren würde, schnell verflogen. Der Beamte, der Grant erschossen hatte, durfte nach weniger als einem Jahr das Gefängnis verlassen, im Juni 2011. Die Geschichte lag also noch frisch in den

Köpfen, als sich ein paar Monate später die Occupy-Bewegung in Gang setzte.

* * *

Occupy Oakland begann dort, wo die meisten Proteste in der Westküstenstadt beginnen, am Frank Ogawa Plaza, direkt neben dem Rathaus. Das Besondere an diesem Park ist das kleine Amphitheater am Rand, »The Forum«, das sich als optimal für die Versammlungen herausstellte. Mehrere Hundert Menschen kamen am 10. Oktober, dem ersten Tag von Occupy Oakland, ein paar Dutzend davon blieben mit Zelten über Nacht. Das Camp wuchs innerhalb weniger Tage, bald war kaum noch ein Platz frei. Der Platz hatte unter den Besetzer*innen auch schnell einen neuen Namen: Oscar Grant Plaza. Noch Jahre später fanden hier sonntags General Assemblys statt.

Es gab zwei Ereignisse, die Oaklands Rolle als »militantes Herz der Occupy-Bewegung« katalysierten. Das erste Ereignis war die gewaltsame, von insgesamt rund 600 Polizist*innen durchgeführte Räumung des Camps nach gerade mal zwei Wochen, gegen die sich die Occupyer*innen vehement wehrten. Das zweite zentrale Ereignis war der Generalstreik, den Occupy Oakland als Reaktion auf die Räumung ausrief. Eine Woche blieb den Organisator*innen, zu denen auch Cat Brooks zählte, so viele Bewohner*innen wie möglich zu mobilisieren. Ziel war nicht weniger, als »die Innenstadt und den Hafen stillzulegen«. Dass der bis dato letzte erfolgreiche Generalstreik in den USA ebenso in Oakland stattgefunden hatte, im Dezember 1946, sollte ein Omen sein.

»Der 2. November war einer der schönsten Tage, die ich als Organizerin je erlebt habe«, erinnert sich Brooks. Manche sprechen von 10 000 Menschen, die auf der Straße waren. Andere sogar von 50 000. »Junge Aktivistinnen, Vertreter der Mittelschicht, Studentinnen und obdachlose Menschen vermengten sich in freundlicher Natur«, beobachtete der *San Francisco Chronicle*. Die »Oakland Commune«, wie die Besetzung und Bewegung genannt wurde, hatte plötzlich die halbe Stadt eingenommen. Die Streikenden marschierten in mehreren Zügen vom Oscar Grant Plaza zum Hafen von Oakland, wo die Arbeiter*innen schon am Morgen in den Streik getreten waren. »Wir sind auf dem Weg dorthin einen leichten Hügel hoch«, erzählt Brooks, »und ich weiß noch, wie ich mich umgedreht habe und die Masse kaum fassen konnte.« Als die Sonne unterging, waren alle Zufahrtsstraßen von Demonstrant*innen geblockt. Der Hafenbetrieb musste eingestellt werden. »Es war eine atemberaubende Solidarität«, sagt Brooks.

Die Kommune von Oakland zeigte, wie sich eine Allianz verschiedener Schichten und Milieus formen lässt. Hafenarbeiter, die sich gegen die Gewerkschaftsfeindlichkeit ihrer Chefs wehrten. Lehrerinnen, die unter dem gekürzten Bildungsbudget der Stadt litten. Krankenpfleger, die ein Ende der Austerität in der Gesundheitspolitik forderten. Aktivistinnen, die sich gegen Rassismus und staatliche Gewalt einsetzten. Ein neues Level der Solidarität entwickelte sich auch dadurch, dass viele weiße Teilnehmerinnen und Beobachter zum ersten Mal direkt erlebten, wie sich Polizeigewalt anfühlt oder zumindest aussieht. »Die Polizei ist nicht höflich und vorsichtig, wenn du obdachlos, arm oder eine Person of Color bist«, bemerkte die Künstlerin Sunaura Taylor. »Ich war wie viele andere Menschen von dem Ausmaß der Polizeigewalt überrascht«, so Taylor, »für viele Communitys in Oakland ist es aber einfach nur mehr vom Gleichen.«[4]

Das Thema *race* war für die gesamte Occupy-Bewegung neuralgisch. Dass überproportional People of Color von den Folgen der Wirtschaftskrise betroffen waren, schien zwar theoretisch den meisten Protestler*innen bewusst; auch, dass die ersten General Assemblys in vielen Städten von weißen Teilnehmer*innen geprägt wurden, war offensichtlich. Es brauchte allerdings eine Zeit – und die Intervention nicht-weißer Aktivist*innen – bis diese Probleme als solche überhaupt erst mal adressiert wurden.

Manissa Maharawal, damals Studentin an der City University of New York, schildert, wie sie an einem Donnerstagabend einer

Gruppe im Zuccotti Park einen Crashkurs zur kolonialistischen und genozidalen Geschichte des Landes sowie zum strukturellen Rassismus geben musste. »Es tut weh. Es macht dich müde. Manchmal bringt es dich zum Weinen. Manchmal ist es belebend. Jedes einzelne Mal ist es schwer«, beschrieb Maharawal die Erfahrung, »vor einem Weißen zu stehen und ihm seine Privilegien zu erklären«.[5] Am Ende aber habe sich der Aufwand an diesem Abend gelohnt. Die Leute hätten zugehört, so Maharawal, und ihre Impulse angenommen.

SPANNUNGEN UND STRÖMUNGEN

»Verliebt euch nicht in euch selbst«, hatte der slowenische Philosoph Slavoj Žižek gewarnt, als er am 9. Oktober 2011 eine zwanzigminütige Rede im New Yorker Zuccotti Park halten durfte. »Das Einzige, wovor ich mich fürchte, ist, dass wir eines Tages einfach nach Hause gehen und uns dann einmal im Jahr treffen, Bier trinken und uns nostalgisch daran erinnern, was für eine schöne Zeit wir hier hatten.«

Sollte Žižek recht behalten? Insofern ja, wohl ein wenig, weil es tatsächlich nicht lange dauerte, bis so etwas wie eine Occupy-Nostalgie aufkam. Für viele war der Herbst 2011 tief und nachhaltig prägend, es war eine Zeit, in der sie neue Formen der Politik kennenlernten, Freundschaften fürs Leben schlossen, in der aus Beobachter*innen Teilnehmer*innen wurden, eine Zeit, in der kein Tag normal schien und jedes Ereignis intensiver als sonst. Wenn Occupyer*innen heute vom Damals sprechen, schwingt oft Sehnsucht mit. Occupy hört sich dann an wie ein Versprechen, das noch eingelöst werden muss.

Zu viel Harmonie innerhalb der großen Masse der Protestler*innen – das schien Žižek ja auch zu fürchten – herrschte jedoch nie. Wenn man so will, waren es gerade die Binnenkonflikte, die diese Bewegung ausmachten. Occupy ermöglichte nicht nur eine öffentliche Konversation über den Kapitalismus, sondern eben auch, was Jahre und Jahrzehnte in der Größenordnung nicht geschah: eine Konversation darüber, wie antikapitalistische Politik aussehen könnte oder sollte, und warum Antikapitalismus alleine nicht reicht, wie die Kommune von Oakland demonstrierte.

»Stop the war, tax the rich!«, riefen manche. Stoppt den Krieg, besteuert die Reichen.

»Start the war! Eat the rich!«, riefen andere. Startet den Krieg, fresst die Reichen.

Wie konträr die Haltungen zum Teil waren, die bei Occupy aufeinanderprallten, wurde ein paar Tage nach Žižeks Rede deutlich, als das ein Jahr zuvor gegründete Magazin *Jacobin* zu einer Diskussionsrunde in den kleinen und an diesem Abend vollgepackten Buchladen Bluestockings in der Lower East Side von Manhattan lud. »Das Panel war exemplarisch für eine größere Debatte, die zu dieser Zeit stattfand: zwischen Sozialist*innen, die auf traditionellere Weise organisieren wollten, und Anarchist*innen, die dekonstruktivistischer dachten und davor warnten, in alte Machtstrukturen zurückzufallen«, sagte mir die Journalistin Sarah Leonard.

Die Vertreter*innen der sozialistischen Fraktion – der Journalist Doug Henwood, die Politologin Jodi Dean und der Bibliothekar und Autor Chris Maisano – argumentierten, dass sich Occupy stärker an Gewerkschaften und Universitäten wenden müsse, um die Bewegung zu erweitern und zu verstetigen. Die Vertreter der anarchistischen Fraktion – die Autor*innen Malcolm Harris und Natasha Lennard – erwiderten, dass das Potenzial von Occupy im expliziten Antagonismus zu allen staatlichen oder hierarchischen Institutionen und vielmehr in der Aktion selbst liege. Der Moderator Seth Ackermann, Redakteur von *Jacobin*, versuchte zu vermitteln, die Zuschauer*innen dem schnellen Hin-und-her zu folgen. Es sei die hitzigste linke Diskussion gewesen, an der er je teilgenommen habe, sagte Henwood, dem es mit seinen knapp 60 Lebensjahren nicht an Erfahrung mangelte.

»Die Debatte war äußerst lebhaft, auf beiden Seiten von Herablassung für den Gegner geprägt. Alles in allem hatte man das wohltuende Gefühl, in eine Zeit zurückgeworfen zu sein, in der Politik tatsächlich noch eine Rolle im Leben der Menschen spielte«, fasste Sarah Leonard später für die *Occupy! Gazette* zusammen. Viele derer, die damals im Bluestockings dabei waren, sind heute bekannte Autorinnen, Academics und Kulturschaffende. Ein Erbe von Occupy liegt also auch darin, dass sich eine neue linke intellektuelle Kraft entwickelt hat.

Die Konflikte zwischen den verschiedenen Occupy-Strömungen setzten sich in den kommenden Monaten fort und wurden entlang verschiedener Themen immer wieder entzündet. Es ging um die Sinnhaftigkeit der manchmal ewig anmutenden General Assemblys, den Umgang mit der Presse, die Nutzung der Social-Media-Kanäle und um die Redezeit prominenter Unterstützer*innen. Auch der Slogan der 99 Prozent wurde hinterfragt: Gehören Polizist*innen wirklich dazu, als Mitglieder der *working class*? Sind Polizist*innen überhaupt working class, obwohl viele von ihnen sechsstellig verdienen oder sind sie, insbesondere in den USA, nicht vielmehr so etwas wie die »Bodyguards für das eine Prozent«, wie es Keeanga-Yamahtta Taylor mal formuliert hat? Was ist mit Menschen, die zwar ökonomische Ungerechtigkeit erleiden, aber die Schuld Mexikanerinnen und Muslimen geben: Sind die ganz genauso 99 Prozent?

Occupy war von einem unscharfen Populismus getragen, was vor allem Vorteile hatte, weil es sich vielen verschiedenen Menschen gegenüber öffnete, und den Nachteil, dass sich auch rechte Nationalisten und esoterische Verschwörungstheoretiker davon angezogen fühlten. Der Slogan der 99 Prozent zeigt, dass ein Populismus, der sich nicht mit den Unterschieden innerhalb dieser gigantischen Masse auseinandersetzt, Limits hat.

Je länger Occupy lief, desto deutlicher wurde, dass die Bewegung über den Zuccotti Park hinausdenken musste, um mehr Menschen zu erreichen. Eine Antwort darauf war die Initiative Occupy the Hood, die Proteste und Aktionen in den Communitys von Brooklyn, Queens und der Bronx organisierte, dort also, wo nicht-weiße Menschen besonders stark unter Immobilienkreditzinsen, medizinischen Schulden und Gentrifizierung litten. Die Idee dazu kam von Malik Rhasaan, einem Bauarbeiter aus Queens, der im Zuccotti Park festgestellt hatte, dass »zu wenige Leute wie ich aussehen«. Was zunächst nur ein Hashtag war, wurde schnell zu einem nationalen Netzwerk. Sowohl #OccupyTheHood als auch Occupy our Homes – ein weiterer Ableger, der Menschen im Kampf gegen Zwangsvollstreckungen unterstützte – gab es bald in fast allen Großstädten.

Die Kraft dieser Solidaritätsstrukturen stellte sich im Oktober 2012 unter Beweis, als Hurrikan Sandy über mehrere karibische Staaten und die Ostküste Amerikas zog. Insgesamt fast 300 Menschen starben durch den Sturm, alleine in New York City waren es 44. Tausende Wohnungen waren innerhalb kürzester Zeit überflutet und zerstört, Hunderttausende New Yorker blieben tagelang ohne Strom. Die Folgen waren verheerend – und die Grenzen der staatlichen Hilfsfähigkeit bald sichtbar.

Es waren Occupy-Aktivist*innen, die noch am nächsten Tag ein Netzwerk aufbauten, das die Betroffenen in Vierteln wie Red Hook oder auf der Halbinsel Rockaway mit Lebensmitteln, Kleidung und Decken versorgten. Es waren Occupyer*innen, die Ersatzunterkünfte organisierten, bei der Reparatur von Häusern und beim Auspumpen von Kellern halfen, außerdem die Notleidenden von A nach B transportierten. »Wo FEMA versagte, sprang Occupy Sandy ein«, bemerkte die *New York Times*, die sich mit Lob über Occupy bis dahin eher zurückgehalten hatte. Gemeint war die Katastrophenschutzbehörde FEMA, die schon bei Hurrikan Katrina im Jahr 2005 kolossal versagt hatte, als die vor allem Schwarze Bevölkerung von New Orleans über Wochen nahezu alleine gelassen wurde.

Sowohl Hurrikan Katrina als auch Hurrikan Sandy waren eine Erinnerung daran, dass Occupys Ideal der gegenseitigen Hilfe mehr als nur der Vorschlag einer neuen Politik war, sondern in

Krisensituationen längst existenzielle Notwendigkeit. »Ich glaube, dass wir ohne sie nicht überleben würden«, sagte Kathleen Ryan, die in Rockaway von Occupy-Aktivist*innen mit Diabetis-Medikamenten versorgt wurde.

Die beeindruckende Notwendigkeit von Occupy Sandy unterstrich darüber hinaus die Wichtigkeit einer Frage, die Teile der Bewegung schon früh beschäftigt hatte: Wie lassen sich die Ideen von Occupy langfristig in der Gesellschaft verankern? Eine Antwort fand der sozialistische Aktivist Yotam Marom, der zu den Organisator*innen von Occupy Sandy gehörte und in den Wochen nach der Katastrophe eine neue Organisation namens Wildfire Project gründete. Ziel war es, verschiedene Graswurzelprojekte miteinander zu verknüpfen und dabei Organizer*innen für kommende Bewegungen auszubilden. Um wirkliche Macht aufzubauen, davon war Marom überzeugt, brauche es *leaders*, Menschen, die eine Bewegung vorantreiben können, ohne sie zu kontrollieren. Für manche Occupy-Teilnehmer*innen stand das im Widerspruch zur ursprünglichen Idee. Für andere war es die zwingend nötige Weiterentwicklung.

KOLLEKTIV AUS DEN SCHULDEN

Wie gedenkt man jemandem, der als Kritiker die Welt in Einzelteile zerlegte und gerade deshalb seinen revolutionären Geist bewahrte? Jemandem, der bürokratisches Prozedere verschmähte und nach neuen demokratischen Prozessen strebte, der zuverlässig groß dachte und dabei nie größenwahnsinnig wurde.

Am 11. Oktober 2020, mehr als neun Jahre nach dem Beginn von Occupy, versuchten rund 150 Menschen im Zuccotti Park eine Form dafür zu finden. Manche von ihnen kamen in bunten Kostümen, andere ganz in Schwarz. Manche hatten politische Reden vorbereitet, andere einen etwas merkwürdigen Tanzgesang. Die Veranstaltung, die an diesem Sonntag im Herbst nicht nur in New

York, sondern an rund 200 Orten weltweit stattfand, lief unter dem Namen »Karnevalsbeerdigung«. Gedacht wurde David Graeber, dem Anthropologen, Anarchisten, Buchautor und Karnevalsenthusiasten, der einige Wochen zuvor, am 2. September 2020 im Alter von 59 Jahren gestorben war.

Es gibt wenige Menschen, die Occupy so stark prägten wie er. Graeber gehörte zu denjenigen, die die Aktion in den Wochen vor dem 17. September 2011 geplant hatten, er war für die Kreation des Slogans »Wir sind die 99 Prozent« mitverantwortlich, und er half dabei, das Prinzip der General Assemblys populär zu machen. Graeber, der aus einer New Yorker Arbeiterfamilie stammte und zuletzt in Großbritannien an der London School of Economics unterrichtete, schrieb Texte und Bücher über Occupy, in denen er die Faszination dieser Zeit gefühlvoll und analytisch transportierte. »Auf ihn war Verlass, wie nur auf wenige berühmte Männer Verlass ist: Der kollektive Kampf für die Befreiung stand immer an erster Stelle«, schrieb der Autor Malcolm Harris in einem Nachruf für *The Nation*.

Die Trauerfeiernden im Zuccotti Park, Graebers Freunde, Mitstreiterinnen und intellektuellen Verehrer, erinnerten sich an Geschichten, die sie mit ihm erlebt hatten, auch daran, welche seiner Eigenschaften sie besonders schätzten. Hervorgehoben wurde seine Großzügigkeit, seine Verspieltheit, seine Solidarität, seine Kampfeslust. Und es ging immer wieder darum, dass Graeber eben nicht nur ein Theoretiker, sondern noch leidenschaftlicher ein Praktiker war. Er wollte wissen, wie direkte Demokratie funktioniert, also musste er es ausprobieren, bei Protesten und Streiks, in Assemblys und Konferenzen, auf der Straße, überall.

Graeber befasste sich in seinen Büchern unter anderem mit der »Ära der totalen Bürokratisierung«, mit der Flut an »Bullshit-Jobs« und den Auswirkungen der Sklaverei in Madagaskar, wo er einige Jahre lebte. Das Buch, das nicht nur für die Occupy-Bewegung besonders wichtig war, sondern auch auf den akademischen Diskurs am stärksten eingewirkt hat, heißt *Schulden: Die ersten 5000 Jahre*.

Graeber geht darin der Frage nach, wie das Konzept der Schulden entstanden ist und warum es heute so bestimmend in unserer Gesellschaft ist. Als der Zuccotti Park im Herbst 2011 besetzt wurde, war es gerade ein paar Monate auf dem Markt. Das Timing passte ungewollt perfekt. Das Thema, so stellte es sich in den folgenden Monaten heraus, war zentral für die Bewegung.

* * *

Schulden sind eine Waffe, sagt Astra Taylor, die mit Graeber eng befreundet war. »Schulden isolieren dich, machen Angst, kreieren Scham.« Wer Schulden hat, muss schuld sein, das ist Teil der Ideologie. Taylor spricht vom »Band, das die 99 Prozent zusammenhält«, betont aber, dass längst nicht alle gleich betroffen sind. Wenn jemand wie sie Studiengebühren abzahlen müsse, sei das etwas anderes, als beispielsweise bei einer Schwarzen alleinerziehenden Mutter. »Niemand sollte sich verschulden müssen, um sich ein Studium, Gesundheitsversorgung oder eine Wohnung leisten zu können«, sagt Taylor. Schulden seien eine Waffe, die man nutzen muss.

Verschuldung gehört in einem Ausmaß zum amerikanischen Leben, das sich schwer fassen lässt. Menschen entscheiden sich gegen Kinder, lassen von Berufswünschen ab, begehen Suizid, weil sie verschuldet sind, oder wissen, dass sie es bald sein werden. Und zwar in Massen. Die Zahl der Gesamtschulden aller amerikanischen Haushalte lag laut eines Reports der Federal Reserve Bank of New York Ende 2020 bei 14,35 Billionen US-Dollar. In einer 2019 veröffentlichten Studie kam heraus, dass sich rund 137 Millionen Amerikaner*innen innerhalb des zurückliegenden Jahres in einer durch medizinische Kosten bedingten finanziellen Notlage befanden.[6] Stand Frühjahr 2021, waren rund 45 Millionen Amerikaner*innen durch ihr Studium verschuldet. Die Gesamtsumme der Unischulden ist innerhalb von 20 Jahren um über 800 Prozent gestiegen: auf mehr als 1,7 Billionen Dollar.

Es gibt verschiedene Gründe für dieses Massenphänomen. Ein wichtiger Faktor ist die massive Zunahme von Universitätsgebühren. »Der Staat sollte intellektuelle Neugier nicht subventionieren«, sagte Ronald Reagan bereits in den 60er Jahren als Gouverneur von Kalifornien, ehe er dieses Mantra als Präsident in den 80ern bundesweit umsetzte und Gelder für öffentliche Bildung strich. Auch die Vergabe riskanter Hauskredite spielt eine Rolle, warum heute so viele Amerikaner*innen, vor allem Schwarze, verschuldet sind. Schulden sind der Ausdruck eines Systemversagens, sagt Taylor, werden aber »als Problem individualisiert«. Laut *ProPublica* landen Jahr für Jahr Tausende Amerikaner*innen im Gefängnis, weil sie ihre Rechnungen nicht bezahlen können.[7] Wer viel Geld hat, kann das Schuldensystem wiederum für sich nutzen. »Ich bin der König der Schulden«, sagte Trump mal in einem Interview. »Ich habe ein Vermögen gemacht, indem ich Schulden ausgenutzt habe, und wenn die Dinge nicht funktionieren, verhandle ich die Schulden neu.«

Taylor sagt, dass viele Menschen erst durch Occupy realisiert hätten, dass sie mit ihren Problemen nicht alleine sind. Schon das öffentliche, gemeinsame Sprechen habe befreiend gewirkt. Sehr bald allerdings stand die Frage im Raum, wie man sich organisiert. Über Graeber war Taylor im Frühjahr 2012 bei Strike Debt! gelandet, einem neu gegründeten Kollektiv, das zunächst in New York, aber bald auch in vielen anderen Städten sogenannte Debtors' Assemblies veranstaltete, Treffen, bei denen Schuldner*innen ihre Erfahrungen austauschen konnten. Die Gruppe veröffentlichte noch im gleichen Jahr das »Debt Resistors' Operations Manual«, eine Art Leitfaden, in dem die Mechaniken des Systems erklärt und Wege des Widerstands präsentiert wurden.

Das wichtigste Projekt von Strike Debt! ist bis heute der »Rolling Jubilee«, was so viel wie »laufendes Ablassjahr« heißt. Die Idee dahinter ist so sonderbar wie einfach. Auf dem Finanzmarkt werden Schuldenpakete gehandelt und verkauft, wodurch quasi jede zur Gläubigerin werden kann. Man kauft die Schulden anderer

Menschen, aber nicht zum eigentlichen Wert, sondern oft nur für ein bis fünf Prozent, und kann sie dann durch Fremdfirmen eintreiben lassen – oder eben nicht. Die Aktivist*innen des »Rolling Jubilee« nutzen dieses perfide System, indem sie – durch Spenden finanziert – Pakete kaufen und sie dann erlassen. Rund 32 Millionen Dollar konnte der »Rolling Jubilee« zwischen 2012 und Anfang 2021 tilgen, finanziert durch rund 700 000 Dollar Spenden.

Für Taylor war diese Art des »ökonomischen Ungehorsams« nur der Anfang. Zusammen mit anderen Occupy-Aktivist*innen gründete sie 2014 das Debt Collective, die erste Gewerkschaft für Schuldner*innen. »Schuldest du der Bank 100 Dollar, gehörst du ihr. Schuldest du der Bank 100 Millionen Dollar, gehört sie dir«, soll der Öl-Tycoon John Paul Getty einmal gesagt haben. Genau diese Konstellation macht sich das Debt Collective zu Nutze. Neben Bildungsarbeit, regelmäßigen Assemblys, Protesten und Streiks liegt der Fokus auf juristischer Arbeit. Das Debt Collective handelt die Finanzverträge ihrer Mitglieder neu aus, sei es mit Unternehmen, Banken oder dem Staat. Und sie organisieren Sammelklagen, um illegitime Schuldenvereinbarungen zu widerrufen. Über 1,5 Milliarden Dollar hat die Organisation zwischen 2014 und 2020 auf diesem Wege gestrichen. Die Organisation spricht dabei bewusst nicht von »Schuldenvergebung«, denn Vergebung, sagt Taylor, klinge so, als hätten die Personen etwas falsch gemacht. »Falsch ist das System, das Millionen von Menschen ins Minus zwingt.«

Organizing rund um das Thema Schulden hat neben den materiellen Gewinnen noch einen anderen bedeutenden Vorteil: die Zusammenführung von Menschen aus verschiedenen politischen Lagern. Zu den Treffen des Debt Collective kommen bis heute immer wieder auch Wähler*innen der Republikaner. Leute, die in ihrer eigenen Wahrnehmung weit entfernt von linker Politik stehen, die Occupy damals vermutlich sogar für eine Bedrohung hielten. »Manche bleiben bei ihren Überzeugungen«, sagt Taylor, »andere aber fordern nach einer Weile, dass alle Bildung kostenlos sein sollte«. Die Mitgliederzahl des Debt Collective liegt inzwischen bei über Zehntausend. »Wir wollen Koalitionen bilden, die es vorher nicht gab«, so Taylor.

Dass die massenhafte Streichung von Schulden heute sogar von der Regierung angegangen wird, ist nicht unwesentlich Organisationen wie dem Debt Collective zu verdanken. Anfang 2021 legte Präsident Biden einen Plan vor, wonach das Community College in den USA kostenlos werden soll, finanziert durch eine erhöhte Einkommensteuer für Reiche. Die Regierung stellt sich einem umfassenden Schuldenerlass zwar immer noch quer, hat im ersten Halbjahr 2021 aber immerhin knapp 100 000 Menschen ihre Studienschulden gestrichen. Fortschritte, die zu Beginn der Occupy-Bewegung undenkbar schienen.

* * *

War Occupy also ein Erfolg? Es kommt auf die Perspektive an. Occupy führte weder zur Überwindung des Kapitalismus noch zum Neuaufbau eines neuen politischen Systems. Die Wall Street wurde nicht besetzt, das obere ein Prozent nicht enteignet, und am 15. November 2011 war auch die Besetzung des Zuccotti Parks vorbei. Wenn man so will, war Occupy eine Reihe von Versuchen und Irrtümern. Occupy wurde keine Partei, keine NGO, kein dauerhaftes Medium – zum Glück nicht. Weil es keine Mitgliederzahlen, Wahlergebnisse, Einschaltquoten oder Finanzbilanzen gibt, lässt sich aber auch schwerer messen, wie »erfolgreich« die Bewegung war.

Das Erbe Occupys lässt sich dennoch beschreiben. Als Labor für direkte und dezentrale Formen der Demokratie, dessen Ergebnisse die Grundlage vieler neuer Kollektive bildete. Als Anfang einer sich heute deutlich zeigenden Rehabilitierung des Sozialismus. Als Impuls für eine politische Generation, Inspiration, *mehr* von Politik zu fordern. Und ganz konkret lässt sich das Erbe auch über das ausgeführte Thema Schulden beschreiben. Einerseits erreichte die Bewegung, dass sich der Diskurs radikal geöffnet hat. Bildung und Gesundheitsversorgung müssen frei sein, fordern heute immer mehr Amerikaner*innen, unterstützt durch den progressiven Flügel der Democrats. Andererseits zeigte Occupy Wege auf, diese Visionen konkret anzugehen, durch Widerstand, wie ihn das Debt Collective realisiert.

Occupy führte zu einer »Wiederbelebung der revolutionären Vorstellungskraft, die nach herkömmlicher Meinung längst für tot erklärt war«, wie David Graeber es mal formuliert hat.[8] »Wenn der politische Horizont der Menschen einmal erweitert wurde«, schrieb er, »ist die Veränderung dauerhaft.«

3 VISIONEN DER SCHWARZEN BEWEGUNG

Kandace Montgomery erfuhr von dem Mord an George Floyd wie die meisten Menschen in Minneapolis: über Social Media. Sie war zu Hause mit ihrem Vater, in der Nachbarschaft standen die Menschen in ihren Vordergärten um die Grills. Es war Memorial Day, der erste Feiertag seit Beginn der Pandemie, und im Beisammensein ließ sich trotz Abstand Trost finden. Der Abend neigte sich dem Ende zu, als sich die Nachricht verbreitete, dass ein Mann von der Polizei getötet wurde. 38th Street Ecke Chicago Avenue, nur zwei Blocks von ihrer Wohnung in Powderhorn, einem Viertel im südlichen Minneapolis, entfernt. Montgomery scrollte auf ihrem Smartphone durch Facebook, um mehr zu erfahren, wie immer in diesen Situationen. Und wie immer begannen die Leute, sich bei ihr zu melden.

Montgomery ist die Anrufe und Textnachrichten gewohnt, die kommen, wenn wieder ein Schwarzer Mensch von der Staatsgewalt getötet wurde. Es sind meist andere Aktivistinnen, die Orientierung suchen. Manchmal auch Freunde, die einfach nur ihre Stimme hören wollen. Montgomery ist in diese Rolle im Laufe der Jahre hineingewachsen. Irgendwann war sie die, die eine Richtung vorgeben soll. Während es in ihrem eigenen Kopf rattert, nimmt sie die Gefühle und Gedanken ihrer Mitstreiter*innen auf, muss damit umgehen, irgendwie, irgendetwas antworten. »Es ist anstrengend, manchmal ganz schön hart«, sagt sie, aber es sei Teil ihrer Arbeit, eine Arbeit, die sie liebt. Und aus Erfahrung weiß Montgomery, was in den Momenten, in denen ihre Community unter Schock steht, grundsätzlich wichtig ist. Gemeinsam trauern, gemeinsam auf die Straße gehen und wenn möglich: Konfrontation. Konfrontation mit den Institutionen, die verantwortlich sind.

Die 1990 geborene Montgomery ist Mitbegründerin und Direktorin von Black Visions, einer Organisation, die 2017 aus der Black-Lives-Matter-Bewegung hervorgegangen ist und sich für die Sicherheit Schwarzer Menschen einsetzt. Es sind junge, überwiegend queere Aktivist*innen, die versuchen, politische Alternativstrukturen in Minneapolis, der größten Stadt des Bundesstaates Minnesota, aufzubauen. Sie fordern nicht nur ein Ende der rassistischen Polizeigewalt, sie fordern ein fundamental anderes Justizsystem. Sie wollen eine Abkehr vom Prinzip des Überwachens und Strafens und Wegsperrens, das die amerikanische Gesellschaft in den vergangenen Jahrzehnten immer stärker eingenommen hat. Und sie arbeiten daran, dass Polizeigewalt in einem größeren Kontext verstanden wird: als Ausdruck ökonomischer Ungleichheiten und historisch gewachsener Unfreiheiten, die es zu überwinden gilt.

* * *

Das Video, das eine Jugendliche in der Nacht vom 25. auf den 26. Mai 2020 auf Facebook stellte und den Mord des 46-jährigen Familienvaters George Floyd zeigt, ist schon für sich ein schwer auszuhaltendes Dokument von Gewalt. Wenn man den Kontext berücksichtigt, ist es auch ein Dokument eben jener Ungleichheiten und Unfreiheiten. Floyd, der sein Leben lang gegen Armut kämpfte und durch die Pandemie seinen Job verloren hatte, fehlte Geld, als er an dem Montag mit einem gefälschten Zwanzig-Dollarschein Zigaretten bezahlte. Ein junger Angestellter von Cup Foods, dem lokalen Supermarkt in Powderhorn, rief die Polizei, das schien so richtig. Vermutlich wie eine Verpflichtung. 911 ist ein Schutzreflex, aber der Schutz in diesem Reflex ist oft nur ein Phantom.

18 offizielle Beschwerden in 19 Dienstjahren hatte der Polizist, der Floyds Leben beendete, angesammelt, bevor er an der Kreuzung ankam. Als Floyd unter seinem Knie um Hilfe flehte, verzog

Derek Chauvin keine Miene, er drückte dessen Kopf weiter auf den Asphalt, selbst nachdem die Rettungskräfte eingetroffen waren. Insgesamt fast zehn Minuten lang. Der Beamte strahlte eine Ruhe aus, als wäre er im Recht. Und wahrscheinlich ist diese Erkenntnis eine wesentliche: Gewalttätige Polizist*innen befinden sich in den USA meist im Recht.

Es lag unter anderem an den brutalen Bildern, dass die Bewohner*innen von Minneapolis am nächsten Tag wie automatisch zur besagten Kreuzung strömten. Erst waren es ein paar Hundert, die Blumen ablegten, Reden hielten, beteten, wie Montgomery erinnert. Schnell waren auch die umliegenden Straßen gefüllt. Rund zehntausend Menschen aus allen Ecken der Stadt kamen zusammen, zum größten Protest, den Minneapolis seit Langem gesehen hatte. Es war der Auftakt einer Woche, in der sich die Menschen gegenseitig trösteten, neue Bündnisse formten und in der sie nachts ihre Viertel vandalierten. Viertel, in denen sie wohnen, die ihnen aber nicht gehören. Viertel, in denen ein großer Teil der Bevölkerung unter Repressionen und in finanzieller Unsicherheit lebt, erst recht in der Pandemie. Viertel, in denen jeder Konflikt, jede noch so kleine Situation so enden kann wie bei Floyd.

Als am dritten Tag der Ausschreitungen das leere Gebäude des dritten Polizeireviers in Flammen aufging, der Ort also, wo Floyds Mörder Chauvin arbeitete, standen Leute davor, die vor Glück weinten. Ein bisschen Hoffnung inmitten von Tristesse sei das gewesen, sagen die, die dabei waren. Und sie waren damit nicht allein. In einer Umfrage des Magazins *Newsweek* gaben 54 Prozent der Befragten an, dass sie das Inbrandsetzen der Polizeiwache für berechtigt hielten. Die Flammen aus Minneapolis waren übergeschlagen und die Radikalität des Sommers damit gesetzt.

Kandace Montgomery und ein befreundeter Aktivist, Lex Horan, der für Black Visions' Schwesterorganisation Reclaim the Block arbeitet, saßen in den Tagen nach dem Tod Floyds zusammen und überlegten, wie sie die Stoßkraft von der Straße am besten politisch kanalisieren. Die beiden Gruppen hatten seit Jahren für einen Abbau des Strafsystems und eine grundsätzliche Umschichtung des Haushaltes gekämpft. Sie hatten durch Community-Organizing mehr und mehr Menschen davon überzeugen können, dass ein politischer Wandel möglich ist. Und sie hatten immer wieder von den Stadträt*innen und dem Bürgermeister von Minneapolis gefordert, mehr Geld in Schulen, Colleges und Kulturprogramme zu investieren, Sozialwohnungen zu bauen, eine bessere Gesundheitsversorgung, kostenlosen öffentlichen Verkehr und neue Arbeitsplätze zu schaffen. »Die Ursachen von Kriminalität bekämpfen«, wie Montgomery erklärt, anstatt jährlich rund 200 Millionen Dollar »für die Polizei zu verschwenden«. Der Fall Floyd habe die Notwendigkeit ihrer Arbeit bitter genau bestätigt, sagt sie. Kriminalisierte Armut, staatlich sanktionierte Gewalt, 20 *god damn* Dollar. »Das sind doch genau die Gründe, warum wir vom Abbau der Polizei reden.« Doch vom Abbau der Polizei wollte bis zu diesem Sommer kein*e Politiker*in wirklich wissen. Auch nicht im *god damn* liberalen Minneapolis.

Die Organizer*innen standen vor der Frage, wie sich all ihre Punkte am besten verdichten lassen. Was sollte die zentrale Botschaft dieses Momentes sein? Wie würde man die Verantwortlichen in den folgenden Tagen und Wochen adressieren? Sie entschieden sich für »Defund the Police«: Streicht der Polizei die finanziellen Mittel. Ein Slogan, der zwar in manchen linken Kreisen bekannt war, aber bis dahin eben auch nur dort.

In einer E-Mail, die Black Visions an den großen Verteiler schickte, also an Aktivist*innen und Organisationen im ganzen Land, war die Botschaft unmissverständlich: Macht Druck so viel nur geht. Geht auf die Straße. Ruft die Politiker*innen in euren Wahlkreisen an. Fordert ein Ende der Polizei und eine Umverteilung der Ressourcen. Der gleiche Appell fand sich in der Petition, die zur gleichen Zeit veröffentlicht wurde. »Was in Minneapolis passiert, ist ein Produkt dessen, was Schwarzen Menschen seit Jahrzehnten widerfährt«, schrieb Black Visions auf Twitter und es dauerte nicht lang, bis #DefundthePolice viral ging.

DEFUND THE POLICE

Was im Frühsommer 2020 in den USA passierte, war historisch. Aber *was* war es eigentlich, was da passierte? War es eine spontane Revolte der Schwarzen Arbeiter*innenklasse? Die Kulmination von Black Lives Matter? War es eine Antwort auf Covid, eine Gegenkraft zu Trump? Es war all das zusammen und mehr. Ein Aufstand, dessen revolutionäres Potenzial wir vielleicht erst in einigen Jahren begreifen werden.

Die Wut, die sich zunächst in Minneapolis und bald in allen 50 Bundesstaaten entlud, war lange aufgestaut und durch die Folgen der desaströs gemanagten Pandemie katalysiert. Wer im Sommer 2020 mit Protestler*innen auf der Straße sprach, verstand schnell, dass es gerade die politischen und ökonomischen Zusammenhänge waren, die diese Explosion verursachten. Menschen, die tagsüber von fehlenden Beatmungsgeräten und Schutzanzügen in den Krankenhäusern lasen, wurden abends daran erinnert, wo das Geld unter anderem steckte: in einem hochgerüsteten Polizeiapparat, der die Protestler*innen wie Staatsfeind*innen behandelt.

Nein, friedlich war dieser Aufstand nicht. Kann ein Aufstand gegen Polizeigewalt und Rassismus überhaupt friedlich sein? Nur, wenn man *Staats*gewalt als a priori gewaltlos betrachtet und Proteste nicht im Zusammenhang – als Reaktion, Verteidigung, Prävention – versteht, sondern als separate Aktionen. Die Menschen auf der Straße *reagierten* auf die Gewalt, die sie umgab. Und sie reagierten in vielen Fällen mit Militanz. In den Großstädten kam es nachts zu Ausschreitungen und Plünderungen, Autos wurden angezündet, Gebäude beschädigt. Und die Polizei? Die agierte eskalativ, wie so oft. Neu war allerdings, wie viele Menschen davon mitbekamen. Unzählige Videos und Fotos wurden über Social Media geteilt: prügelnde Beamte; Polizeiautos, die in Menschenmengen fuhren; Polizisten, die mit ihren Gewehren auf Kinder zielten. Die Bürgermeister*innen der Großstädte versuchten die

Situation durch Ausgangssperren zu beruhigen, aber die Massen ließen sich nicht einschüchtern.

Viele Medien teilten in »gute Demonstrant*innen« und »schlechte Demonstrant*innen« auf, eine Trennung, die nicht nur die rassistische Dynamik fortführte, in der das Bürgertum die Regeln des Dissens vorgibt, sondern schlichtweg auch verkannte, was in diesem Sommer in den USA geschah. Für Millionen von Menschen gab es kein gut oder schlecht, kein friedlich oder unfriedlich – sondern nur einen unaushaltbaren Lebenszustand, gegen den man mit verschiedenen Mitteln protestierte.

Historisch war der Aufstand in seiner Massivität, demografischen Zusammensetzung und, wie im Vorwort dieses Buches geschrieben, dadurch, dass einige Wochen lang eine revolutionäre Offenheit in der Luft lag, die es so einige Jahrzehnte nicht gegeben hatte. Bestimmt wurde der Sommer darüber hinaus von einer ganz konkreten Forderung, die man plötzlich überall fand, auf Plakaten und in Fernsehshows, in den sozialen Netzwerken und in Parlamentsdebatten: die Forderung nach einem konsequenten Abbau des Strafsystems.

»Defund the Police« stand im Raum, und damit auch ein großes Spektrum von Programmen, Fragen und Kritiken. Die Radikalität, die sich in diesem Slogan ausdrückte, war jedoch mehr als eine spontane Reaktion auf die besonders prekären Bedingungen dieser Zeit. Es war das Resultat eines längeren Prozesses. Anders als 2013 und 2014, als die Black-Lives-Matter-Bewegung anfing, sich zu verbreiten, gab es im Sommer 2020 ein Netzwerk von nationalen Organisationen, lokalen Gruppen und Aktivist*innen, die diesem Aufstand eine Richtung geben konnten. »Defund the Police« fand Resonanz, weil Kollektive wie Black Visions durch jahrelanges Organizing dafür die Basis gelegt hatten.

WIDERSTAND IM WANDEL

Es gibt die Vereinigten Staaten von Amerika nicht ohne Rassismus. Einerseits, weil es seit Beginn der Kolonialisierung dieses Kontinents keinen Zeitpunkt gab, in dem indigene und Schwarze Menschen nicht getötet, ausgebeutet und unterdrückt wurden. Andererseits, weil es die Hände der Sklav*innen waren, die auf gestohlenem Boden Baumwolle pflückten, Gebäude errichteten, Bahnschienen verlegten, die für die weißen Herrscher dafür sorgen mussten, dass die Infrastrukturen wachsen und die Wirtschaft läuft – dass es das, was später die USA wurden, eben überhaupt erst gibt.

Es gibt dieses Land auch nicht ohne den aktiven Widerstand seiner unterdrückten Bewohner*innen. Sie revoltierten gegen die Belagerung ihrer Heimat, streikten gegen die Zwangsarbeit auf den Plantagen, rebellierten oft gegen weiße Arbeiter*innen, manchmal mit ihnen. Schwarze Freiheitskämpfer*innen errichteten das Schleusernetzwerk Underground Railroad, über das Zehntausende in den Norden flohen; sie stritten für die gesetzliche Abolition der Sklaverei und später für Civil Rights. Sie wehrten sich gegen Segregation und Lynchmorde in der Jim-Crow-Ära, gegen institutionellen Rassismus bis heute. Sie widersetzten sich auf der Straße, an ihren Arbeitsplätzen, zu Hause, in Bussen, Parlamenten und Sportarenen. Sie schufen neue Community-Organisationen, Selbstverteidigungsmethoden, politische Programme und Formen der Solidarität. Die Repressionssysteme der White Supremacy haben sich in den vier Jahrhunderten verändert, und damit auch die Bedingungen des Widerstandes. Die Dringlichkeit aber hat sich nicht erledigt.

Die herkömmliche Geschichtsschreibung wird dieser langen, komplexen Historie des Schwarzen Widerstands nur selten gerecht. Das Ende der Sklaverei wird oft mit dem damaligen Präsidenten Abraham Lincoln assoziiert, die Erfolge der Bürgerrechtsbewegung der Großzügigkeit von Lyndon B. Johnson zugeschrieben. In Wahrheit aber, wie Howard Zinn, Roxanne Dunbar-Ortiz und andere Historiker*innen ausgeführt haben, waren es immer die Kämpfe der Marginalisierten, die durch ihr Aufbegehren diese Fortschritte antrieben und möglich machten. Der einzige Ort, an dem die Schwarzen nicht rebelliert haben, so hat es der britische Kulturtheoretiker C. L. R. James mal auf den Punkt gebracht, sind die »Bücher kapitalistischer Historiker«. Doch davon gibt es eben einige.

Dass es dieses Land nicht ohne Unterdrückung gibt, soll nicht heißen, dass dieser Kampf aussichtslos ist. Nichts am Rassismus ist zwangsläufig, er ist menschengemacht, konkreter: von weißen Menschen gemacht, und damit auch dekonstruierbar. Was aber beinhaltet diese Dekonstruktion? Was müsste passieren, dass der Imperativ von Black Lives Matter erfüllt wird? Eine Frage, die seltsam anmuten mag, zu offensichtlich ihre Antwort: Rassismus müsste enden. Die Prioritäten, Methoden, Diskurse und Ziele anti-rassistischer Arbeit waren im Laufe der Geschichte allerdings immer auch unter ihren Vorkämpfer*innen umstritten. Und sie haben sich alleine in den vergangenen Jahren stark verschoben und weiterentwickelt.

* * *

Die Autorin Keeanga-Yamahtta Taylor beschreibt in ihrem Buch *Von #BlackLivesMatter zu Black Liberation* drei große Entwicklungen, die sich seit dem Civil Rights Movement im Leben Schwarzer Amerikaner*innen vollzogen haben.[1] Erstens die zunehmende Unterdrückung und Strafverfolgung der Schwarzen Arbeiter*innenklasse. Zweitens die Herausbildung einer »Schwarzen Elite«, die mit der Präsidentschaft von Barack Obama gekrönt wurde. Drittens »eine sich neu entwickelnde Schwarze Linke«, die in den Augen Taylors intersektionaler und visionärer denkt als bisherige Generationen.

Brillant ist Taylors Buch vor allem, weil es diese Entwicklungen in einer materialistischen und nuancierten Kritik zusammenführt. Es sei kein Zufall, so Taylor, dass sich Black Lives Matter ausgerechnet unter Obama formiert habe, sondern vielmehr Produkt einer kollektiven Realisierung über die Grenzen neoliberaler Repräsentationspolitik. Während hochrangige Posten in der Politik, Justiz und Wissenschaft heute selbstverständlich von Afroamerikaner*innen besetzt werden und die Unterhaltungsindustrie und der Sport voller Schwarzer Stars sind, hat sich für einen großen Teil der Schwarzen Bevölkerung seit der Bürgerrechtsbewegung wenig verbessert.

Nach aktuellen Studien der US-Zentralbank verfügen weiße Familien im Schnitt über acht Mal so viel Vermögen wie Schwarze Familien. Verkleinert hat sich diese Diskrepanz in den letzten 50 Jahren nicht. Rund 20 Prozent aller Afroamerikaner*innen leben laut Zensus in Armut – verglichen mit rund 8 Prozent aller Weißen. Armut wiederum, das haben unzählige Studien bewiesen, ist einer der Hauptgründe für Kriminalität. Dass Schwarze Menschen ein Drittel der rund 2,2 Millionen inhaftierten Amerikaner*innen ausmachen, obwohl sie nur 12 Prozent der Bevölkerung stellen, erklärt sich deshalb schnell. Eine wesentliche Rolle dabei spielen allerdings auch die rassistischen Praktiken der Polizei und des Strafrechts. Schwarze Menschen werden häufiger aus dem Verkehr gezogen,[2] schneller verhaftet,[3] für die gleichen Delikte schärfer verurteilt[4] und können sich seltener die Kautionen leisten.[5] »Das gesamte Strafjustizsystem funktioniert auf Kosten der afroamerikanischen Communitys«, fasst Taylor zusammen.

Zahlreiche Großstädte wie Chicago, Baltimore und San Francisco werden heute von Schwarzen Bürgermeister*innen geleitet. Auch die Vereinigung afroamerikanischer Kongressabgeordneter, der Congressional Black Caucus, war mit 57 Mitgliedern nie größer als heute. Weil Repräsentation nicht egal ist, sind solche Entwicklungen Ausdruck eines Fortschrittes. Viele Amerikaner*innen können sich allerdings wenig davon kaufen, dass ihre Armut nun von einer etwas diverseren Führungsschicht verwaltet wird. Sie sehen in *dieser* Art des Fortschrittes deshalb vielmehr eine Bestätigung dafür, dass es Systemveränderungen braucht. »Die politischen Aktionen junger Schwarzer Menschen finden nicht in einem Vakuum statt«, schreibt Taylor, »sie sind Teil derselben Radikalisierung, aus der die Occupy-Bewegung entstanden ist«.

Während Occupy als Bewegung vergleichsweise schnell vorbei war, aber heute in vielen Kollektiven weiterlebt, ist es bei Black Lives Matter in gewisser Weise andersrum: Der Hashtag ist seit 2013 der gleiche, aber die Inhalte haben sich verändert. Aus einer Bewegung, die vor allem reagiert, ist eine Bewegung geworden, die immer bewusster ihre eigenen Visionen umsetzt.

KANDACE MONTGOMERY

Wir haben den Powderhorn Park fast für uns an diesem Oktobernachmittag. Kandace Montgomery sitzt an einem Holztisch, unter tiefblauem Himmel, umgeben von Bäumen, deren Blätter herbstlich leuchten. Sie trägt einen roten Pullover, eine Brille mit großen Gläsern, eine goldene Maske, und sie wirkt erschöpft. Was auch sonst, nach den letzten Monaten, die ja schon aus der Ferne so intensiv erschienen. Näher an dem Aufstand, der in Minneapolis begann und die Welt schüttelte, als Montgomery konnte man nicht sein.

Ein paar Stunden vor unserem Treffen lief in den Nachrichten, dass Derek Chauvin, der Polizist, der George Floyd ermordet hat, aus dem Gefängnis entlassen wurde. Die Kaution für ihn war auf 100 000 US-Dollar angesetzt worden, eine Summe, die in Fällen, in denen weiße Polizisten angeklagt sind, schnell durch Spenden zusammenkommt. Später am Abend werden wieder Menschen durch die Straßen von Minneapolis ziehen, es werden wieder Polizei-Hubschrauber kreisen und Protestler*innen festgenommen. Die Stadt hat sich nicht beruhigt, und sie wird sich so schnell auch nicht beruhigen.

Überrascht habe sie die Nachricht von Chauvins vorübergehender Freilassung nicht, sagt Montgomery. Aber man dürfe sie nicht falsch verstehen, Gefängnisse seien für sie keine Lösung, auch in Chauvins Fall nicht. »Ich unterstütze die Rufe nach Gerechtigkeit zwar, wenn sie von den Familien der Opfer kommen«, sagt Montgomery, »aber ich glaube nicht, dass uns seine Inhaftierung die Gerechtigkeit bringen würde, die wir brauchen und verdienen«. Es würde sich vielleicht wie eine Genugtuung anfühlen, vielleicht auch wie eine Freude. »An dem Warum der Situation würde sich allerdings nichts ändern.« Als Chauvin im April 2021 von der Jury in allen Anklagepunkten schuldig gesprochen wurde, sagte Montgomery zum Sender *Democracy Now!*: »Ich möchte die Menschen dazu ermutigen, über Gerechtigkeit als etwas viel Langfristigeres nachzudenken.«

Montgomery streckt ihren Kopf Richtung Herbstsonne, ihre Sätze fließen locker, sie weiß ja, wovon sie spricht. Die 30-Jährige wirkt routiniert, man könnte es auch abgeklärt nennen, oder lebenserfahren. Als Obama 2008 gewählt wurde, war sie gerade mit der Schule fertig. Es gab das Versprechen eines *post-racial Americas*, einer Gesellschaft also, in der Rassismus keine Rolle mehr spielen sollte. Und es gab die Realität.

Zu Montgomerys Realität gehört eine Kindheit als Außenseiterin. Dort, wo sie den Großteil ihrer Jugend verbrachte, in Parsonsfield, einem kleinen Ort im Bundesstaat Maine, leben kaum andere Schwarze Menschen. Sie war die einzige in ihrer Klasse, dazu noch »vorsichtig queer«, wie sie sagt. Montgomery fühlte sich an dem Ort, den man Heimat nennt, von Anfang an fremd.

Ihr Vater, mit dem sie heute in Minneapolis zusammenwohnt, verbrachte den Großteil ihrer Teenagerjahre im Gefängnis. Die Besuche, die Sicherheitskontrollen, die überwachten Gespräche, er hinter Plexiglas, sie mit der Ungewissheit, wann und ob er überhaupt wieder freikommt: diese Erlebnisse sitzen bis heute tief. Genauso wie die Erfahrung, dass harte Arbeit entgegen aller amerikanischen Mythen nicht automatisch zu finanzieller Stabilität führt. Ihre Mutter arbeitete 60 Stunden pro Woche als Betreuerin von Menschen mit psychischen Problemen. Ein Job also, der verschleißt. Geld blieb trotzdem eine ständige Sorge. »Ich konnte so sehr versuchen, perfekt zu sein, wie ich wollte. Meine Mutter konnte so viel arbeiten, wie sie wollte. Am Ende waren wir immer noch arm.«

Montgomery war in ihrer Jugend oft wütend, aber sie konnte diese Wut nicht greifen. In ihrem Schulunterricht hatte die Geschichte der Schwarzen in Amerika kaum eine Rolle gespielt. Von den Zusammenhängen zwischen Sklaverei und heutigen Vermögensgefällen, zwischen Jim-Crow-Gesetzen und begrenzten Arbeitsmöglichkeiten, zwischen Hautfarbe und Strafmaßen, von all dem wusste sie wenig. Die Not ihrer Familie blieb ein Problem, das sie als *ihres* verstand.

Sie wollte weg, raus aus der Fremde. Mit 17 zog Montgomery nach Amherst, eine ebenso kleine und weiße Stadt, in der aber immerhin die Universität von Massachusetts liegt. Sie belegte im College einen Soziologie-Einführungskurs, durch den sie zum ersten Mal vom Konzept der Hegemonie hörte. Sie realisierte, dass die Missstände, in die sie geboren wurde, nicht zufällig gewachsen waren, dass es Absichten hinter den Ungerechtigkeiten gibt und Profiteure – aber eben auch so etwas wie Gegenhegemonie. Sie las Assata Shakur, Barbara Smith, bell hooks, Octavia E. Butler. Und sie belegte, durch eine Kommilitonin ermutigt, einen Kurs mit dem Namen »Grassroots Community Organizing«, in dem sie zum ersten Mal eine Vorstellung davon bekam, wie sich Solidaritätsstrukturen aufbauen lassen.

Ganz am Anfang dieses Kurses führten die Studierenden eine Übung aus, die sich *Privilege Walk* nennt. Beim Privilege Walk werden den Teilnehmer*innen bestimmte Fragen zum sozio-ökonomischen Hintergrund gestellt, und entsprechend der Antworten sollen sie einen Schritt nach vorne beziehungsweise nach hinten gehen. War Ihre Familie jemals auf Essensmarken angewiesen? Schritt zurück. Haben Sie etwas von Ihren Eltern geerbt? Schritt nach vorne. Wurden Sie schon mal von der Polizei schikaniert? Schritt zurück.

Am Ende dieses Experimentes stehen die weißen Teilnehmer*innen in der Regel vorne und die nicht-weißen hinten. Je größer die Masse, desto sichtbarer werden die strukturellen Benachteiligungen. Der *Privilege Walk* ist eine Übung zur De-Individualisierung der politischen Gewalt.

Als Montgomery ein paar Jahre später die Universität verließ, als erste in ihrer Familie mit einem Abschluss, wusste sie nicht nur ihre Wut theoretisch zu kontextualisieren. Sie wusste nun auch, dass sie etwas damit und dagegen praktisch machen kann.

BLACK LIVES MATTER

Die Geschichte von Black Lives Matter ist die Geschichte einer kollektiven Weigerung, den Normalzustand als genau das hinzunehmen: als normal. Schwarze Leben zählen, sagen die Protagonist*innen – entgegen ihrer eigenen Erfahrungen. Desillusioniert von den üblichen politischen Prozessen, die kaum Beteiligung ermöglichen und höchstens symbolische Erfolge verhießen, entschieden sich drei Frauen für eine andere Art der politischen Bestimmung, unmittelbarer und kompromissloser.

Auslöser im Sommer 2013 war der Gerichtsprozess gegen George Zimmerman, der im Jahr zuvor den Teenager Trayvon Martin erschossen hatte. Zimmerman, zur Tatzeit 28 Jahre alt, war Mitglied einer Bürgerwache und patrouillierte mit einer Pistole in seiner Nachbarschaft in einer Kleinstadt in Florida, fokussiert auf »verdächtige Schwarze Männer«, wie er später bei Gericht sagte. Martin war ein Schwarzer Schüler, der nichts außer ein paar Süßigkeiten in der Hand hatte und zurück nach Hause wollte. »Wenn ich einen Sohn hätte, würde er wie Trayvon aussehen«, sagte Obama, obwohl er den Fall selbst zum Ärger vieler Aktivist*innen nie konkret kommentierte. Der Freispruch für Zimmerman war für viele Schwarze Amerikaner*innen ein Schlüsselmoment.

Alicia Garza, die damals Anfang 30 war, in Oakland wohnte und für eine Gruppe namens People Organized to Win Employment Rights arbeitete, schrieb an jenem Abend im Juli 2013 auf Facebook einen Post, in dem sie an ihre Community appellierte, das Urteil nicht einfach hinzunehmen. »Hört auf zu sagen, dass wir nicht überrascht wären. Das ist an sich schon eine Ungeheuerlichkeit. Aber ich bin immer noch überrascht, wie wenig die Leben Schwarzer Menschen zählen. Und das werde ich auch weiterhin sein.« Eine Freundin von ihr, Patrisse Khan-Cullors, die in Los Angeles lebte und dort eine Interessengruppe für Gefangene und deren Familien leitete, sah den Beitrag und kommentierte ihn mit einem Hashtag: #BlackLivesMatter.

Als Garza am nächsten Tag aufwachte, war ihr Beitrag Hunderte Male geteilt und geliked worden, #BlackLivesMatter machte die Runde, in zahlreichen Städten fanden Proteste statt. Garza und Khan-Cullors schlossen sich in den nächsten Tagen kurz und überlegten, wie man einen Raum schaffen könne, in dem Schwarze Menschen zusammenkommen, sich organisieren und Erfahrungen teilen können. Eingespannt war mittlerweile auch Omal Tometi, die als Direktorin der in New York ansässigen Black Alliance for Just Immigration arbeitete. Tometi hatte Garzas Facebook-Post gesehen und ihre Hilfe angeboten. Sie sicherte eine Domain, baute eine Website, legte Accounts auf Twitter, Facebook und eine Tumblr-Seite an. Innerhalb einer Woche stand ein erstes digitales Gerüst.

Die Entwicklung, die Black Lives Matter seit 2013 genommen hat, ist beispiellos. Nicht nur, weil aus einem Hashtag eine Organisation gewachsen ist, die Ortsgruppen in vielen Großstädten der USA sowie einigen europäischen Metropolen wie London oder Berlin hat. Beispiellos ist die Entwicklung vor allem, weil die Bewegung, die unter dem Schlagwort Black Lives Matter subsumiert wird, längst über diese eine Organisation hinausgeht. Rund 150 Kollektive gehören mittlerweile zum Movement for Black Lives (M4BL), wie sich die wichtigste anti-rassistische Koalition des Landes nennt. Das M4BL koordiniert Projekte und Kampagnen, verbindet Aktivist*innen und Gruppen aus verschiedenen Städten und macht immer gezielter Druck auf die Politik. Vom M4BL kam beispielsweise auch der Impuls für den Breathe Act, eine Gesetzesinitiative, die im Juni 2020 von den zwei Kongressabgeordneten Ayanna Pressley und Rashida Tlaib vorgestellt wurde und die von manchen bereits als der mögliche neue Civil Rights Act bezeichnet wird. Der Breathe Act ist bislang zwar nur eine Vision, wie öffentliche Sicherheit in Zukunft aussehen könnte. Aber es ist eine Vision, die auf lokaler Ebene bereits umgesetzt wird. Immer mehr Städte und Gemeinden sind dabei, Geld von der Polizei abzuziehen, um sie mittels direkt-demokratischer Verfahren in soziale Projekte zu investieren. An anderen Orten des Landes werden Gefängnisse geschlossen, Alternativen zum Polizeiruf 911 entwickelt und neue Formen der Justiz ausprobiert (Kapitel 6).

Das Movement for Black Lives hat eine aktivistische Infrastruktur geschaffen, die es so noch nie in den USA gegeben hat. Der Slogan Black Lives Matter wiederum ermöglicht es, antirassistische Kämpfe global zusammenzudenken. Nach dem Mord an George Floyd im Sommer 2020 sah man Solidaritätsproteste mit BLM-Plakaten auf allen Kontinenten und in mindestens 60 Ländern. In Südafrika wiesen Aktivist*innen auf die Parallelen zur Gewalt der einheimischen Polizei hin, nachdem ein Schwarzer Mann namens Collins Khosa in Johannesburg von Beamten zu Tode misshandelt worden war. In Belgien attackierten Protestler*innen Denkmäler des früheren Königs Leopold II. und sorgten für die Einberufung einer neuen Kommission zur Aufarbeitung der Kolonialzeit. In Japan nahm eine Gruppe von Akademiker*innen den Fall Floyd zum Anlass, um auf den anti-Schwarzen Rassismus im japanischen Fernsehen aufmerksam zu machen.

Black Lives Matter hat einen Wiedererkennungswert erreicht, an den wenige andere progressive Bewegungen im 21. Jahrhundert herankommen. Es ist eine gesellschaftliche, politische und kulturelle Kraft geworden, in gewisser Weise auch eine Marke, inklusive der Vor- und Nachteile, die so etwas mit sich bringt. Man kann sich BLM-Poster ins Fenster hängen, in vielen Fällen kostet es nichts. Man kann den Hashtag benutzen, ohne dass dem eine tiefgehende Haltung entspringt. Man kann sich als Politiker*in BLM symbolisch anschließen, aber eine rassistische Politik mittragen, wie es innerhalb der Demokratischen Partei nicht unüblich ist.

Die Gründerin von Black Lives Matter, Alicia Garza, widmet sich in ihrem Buch *Die Kraft des Handelns* auch den internen Problemen und Herausforderungen, vor denen die Bewegung in den vergangenen Jahren stand und weiterhin steht. Längst nicht alles, was unter dem Stichwort BLM geschieht, führe in die gleiche Richtung, erklärt sie. Garza spricht von Non-Profit-Organisationen, die Teil der Bewegung sein wollen, aber ihre eigenen rassistischen Praktiken nicht hinterfragen. Sie kritisiert Politiker*innen, die sich öffentlichkeitswirksam inszenierten, aber kaum substanziellen Wandel anschöben. Auch das Profilierungsbestreben einzelner Aktivist*innen sei kontraproduktiv, schreibt sie.

»*Ich fürchte, wir ermuntern Leute zum Aufbau von Profilen und Plattformen, die keine Strategie haben, wie die Veränderungen zu erreichen sind, die wir für die Welt anstreben, sondern glauben, ihre Fähigkeit, die Welt zu verändern, entspräche der Anzahl ihrer Follower in den sozialen Medien. Ich habe gelernt, dass Bewegungen eine Basis brauchen und keine Marken.*«[6]

Vielleicht ist es gerade diese Auseinandersetzung, die die anhaltende Wirkung von Black Lives Matter ausmacht. Die Auseinandersetzung darüber, welche Art von Aktivismus und politischem Organizing zu strukturellen Verbesserungen führt – und welche nicht. »Um jene Art von politischer Bewegung aufzubauen, die wir brauchen, um die Dinge zu erreichen, die wir verdienen, dürfen wir keine Angst davor haben, eine Basis zu etablieren, die größer ist, als nur die Gruppe der Leute, mit denen wir uns gerne umgeben«, schreibt Garza. Vertieft hat sich in den vergangenen Jahren neben dem Bewusstsein für Strategien auch die theoretische Analyse. Der Historiker Robin D. G. Kelley sagt, dass die neue Generation Schwarzer Linker »nicht daran interessiert [ist], den Kapitalismus fairer, sicherer und weniger rassistisch zu machen – sie wissen, dass dies unmöglich ist. Sie wollen dem *racial capitalism* ein Ende setzen.«[7]

Der Begriff *racial capitalism* – in den 80ern durch den Politikwissenschaftler Cedric J. Robinson geprägt – ist in den vergangenen Jahren zu einem Schlüsselbegriff für die linke Gesellschaftsanalyse geworden. Robinson beschrieb damit sowohl einen historischen Prozess, als auch eine gegenwärtige Struktur. *Racial capitalism* ist das System, das sich von Europa aus verbreitet hat, und in dem die kapitalistische Unterdrückung immer auch auf rassistischen Hierarchien beruht hat, wie Robinson erklärt; ausgedrückt durch Kolonialismus, Sklaverei und Imperialismus. Anders als Karl Marx, der sich in seiner Analyse auf den Klassenkampf in Europa und insbesondere England konzentrierte, analysierte Robinson die Kämpfe der Arbeiter*innenklasse explizit im globalen Kontext und mit Blick auf das Zusammenspiel von *class* und *race*.

Es war Robinson, der in seinem Hauptwerk *Black Marxism* noch ein anderen Begriff geprägt hat, der in letzter Zeit eine Renaissance erlebt hat: den der *Black radical tradition*. Die Schwarze radikale Tradition, so erklärte es der Theoretiker in seinem 1983 veröffentlichten Buch, ist das »revolutionäre Bewusstsein, das von der gesamten Erfahrung der Schwarzen Menschen ausgeht«.[8] Im Antagonismus zum »liberalen, bürgerlichen Bewusstsein« habe sich durch die Schwarze Arbeiter*innenklasse eine revolutionäre Vision zur Befreiung der Menschen entwickelt. Die meisten Gruppen, die heute das Movement for Black Lives ausmachen, sehen sich in genau dieser Tradition. Sie verbinden dabei Organisierungsformen der Black Panthers mit einer queer-feministischen Kritik. Auch der Einfluss indigener und sozialistischer Bewegungen findet sich in ihren Programmen. Neu ist die Schwarze Linke also gerade deshalb, weil sie *verschiedene* Traditionen vereint.

BLACK VISIONS

Als Kandace Montgomery 2013 nach Minneapolis zog, war Black Lives Matter gerade angelaufen, von einer wirklichen Bewegung konnte man aber noch nicht reden. Montgomery hatte einen Job bei einer Organisation bekommen, die ehemaligen Gefangenen bei der Rehabilitierung hilft. Ihr lag viel an dieser Aufgabe, weil sie durch ihren Vater wusste, wie schwer es Menschen gemacht wird, die aus dem Gefängnis kommen. Für sie war der neue Job zudem die Chance, in einer Großstadt zu leben, um an politischen Projekten mitzuwirken. Davon hatte sie während ihres Studiums geträumt.

Im Herbst 2014 gründete Montgomery dann die erste BLM-Ortsgruppe für Minneapolis. Es waren eine Handvoll junger Aktivist*innen, die sich lose trafen, gelegentlich Proteste durchführten, mit dem Ziel, den »Status quo zu stören«, wie Montgomery erzählt. Eine neue Dimension erreichte die Bewegung im November 2015, als ein 24-jähriger Afroamerikaner namens Jamar Clark von Beamten des Minneapolis Police Departments erschossen wurde. Die Gruppe um Montgomery schlug ein Camp vor der Polizeiwache auf, bei Temperaturen unter Null. Harte äußere Bedingungen, die dadurch verschärft wurden, dass die Protestler*innen es nicht nur mit der Polizei zu tun hatten, sondern auch mit Teilen der Bevölkerung. In einer der Nächte wurde das Camp von einer Gruppe weißer Männer attackiert, aus der irgendwann sogar Schüsse kamen. Mehrere Menschen wurden verletzt. Als die Polizei das Camp nach 18 Tagen räumte, waren die Spannungen in Minneapolis so verhärtet wie lange nicht. Dass sich die Politik radikal verändern muss, sei damals klar gewesen, sagt Montgomery. Was fehlte, waren Lösungsansätze.

Die Idee zu Black Visions entwickelte sich ein paar Jahre später, als Montgomery und andere BLM-Aktivist*innen überlegten, wie eine Organisation funktionieren müsse, die mehr als nur reagiert und ad hoc mobilisiert, sondern sich in der Community langfristig verankert. Die Verantwortung sollte auf vielen Schultern liegen und die Basis der Mitstreiter*innen sukzessive vergrößert werden. Die Gruppe bestand zunächst aus acht Leuten. Sie suchten sich Rat von erfahrenen Organizerinnen wie Mariame Kaba und Charlene Carruthers. Und sie nahmen an einem Training von Momentum, einer Art Inkubator für Graswurzel-Organisationen, teil. Nach und nach präzisierten sich so die Ideen.

Große Transformationen beginnen im Kleinen – das ist eine der Grundüberzeugungen von Black Visions. Je weiter entfernt und abstrakter Politik ist, desto größer sei laut Montgomery die Gefahr, dass Menschen resignieren und abschalten. Partizipation funktioniere deshalb am besten auf lokaler Ebene, dort, wo die Menschen leben, wo sie sich regelmäßig treffen können, »wo politische Entscheidungen spürbar sind«. Tatsächlich werden viele Entscheidungen in den USA – trotz der großen Macht, die im Kongress und im Weißen Haus zentriert ist – maßgeblich von Stadträtinnen, Bürgermeistern und Gouverneurinnen beeinflusst. Polizeibudgets beispielsweise werden auf munizipaler Ebene beschlossen, genauso wie bestimmte Steuersätze und die Wohnungsbaupolitik. Um gezielten Einfluss auf die Regierung zu nehmen, hat Black Visions deshalb die Schwesterorganisation Reclaim the Block gegründet. Entscheidend sei, den außerparlamentarischen Druck mit einer Strategie für die innerparlamentarischen Prozesse zu verbinden, sagt Montgomery.

Die konkrete Arbeit der Aktivist*innen in Minneapolis ist vielschichtig. Sie entwickeln politische Kampagnen, wie beispielsweise Defund the Police. Sie organisieren kulturelle Events wie den Black Joy Sunday, bei dem Community-Mitglieder gemeinsam essen, tanzen, sich besser kennenlernen. Sie bilden Organizer*innen aus, die in anderen Konstellationen die Arbeit und Ideen weitertragen. Sie sprechen mit den verantwortlichen Politiker*innen, helfen bei der Entwicklung von Gesetzestexten. Und sie besuchen Schulen, Kirchen und andere Einrichtungen, um dort mit Menschen, die noch nicht politisch aktiv sind, über Rassismus und Polizeigewalt zu diskutieren. »Ich spreche oft mit Schwarzen Menschen, die Angst davor haben, die Polizei abzubauen«, so Montgomery. »Ich nehme diese Ängste ernst. Sie sind real. Und ich versuche zu erklären, dass wir zusammen Alternativen entwickeln müssen.«

KONFRONTATION IN DER LIBERALEN OASE

Minneapolis ist ein gutes Beispiel dafür, wie sich das Terrain des anti-rassistischen Kampfes in den USA verändert hat. Die Stadt gilt als progressiv, sie sind stolz hier auf ihre Fahrradwege, die vielen Seen, den diversen Stadtrat. In Umfragen zu den »besten Orten zum Leben« taucht Minneapolis regelmäßig vorne auf. Auch der Bundesstaat, in dem die Stadt liegt, hat den Ruf, ausgesprochen offen und gastfreundlich zu sein. Es gibt sogar einen Begriff dazu: *Minnesota Nice*. Er soll die Mentalität und Verhaltensmuster der Menschen aus dem Mittleren Westen beschreiben, das Höfliche, Wohlgesittete, Moderate – oder wenn man es etwas kritischer betrachtet, das passiv Aggressive, die Konfliktscheuheit.

In Städten wie Minneapolis müssen sich linke Aktivist*innen nicht mit reaktionären Abgeordneten der Republikaner oder faschistischen Gruppen auseinandersetzen, zumindest nicht vorrangig. Sie stehen freundlichen Autoritäten gegenüber. »Minneapolis gilt als liberale Oase«, sagt Montgomery. »Wie aber macht man darauf aufmerksam, dass Schwarze Menschen in Minneapolis einem Rassismus ausgesetzt sind, der auf einem ähnlich hohen Niveau wie irgendwo tief im Süden stattfindet?«

Wie schön Minneapolis zum Leben ist, hängt stark von den finanziellen Mitteln und der Hautfarbe ab. Laut Zensus beträgt das mittlere Einkommen weißer Haushalte rund 83 000 US-Dollar, mehr als doppelt so viel wie bei Schwarzen Familien. Die Zahl der Nachbarschaften, in denen mehr als 30 Prozent unter der Armutsgrenze leben, hat sich zwischen 1980 und 2018 verdoppelt.[9] Auch die Zahl der Obdachlosen ist dramatisch gestiegen, was sich an den vielen Zeltlagern entlang der Fernstraßen zeigt. Dazu kommt die Polizeigewalt, die in den vergangenen Jahren immer und immer wieder eskaliert ist.

Es war Präsident Obama höchstpersönlich, der Minneapolis 2015 als eine von sechs Städten für ein zukunftsweisendes Polizeireformprojekt vorstellte. Die Beamt*innen sollten besser ausgebildet werden, die Bewohner*innen der Stadt mehr Aufsicht bekommen. Als Medaria Arradondo 2017 als erster Schwarzer Polizeichef in der Geschichte der Stadt seinen Dienst antrat, war wieder von einem neuen Kapitel die Rede. Auch mit dem jungen, liberalen Bürgermeister Frey, der seit 2018 im Amt ist, sollte alles besser werden.

Während die Versprechen Jahr für Jahr erneuert wurden, hat sich an den grundsätzlichen Problemen kaum etwas verändert. Und während das Vertrauen der Bevölkerung in die Politik im Laufe dieser Zeit gesunken ist, wurde der Polizeietat nur weiter erhöht. All das steckte in den Köpfen der Menschen, als im Frühsommer 2020 in Powderhorn das Video von Floyds Mord anfing zu kursieren.

* * *

Montgomery sagt, dass sich die Wochen nach dem 25. Mai wie ein einziger Tag angefühlt hätten – »ein langer Tag mit kleinsten Schlafpausen«. Als die Proteste immer intensiver wurden, bekam sie nicht mehr nur Anrufe von anderen Aktivist*innen, sondern auch von den Stadträt*innen von Minneapolis. »Was sollen wir tun?«, fragten sie. »Wir sagen euch seit Jahren, was ihr tun sollt«, antwortete Montgomery. »Sorgt dafür, dass wir uns *alle* sicher fühlen, nicht nur manche.«

Am 6. Juni organisierte Black Visions einen Protestmarsch zur Wohnung von Bürgermeister Frey im Nordosten der Stadt. Mehrere Tausend Menschen kamen, sie brüllten: »Come out, Jacob, come out!« Montgomery stand auf einem kleinen Podest, mitten in der großen Masse, und plötzlich geschah, womit niemand so wirklich gerechnet hatte: Frey kam raus.

»Wir wollen keine Polizei mehr, ist das klar?«, rief Montgomery in ein Megafon. »Wir wollen keine Leute mit Waffen, die sich durch unsere Communitys treiben, uns abknallen.«

Was sie wollten, war eine verbindliche Zusage zum Abbau der Polizei. »Ja oder nein?«

Frey stand zu ihren Füßen, mit einem grau-blauem T-Shirt. Er wirkte eingeschüchtert, überfordert von der Masse, auch von dem Level an Konfrontation. Als er die Frage schließlich verneinte, traf ihn ein Schwall von Buhrufen. »Hau ab, verschwinde!«, rief Montgomery. Frey verschwand.

Die Aufnahmen dieser Szene liefen später landesweit im Fernsehen, man kann sie sich heute auf YouTube anschauen. Wenn man so will, steckt darin der ganze Antagonismus von Black Lives Matter. Zwischen einer neuen Schwarzen Bewegung und den alten amerikanischen Institutionen; zwischen radikalen Forderungen und moderaten Beschwichtigungen. Ihre Mutter habe ihr später eine freche Schnauze vorgeworfen, erzählt Montgomery. Sie selbst empfand es als »stolzen Moment«. Die ganze Welt konnte sehen, dass sie es in Minneapolis ernst meinen.

Einen Tag nach der Aktion organisierte Black Visions eine weitere Kundgebung, dieses Mal im Powderhorn Park. Die Veranstaltung lief unter dem Titel »The Path Forward«: der Weg nach vorne. Eingeladen waren die Mitglieder des Stadtrates von Minneapolis, von denen Antworten erwartet wurden. Den Ton dieses Tages aber setzte Montgomery mit ihrer Rede.

»Wir wissen, dass wir sicherer sind, wenn alle einen Platz zum Wohnen haben. Wir wissen, dass wir sicherer sind, wenn alle Zugang zu gesunder Nahrung haben. Wir wissen, dass wir sicherer sind, wenn alle eine qualitativ hochwertige Bildung und Gesundheitsversorgung und psychologische Betreuung bekommen. Wir wissen, dass Gewalt in unseren Communitys eine Folge von Trauma ist und dass wir den Kreislauf beenden müssen, anstatt die Polizei auf die Symptome anzusetzen.

Und wir wissen, dass es die Ressourcen dafür in der Stadt gibt.«

Knapp zwei Wochen waren seit dem Mord an Floyd inzwischen vergangen. Zwei Wochen der Proteste, Ausschreitungen, des unermüdlichen Drucks und der wachsenden Aufmerksamkeit. Busfahrer*innen hatten aus Solidarität ihre Arbeit niedergelegt, die Schulbehörde, das Walker Art Center und die Universität von Minneapolis ihre Zusammenarbeit mit der Polizei beendet. In Midtown hatten Aktivist*innen ein leer stehendes Hotel in eine Unterkunft für Obdachlose verwandelt. Auch die Kreuzung, an der Floyd umgebracht wurde, war nicht mehr wiederzuerkennen. Es hatte sich ein dauerhafter Bereich des Gedenkens entwickelt, eine lebendige Mischung aus Mahnmal und Bildungsstätte: der George Floyd Square. Im Zentrum stand dort eine rund vier Meter hohe Faust aus braunem Pappmaché, ringsherum ein großes Beet aus Blumen, Steinen und Bildern. Nahezu jede Fläche war mit Graffiti besprüht und mit Texten versehen. Polizei und andere Fahrzeuge wurden nicht mehr reingelassen, stattdessen fanden hier nun jeden Tag Aktionen, Kunst und Lesungen statt.

Minneapolis war seit dem Mord an George Floyd nicht mehr die gleiche Stadt. In der Bevölkerung brach etwas frei, mächtiger Zorn genauso wie tiefe Solidarität. Und parallel dazu hatten die Aktivist*innen von Black Visions unzählige Gespräche mit den verantwortlichen Politiker*innen geführt, um sie davon zu überzeugen, dass Alternativen möglich sind.

Neun Mitglieder des Stadtrates stimmten an diesem Sonntag dafür, das Minneapolis Police Department aufzulösen. Es war das erste Mal in der Historie der Vereinigten Staaten, dass eine Großstadt solch einen Schritt wagte. »Wir haben gerade Geschichte geschrieben«, rief Montgomery zu den Leuten im Powderhorn Park, »das ist der nur der Anfang«.

4   SOZIALISTISCHER REALISMUS

Dieser Ort funktioniert anders, das fällt schon nach ein paar Schritten auf. Anders als so viele öffentliche Einrichtungen, denen man den Mangel an Zukunft sofort ansieht. Wir laufen durch die Gänge des Callen-Lorde Community Health Center in Downtown Brooklyn, eine Klinik speziell für die LGBTQ+-Community. Die medizinischen Geräte sind neu, sie wurden zur Eröffnung im Mai 2020 angeschafft. Die Einrichtung ist modern und einladend. An den strahlend weißen Wänden hängen eingerahmt die bunten Figuren des Künstlers Keith Haring. Die Angestellten scheinen nicht überlastet, wie man es aus den unterbesetzten New Yorker Krankenhäusern gewohnt ist. Kann das überhaupt sein? »Manchmal ist es natürlich hektischer«, sagt die Direktorin Aruna Krishnakumar, die den Rundgang an diesem Freitagnachmittag leitet.

Was das Callen-Lorde-Zentrum im Wesentlichen visionär macht, lässt sich ohnehin nicht auf den ersten Blick erkennen. An diesem Ort würden alle Menschen behandelt, sagt Krishnakumar, auch die ohne Geld und Versicherung. Gesundheit solle frei sein, von Kosten genauso wie von Stigmatisierungen und Ausschlüssen.

Jabari Brisport ist gekommen, um Fragen zu stellen. Er erkundigt sich bei der Direktorin, wie es mit der Impfstoffverteilung und der Vergabe von HIV-Medikamenten läuft. Er möchte wissen, was die Mitarbeiter*innen von der Idee einer staatlichen Krankenkasse halten. Von Raum zu Raum und von Frage zu Frage wird deutlicher, dass Brisport nicht sein politisches Programm verkaufen, sondern es verfeinern will. Er ist neu in diesem Beruf, solche Termine sind neu. Einer wie er in der Politik, das ist auch neu.

Brisport sitzt seit Januar 2021 im New Yorker State Senate, so nennt sich das oberste Parlament des Bundesstaates. Er vertritt den 25. District, nördlich-zentrales Brooklyn. Ein Wahlbezirk, in dem mehr als 350 000 Menschen wohnen und der zu groß und divers ist, um ihm ein demografisches Label zu verpassen. Mit Labels ist es ja sowieso kompliziert. Sie geben vor, etwas zu vereinfachen, machen es dadurch aber meist nur komplizierter – für die Gelabelten erst recht. Brisport ist dafür ein gutes Beispiel. Wenn man ihn als Politiker bezeichnet, macht man zwar nichts falsch, lässt aber zugleich Entscheidendes weg. Theater-Schauspieler, Mathematik-Lehrer, Aktivist an verschiedenen Fronten, er war schon vieles in seinem Leben, obwohl er erst Mitte 30 ist.

Als Brisport, dessen Familie aus dem südamerikanischen Guyana kommt, im Sommer 2020 nach einer monatelangen Graswurzelkampagne die Wahl gewann, bemerkten die Medien, dass er der erste Schwarze Homosexuelle in der Geschichte sei, der dieses Amt bekleide. Brisport hat nichts gegen diese Rolle als symbolisches Vorbild. Historisch war der Erfolg aber noch aus einem anderen Grund, das sei ihm mindestens so wichtig. Brisport ist einer von inzwischen sechs Sozialist*innen, die im Parlament von New York sitzen. Zwei im State Senate, vier im State Assembly. So groß war die sozialistische Fraktion zuletzt vor 100 Jahren. Sie alle sind Teil der Democratic Socialists of America, einer Organisation, die innerhalb von nur wenigen Jahren von unter 10 000 auf rund 100 000 Mitglieder gewachsen und mittlerweile in den Parlamenten zahlreicher Bundesstaaten vertreten ist. Die sozialistische Bewegung hat fast im ganzen Land Auftrieb bekommen. In New York aber hat der Wandel ein anderes Tempo. Die Möglichkeiten scheinen größer, dadurch auch der Druck. Wenn sich hier nichts bewegen lässt, wo sonst?

* * *

Wir sitzen eine halbe Stunde nach dem Rundgang unter dem Vordach einer U-Bahn-Station nahe der Klinik, geschützt vom Regen, der plötzlich eingesetzt hat. Brisport erzählt, dass er die Menschen und Strukturen in seinem Wahlkreis besser kennenlernen möchte, deshalb habe er sich den Termin ausgesucht. Und auch, weil man im Callen-Lorde-Zentrum erahnen kann, wie eine Gesellschaft aussehen würde, in der Fürsorge und Pflege kein knappes Gut sind, sondern eine Selbstverständlichkeit für alle.

Die Klinik – benannt nach dem Musiker und AIDS-Aktivisten Michael Callen und der Autorin und Poetin Audre Lorde – versucht, soweit es die Rahmenbedingungen zulassen, die Politik ihrer Namensgeber*innen fortzuführen. So ist das Callen-Lorde-Zentrum eine der sehr wenigen Einrichtungen, in denen Sex-Arbeiter*innen kostenlos behandelt werden. »Sex-Arbeit ist eine Arbeit, die oft nicht als echte Arbeit anerkannt wird«, sagt Brisport. Genau das, die Anerkennung von Arbeit, sei aber der erste Schritt zu mehr Rechten und Schutz. »Für mich geht es im Sozialismus um Befreiung«, so Brisport weiter. »Und solange wir keine materiellen Verbesserungen für die Arbeiter*innenklasse erreichen, erreichen wir nicht viel«.

Brisport zieht seine rote Maske runter, nimmt einen Schluck Kaffee aus einem Pappbecher, Maske wieder hoch. Mehr als drei Monate sind vergangen, seit er das Amt als State Senator angetreten ist. Ein Kennenlernen, Vorpreschen, Austarieren, so beschreibt er den Start. Zwischen seiner Heimat Brooklyn und der Hauptstadt des Bundesstaates, Albany, wo das State Capitol steht. Zwischen parlamentarischen Konventionen und Versuchen der Intervention.

Bestimmt wurde die Anfangszeit von den Verhandlungen um den Haushalt, bei denen sich die neue linke Kraft im Parlament zum ersten Mal bemerkbar gemacht hat. Brisport und seine Kolleg*innen konnten unter anderem eine Steuererhöhung für Einkommensmillionäre durchsetzen, durch die nun Gelder frei werden. 1,4 Milliarden für Investitionen in öffentliche Schulen; 2,1 Milliarden für undokumentierte Immigrant*innen; 2,4 Milliarden, um die vielen Menschen mit Mietschulden zu erleichtern. Es ist der progressivste Haushaltsplan, der in Jahrzehnten verabschiedet wurde. Es ist nicht genug, sagt Brisport.

Wenn Brisport über seine Vision für New York spricht, merkt man, dass seine politischen Vorstellungen nicht mit Kompromissen beginnen. Er möchte mehr als nur, dass die Armen weniger arm und die Reichen weniger reich sind. Er möchte, dass sich eine öffentliche Infrastruktur entwickelt, die tatsächlich öffentlich ist, demokratisch organisiert, die es verhindert, dass Menschen überhaupt in die Armut rutschen können. »Ich habe nichts gegen kleine private Unternehmen«, sagt Brisport, aber Gesundheitsversorgung, Wohnen, Bildung, das Energienetz, diese existenziellen Infrastrukturen sollten nicht in privater Hand sein.«

Der Bundesstaat New York könnte ein Vorreiter sein, sagt Brisport. Ein Beispiel dafür, dass sich tiefgreifende Reformen verwirklichen lassen. New York könnte der erste große Staat sein, der einen linken Green New Deal ins Leben ruft – mit dem Climate Leadership and Community Protection Act wurde 2019 bereits ein Gesetz verabschiedet, das seither auf Finanzierung wartet. Der erste Bundesstaat mit einer Krankenkasse für alle – mit dem New York Health Act liegt ebenfalls ein Entwurf vor. Auch der erste Bundesstaat, in dem Genossenschaften fester Bestandteil der Ökonomie sind. New York könnte der Ort sein, so Brisport, an dem die Rolle des Staates neu definiert wird.

Solange die Fraktion der moderaten Democrats die Überhand im Parlament hat, scheinen diese Visionen entfernt. Weit entfernt, sagt Brisport, schien vor ein paar Jahren allerdings auch, mit mehreren Sozialist*innen im Parlament vertreten zu sein. Je mehr Abgeordnete durch die kommenden Wahlen dazukommen, desto wahrscheinlicher wird die Realisierung ihrer Agenda. Viele ihrer Vorschläge, das zeigen Umfragen, werden von der Mehrheit der Bevölkerung bereits unterstützt. »Die Leute haben genug von dem technokratischen Mist«, sagt Brisport. Er meint damit Lösungen, die keine Lösungen sind, sondern Verzögerungen.

KONKRETISIERUNG EINER UTOPIE

»*When Did Everyone
Become a Socialist?*«

Die Frage, die das New York Magazine im März 2019 auf seiner Titelseite stellte, war zwar ironisch übertrieben, transportierte aber zugleich die ernste Verwunderung bis Entgeisterung vieler etablierter Medien über das, was gerade in den USA passierte. Alexandria Ocasio-Cortez war zwei Monate zuvor in den Kongress gezogen und wurde mit linken Hoffnungen überladen. Das geplante Amazon-Headquarter in Queens war von einer Graswurzel-Allianz verhindert worden. In West Virginia und anderen Bundesstaaten sorgten Zehntausende streikende Lehrer*innen für Aufsehen. Bernie Sanders trieb seine zweite Kandidatur voran. Und Trump hatte bei der Rede zur Lage der Nation vor den neuen sozialistischen Kräften gewarnt. »Wir sind frei geboren, und wir bleiben frei. Heute Abend erneuern wir unsere Entschlossenheit, dass Amerika niemals ein sozialistisches Land sein wird«, tönte Trump zum Applaus der Republikaner.

Die Vereinigten Staaten sind auch heute, ein paar Jahre später, alles andere als ein »sozialistisches Land« – aber eines, in dem die Mär vom Schreckgespenst immer weniger zieht. Wenn der rechte Sender Fox News die Gefahr einer »sozialistischen Übernahme« mit den Programmpunkten Green New Deal, kostenloses College und freie Gesundheitsversorgung versucht zu füttern, mag das bei Teilen des eigenen Publikums zwar weiterhin verfangen. Immer mehr Menschen allerdings sehen sich nur bestätigt, dass die sozialistische Bewegung jene großen Umbrüche verfolgt, die nötig sind. Vor allem für junge Amerikaner*innen ist ein demokratischer Sozialismus schlichtweg das Einzige, das noch Sinn ergibt, in der Erspürung einer Zukunft, die mehr bereit hält als Schulden und Verwüstung. Sie wissen, dass liberale Reformen nicht reichen. Sie haben Angst, dass alles so bleibt. Sozialismus ist für viele mehr als ein moralisches Argument. Sozialismus bedeutet Realismus.

Es ließen sich Tausend Statistiken anführen, die zeigen, wie wenig das aktuelle System für die Mehrheit der Menschen funktioniert; von der Vermögens- und Einkommensungleichheit über die Ressourcenzerstörung zur Lebensmittelverschwendung. Innerhalb der westlichen Welt gibt es wohl kein anderes Land, in dem die durch den Kapitalismus produzierten Ungleichheiten so sichtbar sind wie in den USA, wo mehr als die Hälfte der Bevölkerung zu dünn gepolstert ist, um eine unerwartete 1000-Dollar-Rechnung stemmen zu können,[1] und drei Multimilliardäre so viel besitzen wie die Hälfte der Bevölkerung.[2] Eine Statistik hat sich in meinem Kopf allerdings besonders festgesetzt: In den USA gab es zwischen 2014 und 2017 – also deutlich vor Corona – drei aufeinanderfolgende Jahre, in denen die Lebenserwartung der Gesamtbevölkerung gesunken ist. Während in nahezu allen anderen Ländern die Menschen in den vergangenen 20 Jahren im Schnitt also dank wissenschaftlicher Fortschritte älter wurden, starben die Bewohner*innen des reichsten Landes der Welt früher. Erklärt wurde diese Entwicklung unter anderem mit der Opioid-Krise, steigenden Suizidraten, ungesunder Ernährung und mangelndem Zugang zur Gesundheitsversorgung. Verbunden werden diese Gründe jedoch durch einen einzigen Faktor: Armut. Die Menschen sterben jünger, weil ihnen die Mittel zum Leben fehlen. Und die Mittel fehlen nur, weil sie so atemberaubend ungleich verteilt sind.

Ginge es allein nach Massenkompatibilität, wäre der Kapitalismus allerdings schon abgelöst. Vom Sozialismus ist erst seit einigen Jahren wieder die Rede. Was also ist passiert, dass immer mehr Amerikaner*innen nicht nur über System-Alternativen nachdenken, sondern auch an ihrer Umsetzung arbeiten? Was ist geschehen, dass sich ausgerechnet in den USA ein neues Verständnis von Sozialismus entwickelt, oder müsste es heißen: gerade dort?

Der Revolutionär Victor Serge schrieb Anfang der 1930er Jahre, dass sich der Sozialismus niemals durchsetzen werde, »indem er sich aufzwingt, sondern nur, indem er sich dem Kapitalismus überlegen« zeige, durch eine andere Gestaltung des gesellschaftlichen Lebens, die in Serges Worten zu »mehr materiellem Wohlstand, mehr Gerechtigkeit, mehr Freiheit und einer höheren Würde« führe.[3] Sein Appell gegen den autoritären Sozialismus bezog sich auf das despotische System Stalins, in dem Dissident*innen wie er verfolgt wurden. Was Serge damals als zentrale Herausforderung für den Sozialismus definierte, gilt allerdings auch heute: Wirklich überzeugend ist eine sozialistische Bewegung erst dann, wenn es ihr im Hier und Jetzt – entgegen aller Widrigkeiten – gelingt, bessere gesellschaftliche Verhältnisse zu offerieren. Seien es wahrnehmbare Veränderungen in Form lokaler Erfolge; sei es ein verstärktes Gemeinschaftsgefühl; seien es überzeugende Pläne, aus denen sich konkrete Hoffnung schöpfen lässt.

Es ist diese Konkretisierung der sozialistischen Idee, die in den vergangenen Jahren dafür gesorgt hat, dass sich so viele davon angezogen fühlen.

Als Sanders 2015 zum ersten Mal in den Vorwahlen antrat, wurde »Sozialismus« zum meistgesuchten Begriff im Online-Wörterbuch von Merriam-Webster. Für viele Amerikaner*innen waren die Ideen, die sich hinter dem Wort sammeln, unbekannt. Insbesondere junge Leute, die die Phase des Red Scares – so wird die Stigmatisierung und Verfolgung der Linken genannt – nicht erlebt hatten, wussten weder, was Sozialismus wirklich ist, noch, warum sie davor Angst haben sollten. Millionen von Amerikaner*innen haben seither – wenn auch nur in den zartesten Ansätzen – erfahren, was Sozialismus bedeuten könnte. Sie haben erlebt, wofür Organisationen wie die Democratic Socialists of America kämpfen, sie haben in sozialistischen Magazinen gelesen, welche Ursprünge die einzelnen Ideen haben. Sie haben gesehen, welche Vorteile progressive Gewerkschaften durch Organizing und Streiks erringen können, was für Gesetze durch sozialistische Stadträt*innen zustande kommen. Sie haben entdeckt, was linke Bewegungen ausmacht, wie sie sich anfühlen. Von der großen Utopie mag das alles noch weit entfernt sein. Im Kleinen aber haben sich Fluchtwege eröffnet, sind neue Perspektiven entstanden. Nach und nach ist für viele eine Vorstellung davon gewachsen, wie eine Gesellschaft aussehen könnte, die nicht rund um Profit- und Konkurrenzprinzipien organisiert ist, sondern basisdemokratisch und bedürfnisorientiert funktioniert.

Der Kapitalismus wird heute direkter kritisiert, Alternativen offener diskutiert. Dass die sozialistische Bewegung mittlerweile bis in den Mainstream reicht, liegt auch an einer neuen Gegenkultur. Zunächst wäre da natürlich *Jacobin*, in vieler Hinsicht Wegbereiter der blühenden linken Medienlandschaft. Als der damals 21-jährige Geschichtsstudent Bhaskar Sunkara 2010 in seinem College-Zimmer in Washington, D. C. auf die Idee kam, ein eigenes Magazin ins Leben zu rufen, schien das Nischendasein zunächst besiegelt. Ein paar Hunderte Leser*innen interessierten sich am Anfang für *Jacobin*, das erst online und ab 2011 dann auch im Printformat erschien. Heute erreicht die Marke monatliche mehrere Millionen Menschen und ist mittlerweile auch in andere Länder expandiert, unter anderem nach Deutschland. Neben *Jacobin* wurden in den vergangenen Jahren zahlreiche linke Publikationen gegründet, darunter *Current Affairs*, *Logic* und *Lux*. Neue Podcasts wie *Chapo Trap House*, *The Dig* und *Antifada* sind entstanden; ältere Magazine wie *The New Republic*, *Dissent* und *The Nation* wurden personell und auch inhaltlich revitalisiert. Dass die *Teen Vogue* Marxist*innen in ihren Reihen hat, ist normal geworden. Mit *Means TV* gibt es so etwas wie ein sozialistisches Mini-Netflix. Diese und weitere Medien bilden eine neue Gegenöffentlichkeit, in der mehr und mehr Journalist*innen, Intellektuelle, Academics und Kulturschaffende die Hegemonie des Kapitalismus hinterfragen.

Die neue sozialistische Bewegung in den USA ist – und dieser Satz wäre vor zehn Jahren geradezu grotesk erschienen – zu einer Inspirationsquelle für Linke in anderen Ländern geworden. Es liegt auch daran, vielleicht sogar vorrangig, dass die Energie nicht von oben, von keiner Partei, erst recht nicht vom Staat kommt, sondern von unten, und durch anti-hierarchische Kollektive, revoltierende Arbeiter*innen und neue Medien erzeugt wird. In den USA wird erprobt, wie ein demokratischer Sozialismus im 21. Jahrhundert aussehen könnte, welche Koalitionen es braucht, welche Strategien.

PEOPLE FOR BERNIE

Als Occupy vorbei war, stellte sich die Frage, in welchen Formen man den Impulsen der Bewegung nachgehen kann. Manche der Aktivist*innen konzentrierten sich in der Folge auf anarchistische Aktionen und Projekte. Bei anderen entwickelte sich der Drang danach, nun auch die Wahlpolitik zu beeinflussen. Gab es eine Kandidatin oder einen Kandidaten mit ernstzunehmenden Ambitionen? Jemanden, dessen Politikverständnis zumindest ansatzweise kompatibel mit dem der Occupy-Bewegung war?

Die Aktivistin Winnie Wong war in den Jahren nach Occupy mit rund zehn anderen Besetzer*innen in engem Kontakt geblieben, mit denen sie genau diese Möglichkeiten auslotete. Anfang 2014 fasste die Gruppe zunächst die Senatorin Elizabeth Warren aus Massachusetts ins Auge, eine ehemalige Jura-Professorin, die sich bereits vor der Finanzkrise für eine stärkere Bankenregulierung eingesetzt hatte. Warren war bei Weitem keine Radikale, aber sie schien den Kampf gegen die Wall Street einigermaßen ernst zu meinen. Als sich Warren gegen eine Präsidentschaftskandidatur entschied, musste die Gruppe um Wong jedoch umdisponieren.

Ein Jahr später, Anfang 2015, tat sich eine neue Option auf, als sich die Anzeichen verdichteten, dass Bernie Sanders eine Kandidatur in Betracht zog. Der damals 74-jährige Senator aus Vermont konnte zwar auf eine lange politische Laufbahn im Dienste der Arbeiter*innenklasse verweisen und war immer mal wieder mit kämpferischen Reden im Kongress aufgefallen. Das Problem aus

Wongs Perspektive war aber, dass Sanders zu dem Zeitpunkt selbst den meisten Linken kein wirklicher Begriff war. »Wir wussten, dass wir eine Graswurzelbewegung brauchen«, sagt sie. »Deshalb haben wir People for Bernie gegründet.«

Was anfänglich nur eine Facebook-Seite und ein Twitter-Account war, erweiterte sich innerhalb kurzer Zeit zu einem verzweigten Netzwerk. Teachers for Bernie. Latinos for Bernie. Nurses for Bernie. Asian Americans for Bernie. Jeden Tag kamen neue Gruppen hinzu. Sanders' Stab kontaktierte Wong kurz darauf mit einem Jobangebot, das sie allerdings ablehnte, um dafür einen Gegenvorschlag zu machen: Wenn ihr euch um die offizielle Kandidatur kümmert, kümmern wir, People for Bernie, uns um den Aufbau einer Basis. Wong wollte einen Gegenpol zur Kampagne von Hillary Clinton bilden. Sie wollte alles, aber keinen gewöhnlichen Wahlkampf.

Am 30. April 2015 veröffentlichten rund 50 Occupy-Aktivist*innen, zu denen neben Wong auch *Jacobin*-Gründer Sunkara, der Organizer Jesse A. Myerson und die DSA-Direktorin Maria Svart gehörten, einen offenen Brief, in dem sie ihre Unterstützung für Sanders erklärten. Am selben Tag stand der Senator vor dem Kapitol in Washington und verkündete bei einer Pressekonferenz seine Bewerbung aufs Weiße Haus. Sanders sprach über die Übel des Wirtschaftssystems, den Klimawandel, die Rolle von Geldspenden in Wahlkämpfen, die Massenverschuldung durch Studiengebühren – über die großen Themen also, die der Occupy-Bewegung am Herzen lagen.

»Wie kommt es, dass die oberen ein Prozent fast so viel Vermögen besitzen wie die unteren 90 Prozent?« Es war eine Klassenrhetorik, die man von Spitzenpolitiker*innen nicht gewohnt war – und der von den etablierten Medien zunächst nicht sonderlich viel Aufmerksamkeit geschenkt wurde. Die *New York Times* berichtete am nächsten Tag auf Seite 21, man konnte es gut übersehen. Doch es dauerte nicht lang, bis Sanders nicht mehr zu ignorieren war.

Sanders gewann in seiner ersten Kandidatur 2016 insgesamt 23 der 57 demokratischen Vorwahlen, was gegen Hillary Clinton am Ende zwar nicht reichte, aber dennoch von historischer Dimension war. Über 13 Millionen Wähler*innen gaben dem Senator ihre Stimme. Nie zuvor in der Geschichte des Landes hatte ein Politiker, der sich selbst als Sozialisten bezeichnet, eine größere Masse von Unterstützer*innen hinter sich. Bei den Unter-30-Jährigen war er beliebter als Clinton und Trump zusammen.

Was machte Sanders' Kampagne besonders? Sie war, vielleicht am allerwichtigsten, glaubwürdig. Wie schon als Bürgermeister der Kleinstadt Burlington in den 80er Jahren, wie schon als Mitglied des Kongresses, wie sein ganzes Leben lang, kämpfte Sanders nun auch vor den größten Scheinwerfern für Sozialreformen, von denen die anderen Abgeordneten wenig wissen wollten. Zur Kernforderung seines Wahlkampfes wurde Medicare for All, eine staatliche Krankenversicherung für alle. Darüber hinaus verlangte Sanders einen höheren Mindestlohn, einen kostenlosen Zugang zu Universitäten, eine CO_2-Steuer, eine Legalisierung von Marihuana und vieles mehr.

Neben dem inhaltlichen Programm unterschied sich Sanders durch sein Verständnis von Macht. Das mag erst mal paradox klingen, trat Sanders ja an, um das mächtigste Amt der Welt zu bekleiden. Sein Anspruch war es aber, Macht zu verteilen. Als einziger großer Kandidat der Democrats hatte er kein sogenanntes *Super PAC* hinter sich, so werden die Lobbyorganisationen genannt, die Großspenden für Kandidat*innen sammeln. Sein Wahlkampf finanzierte sich stattdessen durch Millionen von Kleinspender*innen.

Im Zentrum seiner Politik standen die Interessen der *working class*, die er auch konsequent so nannte – alleine das unterschied ihn von den anderen Kandidat*innen. Sanders sprach den Zehntausenden, die zu seinen Veranstaltungen strömten, Mut und Hoffnung zu, er nahm ihre Existenzängste ernst, betonte, dass Armut nichts mit individuellem Versagen zu tun hat, sondern strukturell produziert wird. Er inspirierte Menschen, politisch aktiv zu werden, sich zu organisieren und vor allem: sich überhaupt als Arbeiter*innen zu identifizieren. »Seid ihr dazu bereit, für jemanden zu kämpfen, den ihr nicht einmal kennt?«, fragte Sanders. Die Leute schauten um sich und nickten. Deshalb waren sie ja gerade gekommen.

Sanders' zwei Kampagnen waren zudem ein Experiment im dezentralen Wahlkampf. Zehntausende Freiwillige traten mit den Wähler*innen in Kontakt, durch Wohnungsbesuche und bei Veranstaltungen, am Telefon und per SMS, in der sogenannten »Bern App«, am extra eingerichteten »Help Desk« und über Social Media. Gerade dort, auf den verschiedenen Social-Media-Plattformen, zeigte die Sanders-Kampagne, wie man linke Politik modern kommunizieren kann: indem man die Menschen selbst sprechen lässt. Über Facebook, Instagram und die anderen Kanäle wurden Tag für Tag die Stimmen seiner Unterstützer*innen abgebildet, ihre Sorgen, Forderungen und Lebensrealitäten. Auch das half bei der Klassenbildung.

Ziemlich genau fünf Jahre lang – zwischen der Bekanntgabe seiner ersten Kandidatur bis zum Ende seiner zweiten Kandidatur im April 2020 – war Sanders ein, wenn nicht *der* Angelpunkt der Linken. Er demonstrierte, und das ist womöglich sogar die größte Leistung, dass Politik ein Gemeinschaftsprojekt sein könnte, sein müsste. Zugleich aber entwickelte sich in dieser Zeit ein Personenkult, durch den der Kollektivcharakter gelegentlich konterkariert wurde. Der von Winnie Wong kreierte und millionenfach geteilte Hashtag #FeelTheBern ist dafür ein gutes Beispiel. Es schien das Richtige für eine Zeit, ein Werkzeug zur Popularisierung. Die Leute drückten über #FeelTheBern aus, dass es um mehr als nur ein neues politisches Programm geht, sondern um ein Gefühl des Aufbruchs. Manchmal wirkte der auf den Heiland Sanders gerichtete Hype allerdings etwas überholt. An Onkel Bernie, wie er von vielen Unterstützer*innen genannt wird, lag es weniger. Die enormen Hoffnungen, die auf diese einzelne Person projiziert wurden, waren wohl vor allem ein Ausdruck der bisherigen Hoffnungslosigkeit.

Woran liegt es, dass Sanders trotz seiner Popularität, trotz der ökonomischen Krise, trotz der wenig visionären Konkurrenz am Ende zwei Mal in den Vorwahlen verlor? Ein Grund scheint zunächst offensichtlich: Wer in den USA – aber nicht nur dort – als Sozialist antritt, bringt nicht nur die politische Rechte, sondern mindestens so sehr die liberale Mitte gegen sich in Stellung. Die Parteispitze der Democrats sah in Sanders eine Bedrohung der Machtverhältnisse und tat dementsprechend viel dafür, seine Kandidatur zu verhindern. Im Jahr 2016 halfen die Funktionäre des Democratic National Committee dabei, dass Hillary Clinton das Rennen machte, wie man im Buch *Hacks* der Ex-Parteivorsitzenden Donna Brazile nachlesen kann. 2020 einigte sich die Führung mit wesentlicher Beihilfe von Ex-Präsident Obama darauf, dass Biden der passende Bewerber sei. Das Eingreifen der Parteispitze alleine entschied zwar nicht, für wen die demokratischen Wähler*innen stimmten. Ihr Einfluss – nicht zuletzt in Form von Spenden – war aber mitentscheidend. Auch in den großen Medien wurde Sanders meist die Rolle des idealistischen Destabilisators verpasst. Liberale Sender wie *MSNBC* versteckten kaum, dass ihnen eine linke Politik aus dem Weißen Haus gefährlich erscheint. Die *New York Times* sprach eine offizielle Empfehlung für die moderateren Kandidatinnen Elizabeth Warren und Amy Klobuchar aus. Sanders war der, der es zwar irgendwie gut meinte, aber davon offenbar ein bisschen zu viel. Waren seine Kandidaturen angesichts dieser Voraussetzungen also aussichtslose Unterfangen?

»Wir sollten uns daran erinnern, dass im Recht sein nicht reicht, um zu gewinnen«, schrieb der Journalist Sam Adler-Bell im März 2020, als sich die Vorwahlen gerade zu Gunsten von Biden entwickelt hatten. Wer sich in Momenten der Niederlage in Melancholie vergrabe, führte Adler-Bell aus, drohe die eigenen Fehler und Mängel zu übersehen.

Dass Sanders am Ende nicht genug Menschen aktivieren konnte, lag wohl auch daran, dass seine Anti-Establishment-Rhetorik nicht präzise genug formuliert war. Gerade für ältere Wähler*innen der Democrats und Afroamerikaner*innen gehört die Demokratische Partei zu den wenigen politischen Konstanten ihres Lebens. Und plötzlich war da jemand, der diese Partei – ihre Partei – mit Wucht angriff. Am Ende bekam Sanders zu wenige Stimmen von denen, die seine Politik eigentlich erreichen sollte. Schwarze Arbeiter*innen blieben bei der Wahl in Massen zu Hause, viele weiße Arbeiter*innen entschieden sich für Biden. »Bernie muss seine Koalition vergrößern«, bilanzierte Adler-Bell. »Das kann er nicht erreichen, indem er nur Feind*innen benennt.«

Wie lange Sanders selbst noch in der Politik bleibt, ist unklar. Seine Hauptrolle ist mittlerweile die eines Verstärkers. Er spricht offizielle Wahlempfehlungen für andere Politiker*innen aus, sammelt Spenden, hält Grundsatzreden im Senat, stößt Gesetzesinitiativen an und ist bis heute laut Umfragen einer der populärsten Politiker*innen des Landes. Wong, die während der zweiten Kandidatur zum Team seiner Berater*innen gehörte, sagt, dass man Sanders in erster Linie als »Avatar« verstehen sollte, als Symbol einer größeren, komplexeren Radikalisierung. Die Sanders-Jahre hätten gezeigt, dass eine außerparlamentarische Bewegung und ein Präsidentschaftskandidat einander »bereichern können«, so Wong. Dass der Begriff Sozialismus heute so mainstreamtauglich ist, lässt sich ohne Sanders tatsächlich kaum vorstellen.

SOZIALDEMOKRATISCHE GRENZEN

Was in den USA Sozialismus genannt wird, würde in Europa gerade mal unter Sozialdemokratie durchgehen, wird seit Jahren mit hartnäckiger Regelmäßigkeit bemerkt. Manchmal wird dieses Argument als eine Art taktische Beruhigung von links angeführt, im Sinne von: Keine Sorge, Amerika, niemand möchte Gulags einführen, sondern zunächst mal nur Medicare for All. Oft spricht aus dieser Beobachtung die Enttäuschung darüber, mit welchen Minimalforderungen Sozialist*innen starten und hantieren müssen. Gelegentlich mischt sich darunter auch ein Ton von Herablassung. Amerikanischen Linken wird dann – entweder aus den eigenen Reihen oder von außerhalb – eine Art Cosplay vorgeworfen. Bürgerliche Ideen in sozialistischer Verkleidung quasi.

Zunächst: Wenn 43 Prozent der Amerikaner*innen in einer Umfrage des Meinungsforschungsinstitut Gallup sagen, dass sie eine »Form des Sozialismus« befürworten, dann kann man davon ausgehen, dass nicht allen von ihnen eine Aufhebung des Privateigentums und eine Vergesellschaftung der Produktionsmittel vorschwebt. Was sie damit meinen, lässt sich im Detail nicht nachvollziehen. Vermutlich wissen es viele selbst nicht, wie auch, und wer weiß das schon genau, irgendwo? Offenbar aber, und das ist doch die interessantere Botschaft eines solchen Ergebnisses, nimmt nahezu die Hälfte der Befragten den Kapitalismus als so unbefriedigend und überholt wahr, dass das Gegenteil, was auch immer das Gegenteil *exakt* ist, verlockender wirkt.

Der Politologe Raul Zelik definiert Sozialismus nicht als einen Zustand, sondern als einen Prozess, bei dem »auf ganz unterschiedliche Instrumente zurückgegriffen werden kann«. Grob lasse sich dieser Prozess in drei Stränge aufteilen:

1) als Stärkung des Gemeineigentums, das sich eben längst nicht nur in staatlicher Hand befinden kann; 2) als Demokratisierung, was vor allem die gesellschaftliche Gestaltung von Produktion, Konsum und Entwicklung meint; 3) als Kritik am Eigentumsbegriff zugunsten von Nutzungsregeln ohne Eigentumsverfügung.[4]

Sozialismus, so verdichtet es Zelik, sei »eine Bewegung zur Dekommodifizierung des Lebens«. Versteht man Sozialismus auf diese Weise, werden zwei Dinge deutlich: Einerseits, dass sich die sozialistischen Bewegungen der verschiedenen Länder zumindest ähneln, weil sie alle das Ziel der Dekommodifizierung verfolgen, das heißt, eine Politik, in der Konkurrenz-, Profit- und auch bestimmte Marktmechanismen abgebaut werden. Andererseits, dass sozialistische Politik zwangsläufig von Land zu Land verschieden sein muss, weil in diesem Prozess ja gar nichts anderes übrig bleibt, als auf die jeweiligen Rahmenbedingungen einzugehen, sprich auf die Gesetze und politischen Machtverhältnisse an den verschiedenen Orten, auch auf den kulturellen und historischen Kontext. Wenn amerikanische Sozialist*innen eine staatliche Krankenkasse fordern – also etwas, das zum Standard in vielen sozialdemokratischen Ländern gehört –, dann ist das also kein Widerspruch, sondern eigentlich nur der logische erste Schritt im Sinne einer Dekommodifizierung des Lebens. Oder anders formuliert: Eine sozialistische Bewegung, die die Gegenwart aus Kompromisslosigkeit unberührt lässt, ist wenig wert.

Sowohl Sanders als auch Alexandria Ocasio-Cortez haben in den vergangenen Jahren auf europäische Länder wie Schweden, Dänemark, Norwegen und manchmal auch auf Deutschland verwiesen, um die Wirkung bestimmter Sozialreformen zu erklären. In keinem dieser Länder herrscht auch nur ansatzweise Sozialismus, Milliardäre leben neben einer prekären Klasse, die allerwenigsten Unternehmen sind in Arbeiter*innenhand. Als Vorbilder funktionieren diese europäischen Länder demnach (und noch aus vielen anderen Gründen) schlecht. Ob die Verweise trotzdem einen linken Zweck erfüllen, ist davon abhängig, in welchem Zusammenhang sie stattfinden. Man kann beispielsweise auf die Schwedische Sozialdemokratie der 60er Jahre verweisen, auf den damals hohen Lebensstandard und die ökonomische Gerechtigkeit, ohne so zu tun, als hätte sich dort der emanzipatorische Sozialismus verwirklicht. Man kann sagen, dass die damals verfolgte Politik der richtige Weg war, aber weitergedacht hätte werden müssen.

Ähnlich verhält es sich mit dem New Deal, der in den 1930er Jahren unter Präsident Franklin D. Roosevelt erlassenen Serie von

Sozial-, Arbeits- und Infrastrukturreformen. Der New Deal ermöglichte den USA einen Weg aus der Großen Depression, verschaffte Millionen Amerikaner*innen Jobs, brachte neue Arbeitsschutzgesetze hervor und bewies, dass Konjunkturpakete insbesondere in Krisen besser funktionieren als Austeritätspolitik. Anders als manche Nostalgie vermuten lässt, ging es beim New Deal allerdings nie darum, den Kapitalismus zu überwinden, sondern um die Rettung und Restabilisierung des ökonomischen Systems. Grundlage dieser Rettung war unter anderem, dass bestimmte Arbeitskräfte über anderen standen. Am deutlichsten zeigte sich das im 1935 verabschiedeten National Labor Relations Act, der wesentliche Gewerkschafts- und Streikrechte etablierte, aber zwei Bereiche von diesen neuen Vorteilen ausschloss: Haushaltsarbeit und die Landwirtschaft – Bereiche, in denen überwiegend Frauen und Schwarze Menschen beschäftigt waren. 65 Prozent aller Afroamerikaner*innen waren für die Social Security nicht berechtigt. Der New Deal funktionierte also auch deshalb, weil er rassistische und patriarchale Dominanzstrukturen aufrechterhielt.

Gerade der Blick zurück und nach Mittel- und Nordeuropa sollte zeigen, wie bedingt die Sozialdemokratie die Widersprüche und Konflikte des Kapitalismus löst. Auch in den sozialdemokratischen Ländern dieser Welt basiert das ökonomische System auf Ausbeutung, bleibt ein Großteil der reproduktiven Arbeit unbezahlt, gehört eine die Natur und Menschen zerstörendes Wachstumsmaxime zum Prinzip. Die große Herausforderung einer sozialistischen Bewegung, das ist in den USA letztlich nicht anders als in Europa, liegt demnach darin, eine andere Form von Wirtschaft und politischer Selbstbestimmung anzutreiben, die schon aus Prinzip nicht bei bestimmten Reformen stehen bleibt, weil so vieles dadurch ungeklärt und unbefreit bleibt.

JABARI BRISPORT

Wenn Jabari Brisport davon erzählt, wie er zum Sozialisten wurde, fügen sich Teenagereindrücke, berufliche Erfahrungen, erlesenes Wissen und persönliche Kränkungen Stück für Stück zusammen. Man kann nachvollziehen, wie sich Überzeugungen über einen längeren Zeitraum formten, und dennoch, sagt Brisport, rage ein bestimmter Moment heraus, eine Erkenntnis, die sich im Rückblick entscheidend anfühle.

Es war im Sommer 2016, der von Brisport unterstützte Sanders hatte sich gerade aus dem Wahlkampf zurückgezogen, Hillary Clinton sollte bald ins Weiße Haus ziehen, so war es notgedrungen abgemacht, und Brisport stand unter der Dusche. Er muss lachen, als er das erzählt, weil es ja nach einem Klischee klingt, das mit dem Geistesblitz unter der Dusche, aber so sei es nun mal gewesen. Brisport sagt, dass er über die Schnittpunkte von rassistischer Gewalt und Armut nachgedacht habe, als er zu der Realisierung kam, dass man auch die heutigen Machtverhältnisse in den USA nur im Zusammenhang mit der Sklaverei wirklich versteht. »Schwarze Menschen sind in dieses Land als Kapital gebracht worden«, sagt Brisport. »Wir hatten ein Preisschild um. Wir wurden auf Märkten gehandelt. Wir waren Eigentum. Man konnte Sklaven bei einer Bank buchstäblich als Pfand benutzen.« Was also, fragte sich Brisport, soll die Sklaverei anderes gewesen sein als eine Form von Kapitalismus?

Für Brisport geht es im Sozialismus darum, die Dominanz von Eigentum abzubauen. Eine Umverteilung des Vermögens sei zwar dringend notwendig, sagt er, reiche alleine aber nicht aus. »Warum hat Gesundheitsversorgung überhaupt einen Preis? Warum hat Boden einen Preis?« Es gibt Dinge, sagt Brisport, die sollte man sich nicht kaufen müssen. Und es gibt Dinge, die sollte man nicht besitzen können.

Brisport wuchs in Prospect Heights auf, einem Viertel nördlich des Prospect Parks mitten in Brooklyn. Bereits 1988, als Brisport ein Jahr alt war, berichtete die *New York Times* von »Yuppies« auf Wohnungsjagd und darüber, wie sich das Viertel langsam demographisch wandle. Heute sind die alten, wunderschönen Brownstone-Reihen fast vollständig renoviert, unterbrochen werden sie von größeren Wohn- und Bürokomplexen. Einzimmerwohnungen kosten im Schnitt 2800 US-Dollar im Monat. Unzählige Familien mussten in den vergangenen Jahrzehnten wegziehen.

Die Veränderungen fielen ihm erst richtig auf, als er selbst das Viertel verließ. Brisport begann 2005 sein Studium an der New York University in Manhattan, wo er in einem Studentenwohnheim lebte. Jedes Mal, wenn er seine Eltern in Brooklyn besuchte, war wieder ein Geschäft aus der Kindheit weg. Der haitianische Süßwarenladen musste schließen, das kleine Kino Flatbush Pavillion wurde durch eine Filiale von American Apparel ersetzt. Das ihm vertraute Prospect Heights verschwand und Brisport sorgte sich, was aus Menschen wie seinem Vater, einem undokumentierten Immigranten, der in einer Metallverarbeitungsfabrik arbeitete, werden würde. Als Brisport später in die Lokalpolitik einstieg, machte er die zunehmende Verdrängung zu seinem Fokus. Gentrifizierung, sagt Brisport, müsse als Problem deindividualisiert werden. Er habe Verständnis, dass *Locals* wütend sind, wenn wieder ein neuer Brunch-Spot für das zugezogene weiße Publikum aufmacht. »Die Treiber von Gentrifizierung sind aber andere«, so Brisport. »Die Immobilienindustrie hat einfach zu viel Macht.«

Brisport studierte erst Schauspielerei und wurde später Pädagoge. Beide Erfahrungen helfen ihm heute in der politischen Arbeit, wie er sagt. Die Bühne liegt ihm, das merkt man daran, wie er seinen muskulösen Körper bei Reden benutzt, seine Hände und Augen einsetzt, wie er vor wichtigen Worten Pausen einlegt, auch daran, wie offenherzig er mit fremden Menschen auf der Straße spricht. Als Lehrer an einer öffentlichen Schule in Brooklyn wiederum lernte er ein kaputtgespartes und segregiertes Bildungssystem aus der Nähe kennen, was ihn in seiner sozialistischen Haltung weiter bestärkte. Als ich Brisport das erste Mal traf, im Sommer 2020, war er gerade in den letzten Monaten seines alten Berufes und führte ein rastloses Leben. Von morgens bis nachmittags unterrichtete Brisport über Zoom eine sechste Klasse in Mathematik, anschließend kümmerte er sich um seinen Wahlkampf, unterstützt von mehreren Hunderten Freiwilligen, abends fuhr er zum Rathaus in Manhattan, wo Black-Lives-Matter-Aktivist*innen ein Camp aufgeschlagen hatten. »Wir«, sagte Brisport damals, und meinte damit sich und die Protestler*innen, »wollen eine Umverteilung der Macht von oben nach unten«. Diese Haltung, von außen gegen das Establishment, hat er sich bewahrt.

Zum Aktivismus kam Brisport in seinem Uniabschlussjahr 2009, als er sich dafür einsetzte, dass in New York die gleichgeschlechtliche Ehe eingeführt wird, was zwei Jahre später auch passierte. Als Black Lives Matter anfing, war Brisport sofort auf der Straße, auch, weil er die New Yorker Polizei aus eigener Erfahrung kannte. »Ich möchte nicht der nächste Hashtag werden«, dachte er, es war die Zeit von #TrayvonMartin, #EricGarner und #Michael Brown. Dann trat Sanders auf die Bühne, der erste Politiker, bei dem Brisport das Gefühl hatte, »weniger protestieren zu müssen, sollte er gewählt werde«. Brisport schmiss sich in den Wahlkampf, klingelte durch Nachbarschaften, arbeitete Telefonlisten in den jeweiligen Bundesstaaten ab, in denen gerade Vorwahlen stattfanden. In den Gesprächen, die er täglich mit fremden Menschen führte, stellte Brisport fest, dass viele Wähler*innen Sanders' Programm zwar guthießen, aber einfach nicht daran glaubten, dass ein Kandidat mit solchen Forderungen eine Chance habe. »Viele Leute wurden ihr Leben lang von der Politik enttäuscht«, sagt Brisport, wen wundere da Resignation? Radikale Politik bedeute für ihn deshalb in erster Linie, »den politischen Prozess zu öffnen«.

Nach der Wahl Trumps suchte Brisport nach einer Organisation, die Community-Arbeit mit einer größeren Agenda verbindet, in der »aktiver Sozialismus« möglich ist, wie er sagt. Im Dezember 2016 nahm er zum ersten Mal an einem Treffen der Democratic Socialists of America teil, ein paar Wochen später wurde er Mitglied. »Es gibt Millionen Wege in den Sozialismus«, sagt Brisport, »für mich war es das Thema Rassismus«.

IDENTITÄTSPOLITISCHER SOZIALISMUS

Hört man jemandem wie Brisport zu, geht man Biografien wie seiner nach, verpufft die vermeintliche und oft beschworene Binarität von Identitätspolitik und Klassenpolitik zu einer Schimäre. So wie Brisport sind viele Linke seiner Generation über sogenannte identitätspolitische Themen beim Sozialismus gelandet. Menschen, für die die Trennung dieser Themen schon immer realitätsfern war. Die meisten Leute, mit denen ich für dieses Buch gesprochen habe, sagen, dass sie eine explizite Klassenkritik im Laufe ihres Aktivismus entwickelt haben. Erst kamen die Benachteiligungen, dann kam Marx.

Die simpelste Version des Argumentes Identität versus Klasse behauptet, dass es eine Form der Politik gibt, die aus »persönlichen« Motiven bestehe und »partikulare« Interessen verfolge: die Identitätspolitik – während die andere Form der Politik die Gesellschaft als Ganzes in den Blick nehme. Mit Identitätspolitik sind in dieser Version meist die Kämpfe von Frauen, People of Color, trans Menschen und anderen marginalisierten Gruppen gemeint, die, so die Anti-Identitätspolitik-Prämisse, von einem universellen Streben nach Gerechtigkeit (manche würden sagen: Klassenkampf) ablenkten oder es sogar verhinderten. Unzählige Autor*innen haben in den vergangenen Jahren in diese Richtung argumentiert, manche sogar die Wahl Trumps »der Identitätspolitik« zugeschoben. Wenige Debatten waren so mühselig, gleichzeitig aber auch so aufschlussreich, weil sie viel über politische Normen verraten hat, darüber, wessen Anliegen und Bedürfnisse in die Ordnung integriert sind und wessen nicht; auch darüber, wie reduktionistisch politische Formationen und Identitäten oft verstanden werden.

Dass der Begriff Identitätspolitik 1977 von einer Gruppe Schwarzer, lesbischer Sozialistinnen, dem Combahee River Collective, geprägt wurde und einer materialistischen Kritik entsprang, wird dabei oft ignoriert. »Wenn Schwarze Frauen frei wären, würde es bedeuten, dass alle anderen auch frei wären, da unsere Freiheit die Zerstörung aller Systeme der Unterdrückung erfordern würde«, schrieb das Kollektiv, zu dem unter anderem Barbara Smith und Audre Lorde gehörten, in ihrem Manifest.[5] Identitätspolitik wurde vom CRC als ein Ansatz verstanden, der strukturelle Benachteiligungen und politische Ansprüche zu einer umfassenden Analyse der Gesellschaft zusammenführt.

Der Philosoph Olúfẹ́mi O. Táíwò erklärt, warum sich die Kritik nicht an Identitätspolitik an sich richten sollte, sondern vielmehr an ihre kapitalistische Instrumentalisierung. Táíwò spricht in diesem Zusammenhang von *elite capture* (deutsch: Vereinnahmung durch Eliten) – so wird das Konzept genannt, bei dem politische Projekte von Bessergestellten gekapert werden. Beispiele, erklärt Táíwò, finde man in allen Bereichen des Lebens, in der Politik, Wirtschaft, Kultur, Wissenschaft und in den Medien, und zwar immer dann, wenn ursprünglich radikale Ideen entkernt werden und am Ende nur noch mit der Hülle oder dem Begriff operiert wird. Ein Beispiel für *elite capture* ist die Mainstreamisierung queerer Politik, bei der bestimmte Symbole oder Slogans genommen werden, um eine vermeintlich emanzipatorische Politik im wahrsten Sinne des Wortes zu verkaufen. Man denke an Konzerne wie Goldman Sachs oder Walmart, die zum Pride Day die Regenbogenfahnen schwenken. Das Problem einer solchen Instrumentalisierung von Identitätspolitik ist, wie Táíwò ausführt, dass »politische, soziale und ökonomische Eliten im Dienste ihrer eigenen Interessen [handeln], und nicht im Dienste der gefährdeten Menschen, die sie oft vorgeben zu vertreten«.[6]

Bemerkenswert ist, dass seit einigen Jahren in den USA zwei Dinge parallel laufen: Einerseits findet eine Wiederentdeckung der Gedanken des Combahee River Collective statt, durch Black-

Lives-Matter-Aktivist*innen, führende Intellektuelle wie Keeanga-Yamahtta Taylor und junge Sozialist*innen. Gleichzeitig kann man eine obsessive Abarbeitung an »der Identitätspolitik« beobachten, und zwar aus nahezu allen politischen Richtungen.

Der verstärkte Bezug auf das CRC unterstreicht in erster Linie, dass es ein großes Verlangen danach gibt, Politik von Grund auf multi-perspektivisch anzugehen und Identitäten selbst als so vielfältig und verflochten zu verstehen, wie sie es eben sind. Darüber hinaus ist es auch eine Antwort darauf, dass linke Debatten und Räume bis heute überproportional von Weißen und Männern dominiert werden. Dieses Ungleichgewicht führte vor über 40 Jahren ja überhaupt erst zur Gründung des Combahee River Collective. Anders als damals aber ist ihre intersektionale Analyse in der heutigen Schwarzen Bewegung wesentlich präsenter. Viele der Organisationen, die unter dem Dach des Movement for Black Lives stehen, beziehen sich explizit auf das Combahee River Collective.

Die oft pauschale Dämonisierung der Identitätspolitik auf der anderen Seite kann man auch als Ausdruck einer langsamen und überfälligen Machtverschiebung deuten. Dort, wo marginalisierte Subjekte Ansprüche stellen, erlebt man von hegemonialer Seite Verschanzung und Gegenangriff. Das heißt nicht, dass es keine berechtigte Kritik an Formen von Identitätspolitik gibt, siehe *elite capture*. Geschichtsvergessen und kontraproduktiv ist aber ihre kategorische Ablehnung. Um eine linke Basis aufbauen zu können, in der verschiedene Perspektiven von unten Platz haben, wird gar kein Weg daran vorbei führen, auf verschiedene Identitäten einzugehen und Gemeinsamkeiten herauszuarbeiten, ohne die Unterschiede glattzubügeln. Das sozialistisch-feministische Magazin *Lux* schreibt dazu:

> *»Wir können das ermüdende Argument, dass Identitätspolitik und Sozialismus im Widerspruch zueinander stehen, ad acta legen. Es ist unmöglich, sich eine erfolgreiche sozialistische Linke*

ohne einen robusten Feminismus vorzustellen. Die Linke ist ein Raum, den jede*r zu den eigenen Bedingungen betritt. Manche kommen durch die Tür des Organizings am Arbeitsplatz, andere durch das Erleben von rassistischer Unterdrückung oder von Sexismus, und wieder andere finden ihre Nische im Kampf zusammen mit anderen Gamern, Wissenschaftlerinnen, Studenten, Sportlerinnen oder Eltern. Eine Linke, die die Erfahrung von Gender – eine der Hauptformen, durch die Unterdrückung gespürt und Klasse gelebt wird – nicht ausreichend berücksichtigt, wird immer klein bleiben.«[7]

WANDLUNG DER DSA

Stellt man sich die Linke als einen Raum vor, wie das Magazin *Lux* schreibt, den jede*r unter eigenen Bedingungen betritt, stellt sich die Frage, wie man Menschen überhaupt zu diesem Raum führt. Was muss passieren, damit Menschen bereit sind, einen Teil ihrer Zeit in politische Projekte zu investieren? Welche Konzepte braucht es dazu, was für eine Art der Kommunikation? Es gibt wenige Organisationen, denen die Aktivierung in den vergangenen Jahren so gut gelungen ist wie den Democratic Socialists of America.

Ein deutsches Pendant zu den DSA gibt es nicht, was womöglich schon Hinweise auf eine Leerstelle liefert. Die DSA sind keine Partei, beeinflussen Wahlen aber dadurch, dass sie mit aufwendigen Wahlkämpfen linke Politiker*innen unterstützen. Sie sind eine nationale Organisation, was den Austausch zwischen verschiedenen Regionen und die Koordination landesweiter Kampagnen ermöglicht, wirken aber in erster Linie lokal, oft im Verbund mit anderen Gruppen. Die Stärke liegt wohl gerade in diesem Hybridcharakter, der es den Mitgliedern möglich macht, sich auf individuelle Weise zu beteiligen, jede*r mit eigenem Fokus, Tempo und Umfang, innerhalb oder außerhalb des Wahlsystems. Die DSA sind auf diese Weise nicht nur von einer obskuren Randgruppe zur größten sozialistischen Kraft der USA gewachsen. Sie haben sich im Laufe dieser Entwicklung auch inhaltlich neu orientiert. Anti-rassistische Arbeit gehört anders als früher zum Kernprogramm. Die Organisation hat in verschiedenen Städten Mutual-Aid-Netzwerke aufgebaut, durch die arme Menschen mit Lebensmitteln versorgt werden. Die DSA sind heute jünger, offener und lassen sich von anderen Bewegungen inspirieren.

Als die DSA 1982 gegründet wurden – es war ein Zusammenschluss des Democratic Organizing Committee und des New American Movement –, war von der Kraft des Civil Rights Movement und der Student*innenbewegung kaum noch etwas übrig. Ronald Reagan war ein Jahr zuvor ins Weiße Haus gezogen, die Zeichen standen längst auf neoliberaler Rechtsverschiebung, weshalb für Linke in dieser Zeit wenig zu holen war. Viele der DSA-Debatten drehten sich um die eher uninspirierende Frage, ob man nun den jeweiligen demokratischen Präsidentschaftskandidaten offiziell unterstützen sollte oder nicht. Zentrale Figur war Michael Harrington, ein Aktivist und Autor, der mit seinem 1962 veröffentlichten Buch *The Other America*, einer Studie über Armut in den USA, bekannt geworden war. Harrington folgte der sogenannten *realignment*-Strategie: Sein Hauptziel war weniger die Ausweitung einer unabhängigen sozialistischen Organisation, sondern vielmehr Einflussnahme auf die Politik der Democrats. Harringtons »linker Flügel des Möglichen«, wie er es nannte, blieb jedoch wirkungslos und die DSA die ersten drei Jahrzehnte eher irrelevant.

Der Revitalisierungsprozess begann zaghaft rund um das Jahr 2010, etwa zur gleichen Zeit also, als Bhaskar Sunkara *Jacobin* gründete. Sunkara war damals eines der wenigen jüngeren Mitglieder der DSA, das Durchschnittsalter lag deutlich über 60. Für die Führung der DSA stand fest, dass Rekrutierung verstärkt über Social Media laufen muss, was längere Zeit jedoch nur sehr begrenzt funktionierte. Der wirkliche Aufschwung wurde erst durch Sanders und dann vor allem durch die Wahl Trumps ausgelöst.

Zwischen November 2016 und Frühjahr 2017 traten mehr Leute den DSA bei als in den vorigen zwei Jahrzehnten zusammen.

Zur Infrastruktur der DSA gehören heute rund 250 Chapters, die auf alle 50 Bundesstaaten verteilt sind. Allerdings mit stark verschiedenem Gewicht. In Kalifornien zum Beispiel gibt es fast 30 Ortsgruppen, in Wyoming dagegen bislang nur eine (Stand November 2021). Auch die parlamentarische Repräsentation variiert von Region zu Region. In Chicago sitzen seit 2019 sechs DSA-Mitglieder im 50-köpfigen Stadtrat, im Parlament von Pennsylvania sind es fünf. In anderen Städten gibt es dagegen gerade mal so viele Mitglieder. Neben den Ortsgruppen sind die DSA in zahlreiche Committees, Arbeitskreise und Untergruppen aufgeteilt, wie zum Beispiel den Afrosocialists and Socialists of Color Caucus, die Ecosocialist Working Group oder die Jugendorganisation YDSA.

Warum es immer mehr Menschen zu den DSA zieht, lässt sich gut bei den regelmäßig stattfindenden Orientierungs-Workshops nachvollziehen. Als ich im September 2020 zum ersten Mal an einer solchen Veranstaltung teilnahm, coronabedingt über Zoom, lag der Altersdurchschnitt der rund 50 Teilnehmer*innen geschätzt bei knapp unter 30. Frauen und Männer waren etwa gleich vertreten, einige verwendeten das genderneutrale Pronomen *they*.

In der Vorstellungsrunde gaben mehrere Neumitglieder an, dass sie durch die Black-Lives-Matter-Proteste aktiviert worden seien und nun die »Defund the Police«-Kampagne der DSA unterstützen wollten. Manche nannten als Grund ihres Eintritts den Wunsch nach einer neuen Mietenpolitik. Für fast alle in dieser Gruppe standen die Möglichkeiten des Community-Organizings und die Beteiligung an lokalen Wahlkämpfen im Vordergrund, also vor allem die Politik im eigenen Viertel. »Corona hat mich arbeitslos gemacht«, sagte ein vielleicht 40-jähriger Mann, der mit seinem Baby vor dem Computer saß. Er war einer von insgesamt vier Leuen, die erzählten, dass sie durch die Pandemie ihren Job verloren hatten. Ich hatte den Eindruck, dass kaum jemand in dieser Gruppe primär über die theoretische Beschäftigung bei den DSA gelandet war, sondern vielmehr durch ganz persönliche Erfahrungen und materielle Lebensumstände. Die allermeisten DSA-Mitglieder, das ist meine Erfahrung nach vielen Gesprächen, wollen Verantwortung übernehmen, ohne auf so etwas wie Parteidisziplin achten zu müssen.

Auf dem Papier verfolgen die DSA ein radikales Programm. Bei der letzten National Convention im August 2021 wurden als Ziele unter anderem festgelegt, die US-Verfassung umzuschreiben, um so das politische System zu demokratisieren; den jetzigen Strafapparat abzuschaffen; große Teile der Infrastruktur und Industrie zu vergesellschaften und eine Arbeitsplatz- und Wohnungs-Garantie einzuführen. In der Praxis orientieren sich die Projekte und Kampagnen daran, was in den jeweiligen Orten am dringendsten erscheint. In Florida, Portland und Maine beispielsweise haben Ortsgruppen dabei geholfen, einen Mindestlohn von 15 Dollar in Kraft zu setzen. In New York wurde ein wegweisendes Gesetz zum Mieter*innenschutz erwirkt. In San Francisco sorgten DSA-Mitglieder dafür, in der größten Fabrik der Stadt einen Betriebsrat zu formen. In Oakland führten die Lehrer*innen mithilfe der DSA einen erfolgreichen Streik für bessere Arbeitsbedingungen aus. Von Region zu Region unterschiedlich sind auch die Strategien zur Basisvergrößerung. Xavier Doolittle, DSA-Mitglied in Tulsa (Oklahoma), sagte mir, dass das Auseinanderfallen der Kirchen ein Ansatzpunkt sein könnte. In Städten wie Seattle liegt ein Fokus darauf, Tech-Arbeiter*innen für die DSA zu gewinnen.

Fragt man Mitglieder, was die Schwächen der Organisation sind, werden zwei Punkte immer wieder genannt. Der eine ist der, dass die Organisation in ihrer demographischen Zusammensetzung nicht die Verhältnisse des Landes widerspiegelt. »Es ist frustrierend, wie langsam es sich verändert«, sagt Robin Wonsley, eine der wenigen Schwarzen DSA-Mitglieder in Minneapolis. Der andere Kritikpunkt bezieht sich auf die mangelnde Verankerung innerhalb der Arbeiter*innenklasse. Zu wenig Organizing findet dort statt, wo die Menschen ihre meiste Zeit verbringen: in den Betrieben.

Zu schwach ist die DSA-Präsenz weiterhin in den Gewerkschaften. Im Bewusstsein um diese Defizite wird die sogenannte *Rank-and-File*-Strategie verfolgt. Ziel ist es, mit mehr DSA-Mitgliedern in bestimmten Berufen und Sektoren vertreten zu sein, um dort gezielter Klassenidentität aufzubauen. Unter anderem deshalb nehmen Sozialist*innen zunehmend Jobs bei Amazon an. »Der ganze Sinn der Rank-and-File-Strategie besteht darin, dass sich Radikale den Kämpfen der Arbeiter*innen nicht von außen nähern, sondern sie als Mitglieder der Gewerkschaft selbst führen, an der Seite und in Solidarität mit anderen Arbeiter*innen«, schreiben Meagan Day und Micah Uetricht.[8]

* * *

Die Democratic Socialists of America sind in den vergangenen Jahren zum politischen Zuhause vieler Linker geworden. Es ist der Ort, an dem sie sich organisieren, weiterbilden, Freundschaften knüpfen, lokale Wahlkämpfe mitgestalten. Sozialismus ist in manchen Milieus fast so etwas wie eine selbstverständliche Identität. Den Begriff scheut jedenfalls kaum noch jemand aus »taktischen Gründen«. Deutlich wurde das unter anderem im Juni 2021, als India Walton, die gerade die Vorwahlen zur Bürgermeisterin von Buffalo gewonnen hatte, gefragt wurde, ob sie sich als Sozialistin bezeichnen würde. »Oh, absolut«, antwortete Walton und lachte. »Das ganze Ziel dieser Kampagne ist es, die Macht und Ressourcen an die Basis zu bringen und in die Hände der Menschen zu legen.« Ähnlich drückte es auch Nikil Saval, DSA-Mitglied und State Senator von Pennsylvania, im Gespräch mit mir aus: »Ich kann mich an keine einzige Situation [im Wahlkampf] erinnern, in der es zum Problem wurde, dass ich Sozialist bin«, sagte er.

So wie Saval, der vor seiner politischen Laufbahn als Chefredakteur des Magazins *n+1* arbeitete, kommen viele der DSA-Mitglieder aus einem im erweiterten Sinne geisteswissenschaftlichen Milieu. Sie gehören zur *professional-managerial class* – ein Begriff, den die Autor*innen Barbara und John Ehrenreich in den 70er Jahren geprägt haben. Die Ehrenreichs beschrieben damit einen speziellen Teil der Mittelschicht, der zwischen Arbeiter*innenklasse und traditionellem Mittelstand gelagert ist: Menschen mit Universitätsabschluss, die zum Beispiel in kreativen, pädagogischen, akademischen oder technologischen Berufen angestellt sind.

Anders als früher, bedeuten viele dieser Jobs heute jedoch weder eine feste Anstellung noch Aussicht auf eine progressive Karriere. Ingenieure, Krankenpflegerinnen, Journalisten und Sozialarbeiterinnen, die nach 1980 geboren wurden, sind in den USA oft tief verschuldet, temporär beschäftigt und zahlen, vor allem in den Großstädten, bis zu 50 Prozent ihres Gehaltes für Miete, dazu noch aberwitzige Summen für die Gesundheitsfürsorge. Sie erfahren nun, was die traditionelle Arbeiter*innenklasse schon immer – und bis heute auch brutaler – erfahren hat: Wer über die Runden kommen will, muss sein Leben der Arbeit unterordnen. Und selbst das garantiert keine Sicherheit.

Während die DSA vor allem durch diese Basis der urbanen und abwärtsmobilen Mittelschicht eine bemerkenswerte Größe erreicht haben, ist aber noch etwas anderes in den USA geschehen: In immer mehr Berufen finden großangelegte Streiks und Gewerkschaftsgründungen statt. Allmählich wächst, wie in Kapitel 7 ausgeführt wird, eine neue Arbeiter*innenbewegung heran.

Sowohl die zunehmende Organisierung der *working class* als auch der beschriebene Aufstieg der DSA sind eine Antwort auf die Leere, die der Neoliberalismus hinterlassen hat. In beiden Entwicklungen manifestieren sich also die gleichen strukturellen Probleme. Auffällig ist jedoch, dass viele der Arbeitskämpfe bislang mit der sozialistischen Bewegung kaum verknüpft sind. Wenn es eine vordringliche Herausforderung in den kommenden Jahren für die Bewegung gibt, dann ist es wohl dieser Zusammenschluss.

5 LAND ZURÜCK

Nick Estes wollte im Sommer 2016 an seiner Dissertation arbeiten, so war es geplant. Stattdessen fand er sich mitten in einer Hügellandschaft in North Dakota wieder, um eine Kompostgrube zu graben. Es war Ende August, sein erster Tag in Standing Rock. Estes suchte sich einen Platz im Oceti Sakowin Camp, wie das größte von drei Protestcamps hieß, die sich entlang des Cannonball Rivers gebildet hatten. Als er mit dem Schaufeln fertig war, machte er sich zusammen mit zwei anderen Camp-Bewohnern daran, eine Kochnische aus Holz zu errichten. Die Aufgaben wurden verteilt, jede*r half so, wie es möglich war. Mit der Prämisse, dass am Ende des Tages alle kostenlos verpflegt und versorgt sind.

Aufstände sind unberechenbar, das macht sie vielleicht erst zu Aufständen. Dieser hier, der massivste und bislang wohl wichtigste amerikanische Klima-Aufstand des 21. Jahrhunderts, war darüber hinaus auch ein logistisches Kunststück.

Das Standing-Rock-Reservat ist mehr als 9000 Quadratkilometer groß. Endlose Wiesen und Felder, hier und da Büsche und Sträucher, einzelne Bäume. Je nach Jahreszeit sieht man entweder nur grün oder nur braun oder nur weiß. Dazwischen liegen kleine Communitys, in denen jeweils ein paar Hunderte Menschen leben. Die Reservate sind das, was der indigenen Bevölkerung geblieben ist, nach Jahrhunderten des Kolonialismus, des Genozids und der fortlaufenden Entrechtung.

Knapp 600 indigene Völker gibt es in den USA, die alle ihre eigene Geschichte haben, die der Unterdrückung und des Widerstands, auch verschiedene Traditionen und Wissenspraktiken. So etwas wie *eine* indigene Kultur gibt es nicht. Aber es gibt Gemeinsamkeiten, Verbindendes. Eine der Verbindungen ist die Wertschätzung des Bodens, der Pflanzen und Gewässer, die schon deshalb heilig sind, weil es die Grabstätten ihrer Vorfahren sind. Das Verhältnis indigener Menschen zur nicht-menschlichen Natur ist historisch ein anderes, erklärt Estes in seinem Buch *Our History is the Future*.[1] Menschen und Natur werden nicht als getrennte Systeme begriffen, sondern in Wechselbeziehung und Verantwortung zueinander. Für Estes, der in South Dakota aufwuchs und zum Stamm der Kul Wicasa (Lower Brule Sioux) gehört, und seine Mitstreiter*innen wiegt deshalb auch die Zerstörung der Natur schwerer.

Der Anlass der Proteste in Standing Rock war der Bau einer neuen Erdöl-Pipeline, die sich von der kanadischen Grenze bis nach Illinois zieht, knapp 1900 Kilometer lang und 3,8 Milliarden Dollar teuer. Dakota Access Pipeline ist der offizielle Name. Von den indigenen Aktivist*innen wird sie »schwarze Schlange« genannt. Ursprünglich sollte die Route nördlich von Bismarck, der Hauptstadt von North Dakota, verlaufen. Um die zu 90 Prozent weiße Bevölkerung von Bismarck zu schonen, verlegte die zuständige Behörde, das US Army Corps of Engineers, die Pipeline schließlich in die Nähe des Standing-Rock-Reservats, so, dass sie den Missouri River unterläuft und vertragliche Abkommen mit den Völkern der Lakota, Dakota und Nakota bricht. Die Gutachten zur neuen Strecke erwähnten die dort lebenden Menschen nicht mal, als würde es sie gar nicht geben.

Widerstand gegen das Projekt formierte sich direkt nach Verkündung des Projektes im Jahr 2014. »Wir treten der Pipeline entgegen«, sagte David Archambault II, der Vorsitzende des Rates der Standing Rock Sioux, in einem Treffen mit Vertreter*innen von Energy Transfer Partners, dem Betreiber der Pipeline. Immer wieder wiesen Archambault und die anderen Stammesmitglieder auf die verletzten Territorialrechte und Gefahren drohender Öl-Lecks hin. »Mni wicono« lautete das Motto der Proteste. Wasser ist Leben. Eine Überzeugung mit verschiedenen Dimensionen, spirituell, kulturell und materiell, die »außerhalb der Logik des Kapitalismus« funktioniert, wie Estes erklärt. Die Flüsse sind die Lebensgrundlage der indigenen Völker und längst nicht nur deren. Alleine der Missouri River, der östlich des Reservats verläuft, versorgt rund 17 Millionen Menschen mit Trinkwasser.

Wenn indigene Aktivist*innen *ihr* Wasser schützen, schützen sie das Wasser *aller*. So war es schon immer, so wird es auch in Zukunft sein.

Von den verantwortlichen Politiker*innen wurden die Warnungen lange ignoriert, auch vom damaligen Präsidenten Barack Obama, der die Pipeline genehmigte. Öffentliche Aufmerksamkeit gab es erst im April 2016, als der Bau begann. Während eine Gruppe von indigenen Jugendlichen einen Lauf nach Washington, D.C. organisierte, um dort eine Sammlung von 160 000 Unterschriften gegen die Pipeline abzugeben, verschärfte sich in Standing Rock die Gegenwehr. Das Oceti Sakowin Camp bestand zu Spitzenzeiten aus rund 15 000 Menschen, mit Vertreter*innen aus mehr als 400 indigenen Völkern und Aktivist*innen aus der ganzen Welt. »Indian City«, wie Nick Estes es nennt, war damit die zehntgrößte Stadt North Dakotas. Jeden Tag kamen neue Menschen an, stellten ihre Tipis und Zelte auf. Manche blieben für ein paar Tage, andere monatelang. Estes selbst reiste zwischen August und November insgesamt vier Mal von seinem Wohnort Albuquerque in New Mexico nach Standing Rock. Bei jedem Besuch lernte er neue Leute kennen, traf Verwandte und alte Freund*innen wieder. Auch ehemalige Mitschüler*innen, die er lange nicht gesehen hatte. »Arme, weiße Kids«, schreibt Estes, »die sich von ihrer eigenen Regierung komplett entmachtet und verraten fühlten«.[2]

In Standing Rock blühte auf, was der Geograf Zoltán Grossmann »unwahrscheinliche Allianzen«[3] nennt: politische Bündnisse zwischen indigenen und weißen Amerikaner*innen, die sich insbesondere im ländlichen Raum der USA immer wieder formieren. Diese Allianzen sind alles andere als selbstverständlich, wie Grossmann ausführt. Oft geht ihnen eine Geschichte der Konkurrenz,

Feindseligkeit und des Rassismus voraus. Gerade deshalb aber sind sie ein Modell dafür, wie sich gemeinsamer Widerstand gegen Umweltzerstörung trotz ursprünglich gegensätzlicher Interessen entwickeln kann.

Was die Gruppen in den Fällen, die sich Grossmann für seine Recherchen angeschaut hat, zusammenschweißte, waren »gemeinsame Gegner«. Mal ein neues militärischen Projekt, mal die Beschneidung von Fischfangrechten, mal der Bau einer Pipeline. Durch Eingriffe von außen sei für die Ortsansässigen ein Bewusstsein dafür entstanden, dass sich Land und Wasser nur gemeinsam verteidigen lassen. Als ein Beispiel nennt Grossmann die Cowboy Indian Alliance, die sich 2013 formierte, um eine andere Pipeline, die Keystone XL zwischen Montana und Nebraska, aufzuhalten. »Wir kommen aus zwei Kulturen, die sich um das Land gestritten haben«, sagte eine Sprecherin der Gruppe, »deshalb geht es hier um eine Heilung für Generationen.« Wie stark solche solidarischen Bände im Kampf gegen den kapitalistischen Landraub sein können, wurde einer größeren Öffentlichkeit jedoch erst durch die Proteste in Standing Rock bewusst.

Nick Estes spricht von »zwei Welten«, die in Standing Rock aufeinandertrafen. Auf der einen Seite standen die Wasserschützer*innen, die sich so organisierten, dass es für alle eine freie Unterkunft, freies Essen, medizinische Betreuung und Rechtsbeistand gab: Dinge, die vielen Native Americans und generell vielen armen Menschen in den USA im Alltag verwehrt bleiben. Kinder wurden über Monate lang unterrichtet, fast täglich fanden Demos statt. Je größer das Netzwerk wurde, desto aufsehenerregender waren auch die direkten Aktionen. Die Aktivist*innen blockierten die Bauarbeiten der Pipeline, stellten sich mit ihren Körpern einem Projekt entgegen, das über ihre Körper hinweg entschieden wurde – und machten gleichzeitig deutlich, dass es um viel mehr als eine Pipeline geht, nämlich um die Selbstbestimmung der indigenen Völker und »den Fortbestand des Lebens auf einem vom Kapitalismus verwüsteten Planeten«.

Die andere Welt, erklärt Estes, bestand aus Polizei und Militär, gerufen, um den Bau der Pipeline durchzusetzen und damit den Fluss des Öls und Kapitals zu sichern. Die Uniformierten kamen mit gepanzerten Geländewagen, Helikoptern, Planierraupen und Wasserwerfern, sie setzten Gummigeschosse, Tränengas und zum Angriff trainierte Hunde ein. Das Aufgebot und Vorgehen der Polizei und privaten Security war für viele schockierend; außer für die, die es gewohnt waren. Als Donald Trump das letzte Camp im Februar 2017 räumen ließ, waren insgesamt 832 Menschen festgenommen worden und unzählige von der Polizei verletzt.

Fast ein ganzes Jahr durchgehender Widerstand lag zu diesem Zeitpunkt hinter dem Ort. In Standing Rock hatte sich ein Epochenkonflikt zugespitzt und verdichtet. Der einen Seite ging es um die Verteidigung ihrer Existenzgrundlagen und damit um eine Zukunft. Der anderen um die Verteidigung des Status quo.

KRISTALLISATIONSPUNKT STANDING ROCK

Die vergangenen Jahre standen im Zeichen eines neuen Klima-Aktivismus. In Europa hat die schwedische Schülerin Greta Thunberg eine transnationale Streikbewegung ausgelöst, Fridays for Future bringt regelmäßig Hunderttausende junge Menschen auf die Straße. Mit Extinction Rebellion und Ende Gelände gibt es Bündnisse, deren ziviler Ungehorsam auf neuralgische Verkehrspunkte, fossile Infrastrukturen und kapitalistische Symbole zielt. In Brasilien und im Kongo kämpfen indigene Naturschützer*innen gegen die Rodungen der größten Regenwälder dieses Planeten. Von Uganda aus hat sich das Rise up Movement auf verschiedene Staaten Afrikas verbreitet. Auch in China steigt trotz staatlicher Repressionen die Zahl der Proteste. Fast in jedem Land dieser Welt machen Teile der Bevölkerung Druck auf ihre Regierungen, um einen radikalen Wandel in der Klimapolitik zu erreichen.

Die Taktiken und Prioritäten der einzelnen Bewegungen variieren, genau wie die demographischen Zusammensetzungen. Dennoch lässt sich verallgemeinern, dass der Klima-Widerstand in den letzten Jahren nicht nur größer, sondern auch explizit anti-kapitalistischer und intersektionaler geworden ist. Während der Begriff Dekarbonisierung – mit dem die Reduzierung von Kohlendioxidemissionen beschrieben wird – beim People's Climate March 2014 in New York, dem bis dato größten Klimaprotest der Geschichte, nicht mal wirklich Erwähnung fand, steht die Forderung nach einer emissionsarmen Wirtschaft heute im Mittelpunkt.

Manch ein Tech-Utopist hält zwar weiter am Glauben fest, dass alleine Geo-Engineering wie ein Deus ex Machina die Lösung ist. Die neue Generation von Aktivist*innen weiß aber, dass technologische und technokratische Reformen alleine nicht reichen werden. »System Change not Climate Change« ist zum internationalen Protestslogan geworden. Es braucht ein Ende des jetzigen Wachstumsprinzips, einen grundsätzlichen Wandel unserer Produktions- und Lebensweise. Verbreitet hat sich auch die Überzeugung, dass Klimagerechtigkeit eine anti-rassistische Analyse einschließen muss. Marginalisierte Gruppen sind fast überall auf der Welt die ersten, die unter den Klimaverschiebungen und Umweltveränderung leiden. Ihre Selbstermächtigung hat Priorität.

Während es in Deutschland eine inzwischen lange Tradition des Klima- und Umweltaktivismus gibt, aus der neben den Grünen eine in den Mainstream reichende NGO-Landschaft hervorgegangen ist, dauerte es in den USA länger, bis sich entsprechende Plattformen und Organisationen entwickeln konnten. Wenn man Umfragen folgt, war und ist auch das allgemeine Klimabewusstsein in den USA weniger ausgeprägt.[4] Die seit Jahrzehnten betriebene Desinformationskampagne mächtiger Unternehmen wie Chevron und Koch Industries, der sich die Republikanische Partei und Fox News angeschlossen haben, hat Spuren hinterlassen: Die Zahl der Klimaleugner*innen ist in den USA größer,[5] zugleich sind viele Amerikaner*innen davon überzeugt, »keine weiteren Informationen« mehr zu dem Thema zu brauchen. 37 Prozent der Befragten waren dieser Meinung in einer Studie von Anfang 2021 – Spitzenwert unter den 31 untersuchten Ländern.[6]

Klima-Aktivist*innen haben in den USA angesichts dieser Gegenkräfte, vorsichtig formuliert, nicht die einfachsten Voraussetzungen. Genau aus dieser Konstellation heraus hat sich jedoch eine Bewegung entwickelt, die sich von anderen unterscheidet. Die wichtigsten Impulse, da sind sich revolutionäre Marxistinnen und progressive Kongressabgeordnete einig, kommen in Amerika vom indigenen Widerstand. Es ist ihr Verständnis dieser Welt, das auf vielen Ebenen wegbereitend ist. Und Standing Rock war dafür ein Schlüsselereignis.

Warum ausgerechnet Standing Rock? Zunächst muss man feststellen, dass das Ziel des Aufstands, die Pipeline aufzuhalten, bis heute unverwirklicht bleibt. Die aktuelle Regierung unter Präsident Biden hat zwar eine erneute Untersuchung der Route und potenzieller Risiken angekündigt, Stand Herbst 2021 laufen aber täglich Millionen Liter Öl durch die Rohre. Längst bestätigt haben sich dabei auch die Befürchtungen der Wasserschützer*innen. Allein im ersten Betriebsjahr wurden mindestens fünf Lecks in der Pipeline festgestellt, unzählige Liter Öl sind in den vergangenen Jahren in North Dakota in den Grund gesickert.

Dass Standing Rock zum Kristallisationspunkt für die Klimabewegung wurde, liegt daran, dass sich dort ein Paradigmenwechsel vorzeichnete. Aktivist*innen auf der ganzen Welt erkannten in der Dakota Access Pipeline ein Symbol der Zerstörung, stellvertretend für ein ganzes System. Der CEO der Pipeline-Firma hatte Trump im Wahlkampf finanziell unterstützt, Trump wiederum Geld in das Unternehmen investiert. Selten war so offensichtlich, dass die Verursacher der Krise auch ihre Profiteure sind. Selten wurde so klar, dass Klima-Gerechtigkeit nur im Antagonismus zum Kapitalismus funktioniert. Selten war so greifbar, dass sich der Schutz der Natur nicht vom Projekt der Demilitarisierung trennen lässt. Solange Polizei und Militär, deren Apparate schon für sich genommen eine katastrophale Emissionsbilanz aufweisen, auf der ganzen Welt dafür eingesetzt werden, die Vernichtung von Lebensräumen durchzusetzen – ob im Amazonas-Gebiet, im rheinischen Braunkohlerevier oder eben in North Dakota –, wird die Erde auch als Ganzes weiter zugrunde gehen.

Standing Rock sprach die einfachste und schwierigste Wahrheit aus: Öl, Gas und Kohle müssen im Boden bleiben, ab sofort und überall. Der Aufstand war ein Aufruf für mehr Fürsorge gegenüber der nicht-menschlichen Welt. Und er stellte Fragen, die für jede künftige Politik essenziell sein sollten, auch in Bezug auf grüne Technologien: Woher kommt die Energie, die uns versorgt? Zu welchem Preis für Ökologie und Menschen? Und wer entscheidet darüber?

»Was in Standing Rock passiert, fühlt sich wie eine neue Bürgerrechtsbewegung an, bei der Umwelt- und Menschenrechte zusammenfließen«, schrieb die feministische Autorin Rebecca Solnit im September 2016 aus North Dakota. Sowohl für die ältere Generation von Aktivist*innen, zu der Solnit gehört, als auch für eine neue Generation, war Standing Rock eine Art Weckruf. »Es war unglaublich zu sehen, wie die Proteste Millionen von Menschen inspirieren«, erzählte mir Varshini Prakash, die kurz darauf zu den Gründer*innen von Sunrise Movement zählte, der heute wichtigsten Klima-Organisation des Landes. Nicht zuletzt war Standing Rock auch der Startpunkt einer neuen, grünen Kraft im Parlament. Die spätere Kongressabgeordnete Alexandria Ocasio-Cortez, die zu den Vorkämpfer*innen des Green New Deals zählt, sagt, dass der Besuch des Camps für sie ein entscheidender Moment der Politisierung gewesen sei.

Die damals 27-jährige Ocasio-Cortez hatte sich kurz vor Weihnachten 2016 mit zwei Freundin*innen zu einem Road Trip aufgemacht. Ihr Ziel war Standing Rock, auf dem Weg dorthin legten sie jedoch einen Zwischenstopp ein, der ebenfalls bleibenden Eindruck hinterließ. Die drei fuhren nach Flint, Michigan, wo sich zur gleichen Zeit eine der größten humanitären Katastrophen in der jüngeren Geschichte des Landes abspielte. Um Geld zu sparen, war in Flint zwei Jahre vorher beschlossen worden, die Bevölkerung nicht mehr mit Wasser aus der Metropole Detroit zu versorgen, sondern über den lokalen Flint River. Dieser Fluss war, wie sowohl der Gouverneur von Michigan als auch der Bürgermeister von Flint wissen konnten, über Jahrzehnte als eine Art Müllhalde benutzt worden – verseucht durch die nahe gelegenen Autofabriken von General Motors. Dreckiges Wasser floss von nun an also durch verrostete Rohre direkt in die Haushalte von Flint. Die Menschen wuschen sich mit dem bleihaltigen und stinkenden Wasser, kochten damit, tranken es. Und sie wurden krank, insbesondere die Kinder.

Ocasio-Cortez wollte im Gespräch mit Einwohner*innen verstehen, wie es zu diesem Skandal gekommen war, wer Verantwortung trug, wie sich die Menschen wehrten und wie man ihnen helfen konnte. Viele ihrer Eindrücke schilderte sie dabei live über einen Facebook-Stream, auf eine Art und Weise nachdenklich und schlagfertig, die sofort erkennen ließ, wie zugänglich sie politische Inhalte kommunizieren kann. »Flint ist nur die Spitze des Eisbergs«, sagte Ocasio-Cortez, und man spürte, wie das Versagen der Politik sie zugleich erschütterte und motivierte. Als sie in Standing Rock ankam, wurde für sie klar, wie die verschiedenen Formen der Umweltzerstörung zusammenhingen. »Es läuft alles auf den Einfluss des Geldes in der Politik hinaus«, sagte Ocasio-Cortez zu den Hunderten Zuschauer*innen ihres Livestreams.

Es war auf ihrer Rückreise von North Dakota nach New York, am 24. Dezember 2016, als Ocasio-Cortez einen wegweisenden Anruf erhielt. Die Person am anderen Ende der Leitung arbeitete für Brand New Congress, eine neue Organisation, die politische Talente rekrutiert, und wollte wissen, ob sich Ocasio-Cortez vorstellen könne, für den Kongress zu kandidieren. Sie zögerte zunächst. Einerseits hatte sie nach ihrem Road Trip noch weniger Vertrauen in die Politik als zuvor. Andererseits hatte ihr Standing Rock gezeigt, wie wichtig Opposition auf allen Ebenen ist. Dass sich Ocasio-Cortez am Ende tatsächlich für diesen Schritt entschied, so hat sie es in Interviews beschrieben, geht auch auf die Erfahrung der grenzenlosen Solidarität zurück, die sie vor Ort gespürt hatte. Aktivist*innen, die sich umeinander kümmern, beschützen, gemeinsam kämpfen, in vielen Fällen, ohne sich überhaupt zu kennen. »Als ich das sah«, sagt Ocasio-Cortez, »wusste ich, dass ich mehr tun muss.«

ALTE UNGLEICHGEWICHTE, NEUE LEUGNUNG

Der Klimawandel ist eine Frage der Perspektive. Das mag zunächst schief und gefährlich klingen, handelt es sich doch um eine Krise, die wissenschaftlich tausendfach bestätigt und zweifellos global ist. Das ist andererseits aber eine recht simple Feststellung angesichts der Tatsache, dass es in keinem Bereich – weder bei der Verursachung der Emissionen noch bei der Verteilung der Folgeschäden, der Umsetzung der Klimaziele, der materiellen Interessen oder der Lösungsansätze – ein wirkliches *Wir* gibt.

Besonders deutlich zeigt sich das Ungleichgewicht entlang ökonomischer Marker. Das reichste ein Prozent der Weltbevölkerung hat zwischen 1990 und 2015 mehr als doppelt so viele Emissionen verursacht wie die ärmere Hälfte zusammen. Das Problem geht jedoch weit über die Lebensstile einzelner Millionärinnen und Milliardäre hinaus. »Wenn wir den Beitrag einer reichen Person zum Klimawandel wirklich verstehen wollen, sollten wir nicht nur auf ihren Konsum schauen – wir sollten fragen, *wie sie überhaupt reich geworden ist*«, schreibt der Geografie-Professor Matt Huber.[7] Die Kritik müsse deshalb darauf zielen, dass umweltzerstörende Geschäfte so profitabel sind. Würden die Vorstandschefs von ExxonMobile, Gazprom oder RWE ab morgen ein klimaneutrales Leben im Wald führen, sonst aber alles so weiterlaufen wie bisher, bliebe die Emissionsbilanz nämlich katastrophal.

Große Teile der Wirtschaft und Politik lenken seit Jahrzehnten den Fokus auf individuelle Konsumentscheidungen – der CO_2-Fußabdruck beispielsweise ist eine Erfindung des Energiekonzerns BP. Die großen Veränderungen, und das ist ja längst eine Binse, müssen allerdings auf politischer und wirtschaftlicher Ebene geschehen. In historischer Verantwortung steht bei all dem der globale Norden. Nach einer Analyse des Wirtschaftsanthropologen Jason Hickel von der Universität London sind die Vereinigten Staaten und die Europäische Union für 69 Prozent aller übermäßigen CO_2-Emissionen zwischen 1850 und 2015 verantwortlich. Unter dem Strich leiden die Länder und Bevölkerungsgruppen, die am wenigsten zur Erderwärmung beigetragen haben, darunter am stärksten. Schon aus diesem Grund sollte man den Klimawandel als eine Frage der Perspektive betrachten.

Der Philosoph Timothy Morton hat den Klimawandel als »Hyperobjekt« bezeichnet, als ein Phänomen also, das in seinem Ausmaß zu groß ist, um wirklich verstanden zu werden. Das stimmt zwar in gewisser Weise, weil die bereits produzierte Zerstörung, die politischen Herausforderungen und notwendigen Transformationen tatsächlich schwer in ihrer Größenordnung zu fassen sind. Dass selbst auf dem Papier progressive Regierungen nicht umsetzen, was Wissenschaftler*innen empfehlen, hat allerdings weniger mit fehlendem Vorstellungsvermögen zu tun als mit materiellen Interessen und politischen Machtkonstellationen. Eine Politik der konsequenten Dekarbonisierung würde eine Konfrontation mit Industrien bedeuten, die bislang kaum eine Partei oder Regierung bereit ist einzugehen. Klima-Leugnung, so beschreibt es die Journalistin Kate Aronoff in ihrem Buch *Overheated*, müsse man deshalb komplexer verstehen als früher. Neben der »traditionellen« Leugnung gebe es eine neue Form, bei der »nicht so sehr Fehlinformationen über die Realität der Krise [verbreitet werden], sondern über das, was nötig ist, um sie einzudämmen«.[8]

Als Beispiel nennt Aronoff das Spitzenpersonal der Demokratischen Partei, das sich zwar auf wissenschaftliche Erkenntnisse beziehe, aber die nötigen Umbrüche immer noch als »unrealistische Fantasien« abtue. Das gleiche kann man über die großen Parteien in Deutschland festhalten, wenn auch mit unterschiedlicher Ausprägung. Während die Pläne der CDU ein Ausdruck absoluter Wirklichkeitsverdrängung sind, nähern sich SPD, Grüne und Linke sehr vorsichtig der Wirklichkeit an. In einer Untersuchung der Wahlprogramme der großen Parteien kam das Institut für Wirtschaftsforschung jedoch zu dem Fazit, dass die vorgeschlagenen Maßnahmen keiner einzigen Partei reichen würden, um die Klimaziele bis 2030 zu erreichen.

Auffällig ist, mit welch ähnlicher Rhetorik Politiker*innen in den verschiedenen Ländern ihren Mangel an Antworten rechtfertigen. Klimaschutz sei »eine Sache der Profis«, hat FDP-Chef Christian Lindner mal Richtung Fridays for Future gemaßregelt. Nicht weniger autoritär klang das, was die demokratische Senatorin Dianne Feinstein aus Kalifornien Anfang 2019 antwortete, als sie von Klima-Aktivist*innen konfrontiert wurde. »Ich mache das seit 30 Jahren. Ich weiß, was ich tue«, sagte Feinstein, um kurz darauf einer 16-jährigen Schülerin zu erklären, dass sie ja noch gar nicht gewählt haben kann. Sowohl Lindners als auch Feinsteins Aussage stehen exemplarisch für eine politische Haltung, bei der Kompetenz umso herrischer behauptet wird, je weniger sie von entsprechenden Aktionen gedeckt ist. Klima-Protest wurde auf diese Weise in den vergangenen Jahren immer wieder ignoriert, abgeschüttelt oder noch schlimmer: aufgenommen, ohne dass sich etwas verändert.

DENKMUSTER UND DRUCKMITTEL

Als ich Luisa Neubauer im Juli 2019 zu einem Interview traf, war ich vor allem überrascht, wie bescheiden ihre Forderungen letztlich sind. »Wir wollen, dass sich Deutschland an die eigenen Ziele hält«, sagte sie und meinte damit das Klima-Abkommen von Paris –

»nicht mehr und nicht weniger«. Wir trafen uns in Dortmund, wo Fridays for Future im Revierpark Wischlingen ein Sommercamp veranstaltete. Es war der erste von fünf Tagen, auf dem Programm standen Workshops und Vorträge, gemeinsames Diskutieren, Kochen und Feiern. Neubauer kam mit einem orangenen Fahrrad angefahren und strahlte ein freundliches Selbstbewusstsein aus, das man aus ihren Talkshow-Besuchen kennt. Während wir uns auf eine Holzbank am Rand setzten, trafen immer mehr Kinder und Jugendliche im Camp ein, die gelegentlich einen etwas verstohlenen Blick auf die bekannteste Aktivistin des Landes warfen.

Neubauer blickte in dem Gespräch auf ihre eigene Politisierung zurück, erläuterte ihre Enttäuschung über Merkel, auch über die Zögerlichkeit der Grünen, deren Mitglied sie ist. Und sie betonte, dass es ihr vor allem um die Vergegenwärtigung der katastrophalen Lage geht. »Wir werden von der Wissenschaft getragen«, sagte Neubauer. Jetzt müsse die Politik nur noch der Wissenschaft folgen. Nicht mehr und nicht weniger.

Es ist zu großen Stücken Fridays for Future zu verdanken, dass es in Deutschland überhaupt wieder eine Klima-Bewegung gibt. Am globalen Streik im September 2019 nahmen in Deutschland 1,4 Millionen Menschen teil, mehr als in jedem anderen Land der Welt. Kurz vor der Bundestagswahl 2021 gingen rund 600 000 Menschen für den Klimaschutz auf die Straße. Das Thema ist im Mainstream angekommen, davon zeugt auch die enorme Präsenz von Neubauer selbst, die unermüdlich von Protest zu Interview zu Konferenz springt, um Politikern, Wirtschaftsbossen oder Journalistinnen mit großer Kompetenz die Dringlichkeit einer Klimaneutralität nahezubringen. Während andere Bündnisse wie Ende Gelände mit direkten Aktionen und zivilem Ungehorsam den Weg der Konfrontation gewählt haben, hat Fridays for Future von Anfang an auf eine andere Taktik gesetzt: breite Unterstützung. »Unsere Kernkompetenz ist es, Massen zu versammeln und Rückenwind zu schaffen«, sagte Neubauer mal in einem Interview. Beides ist gelungen. Selbst die von FFF kritisierte Angela Merkel hat die Bewegung immer wieder gelobt. Vom Industriekonzern Siemens soll Neubauer einen Posten im Aufsichtsrat angeboten bekommen haben. Die größte Stärke von Fridays for Future scheint mittlerweile auch die größte Schwäche zu sein: Sie werden fast von allen Seiten irgendwie akzeptiert.

Es ist nicht so, dass der Aktivismus keine Spuren hinterlassen hat. Man erkennt es daran, dass sich innerhalb der Bevölkerung eine Radikalisierung vollzogen hat, daran, dass die Grünen das beste Ergebnis ihrer Geschichte eingefahren haben, daran, dass das Thema Klima für die neue Ampel-Koalition Priorität zu haben scheint. Auch in den USA hat sich der Druck von unten bemerkbar gemacht. Präsident Biden verlautete zu Amtsbeginn, in den kommenden zehn Jahren zwei Billionen Dollar in den Klimaschutz investieren zu wollen. Mehr als zwanzig Mal so viel also, wie Obama zu Beginn seiner Amtszeit ankündigte. Die USA sind dem Pariser Klimaabkommen wieder beigetreten, die Keystone XL Pipeline wurde gestoppt; allesamt positive Entwicklungen, vor allem im Vergleich zu Trump. Von einer konsequenten Klimapolitik kann bei Biden jedoch keine Rede sein. »Es ist bezeichnend für den Mangel an transformativen Ambitionen, dass die vorgeschlagenen Ausgaben für Elektroautos größer sind als die für den öffentlichen Verkehr«, kommentierte der Ökonom Adam Tooze den Plan der neuen Regierung. Nicht weniger bezeichnend ist, dass das US-Innenministerium im ersten Halbjahr 2021 rund 2500 Bohrungen nach Öl und Gas auf bundeseigenem Land genehmigt hat – das höchste Level seit George W. Bushs Präsidentschaft. Wie in so vielen anderen Bereichen auch bleibt es beim Umstieg auf erneuerbare Energien bei einer Art magischem Denken. Ziele und Maßnahmen sind weit voneinander entfernt.

Sowohl die amerikanische als auch die deutsche Klima-Bewegung haben es also mit Regierungen zu tun, die die Erderhitzung als Problem historischer Größe anerkennen, bislang aber kaum adäquate Lösungen entwickeln. Die Aktivist*innen in den beiden Ländern stehen deshalb vor ähnlichen Herausforderungen: Welche

Mittel und Instrumente werden nötig sein, um den konkreten Druck auf die fatal-zögerliche Politik zu erhöhen? Wie könnte eine Klima-Erzählung lauten, die so viele Menschen aktiviert, dass sich die Politik gar nicht mehr in falsche Kompromisse retten kann?

Von zentraler Bedeutung könnte dabei werden, wie gut sich die Bewegungen verknüpfen, ob es gelingt, voneinander zu lernen und internationale Allianzen gegen den fossilen Kapitalismus zu bilden. Dass sich die Klimabewegung immer bewusster auf den indigenen Widerstand der verschiedenen Kontinente bezieht, sollte man als einen signifikanten Fortschritt betrachten. Sie sind nicht nur ein Vorbild in Sachen zivilem Ungehorsam, sondern auch, was die Verbindung von Theorie und Praxis betrifft.

NICK ESTES

Nick Estes wurde Historiker aus Protest. Die Entscheidung traf er zu Beginn seines Studiums, nachdem einer seiner Professoren eine Reihe von rassistischen Kommentaren über indigene Menschen von sich gegeben hatte. Als Estes ihn nach der Vorlesung darauf ansprach, antwortete der Professor, dass er »nicht sechsstellig dafür bezahlt werde, um sich irgendein Zeug auszudenken«. Estes erhielt eine schlechte Note und wusste, in welche Richtung er sich spezialisieren wollte. Heute lehrt er amerikanische Geschichte an der University of New Mexico in Albuquerque, der gleichen Universität, an der er auch seinen Abschluss gemacht hat. Man könnte es Revanche nennen. Im von weißen Männern und westlich-liberalen Denkweisen dominierten Hochschulwesen bleibt Estes aber ein Außenseiter. Nicht nur als Indigener, sondern auch als einer, der sich offensiv als Kommunist bezeichnet, als Stimme einer revolutionären Bewegung.

Die »Befreiung indigener Menschen vom Kapitalismus und Kolonialismus« – so lautet das Ziel von The Red Nation, einer Organisation, die Estes 2014 mitgegründet hat. Die Gruppe steht in der Tradition älterer indigener Widerstandsbewegungen wie dem Red

Power Movement und dem American Indian Movement. Sie veranstalten Proteste, leisten Bildungsarbeit; über den dazugehörigen Verlag *Red Media*, der im März 2021 an den Start ging, erscheinen Bücher und Podcasts. Viele der Mitglieder von Red Nation sind queer, trans oder *two-spirit* – ein indigener Begriff für Menschen, die sich nicht den binären Geschlechterrollen zuordnen. Der ausdrückliche Schutz indigener Frauen und queerer Menschen gehört zu den Grundprinzipien der Organisation. Indigene Gemeinschaften seien zwar längst nicht frei von genderspezifischer Gewalt, erklärt Estes, traditionell ist das Verständnis von Geschlechtern aber deutlich fließender und pluraler, dadurch weniger autoritär. Auch in dieser Hinsicht zeigt sich ein anderes Verständnis von Gesellschaft, das indigene Völker pflegen – oder zumindest gepflegt haben. Bis die Siedler*innen kamen.

Ihr politisches Programm haben die Aktivist*innen im Red Deal festgehalten, ein im April 2021 veröffentlichtes Manifest, das nicht in Konkurrenz zum Green New Deal steht, sondern als konstruktive Kritik und Erweiterung betrachtet werden soll (mehr dazu in Kapitel 8). Während sich viele der Forderungen mit denen der radikalen Schwarzen und sozialistischen Bewegung decken, ragt ein Anspruch des indigenen Widerstands heraus: die Rückgabe von Land.

> *Wir sind nur deshalb zu »Indianer*innen« gemacht worden, weil wir das für die Siedlerstaaten wertvollste Gut besitzen: Land. Selbstjustiz, Polizist*innen und Soldat*innen stehen oft zwischen uns, unseren Verbindungen zum Land und der Gerechtigkeit. »Land zurück« erzeugt Angst im Herzen der Siedler*innen. Aber wie wir hier zeigen, ist es die vernünftigste Umweltpolitik für einen Planeten, der am Rande des totalen ökologischen Zusammenbruchs steht. Der Weg nach vorne ist einfach: entweder Dekolonisierung oder Aussterben. Und das beginnt mit der Rückgabe von Land.*[9]

Die »Land zurück«-Kampagne, der sich zunehmend viele linke Aktivist*innen anschließen, ist mehr als nur ein Slogan, mehr als eine rhetorische Geste. Das ganz konkrete Ziel besteht darin, die im Rahmen der kolonialen Raubzüge gestohlenen Flächen zurückzubekommen und dadurch Souveränität und Autonomie der indigenen Bevölkerung wiederherzustellen. »Land zurück« ist Dekolonialisierung in Aktion. Es geht darum, Ressourcen und Produktionsmittel ganz grundsätzlich zu demokratisieren, damit sich so auch die Vorzeichen der Wirtschaft verändern. »Besonders junge Menschen, die inmitten der Klimakrise aufwachsen, beginnen zu verstehen, dass, wenn indigene Menschen ihr Land zurückbekommen, das Land selbst zu heilen beginnt und wir alle sicherer sind«, schreiben die indigene Aktivistin Kanahus Manuel und die kanadische Kapitalismuskritikerin Naomi Klein.[10]

Würden diese Forderungen erfüllt, wären die USA nicht wiederzuerkennen. Man kann auch davon ausgehen, dass sich keine Regierung in den kommenden Jahrzehnten darauf *freiwillig* einlässt. Andererseits aber kommt es auf regionaler Ebene seit einigen Jahren immer häufiger zu Land-back-Aktionen. Im Bundesstaat Maine konnte das Volk der Passamaquoddy eine Insel für rund 350 000 Dollar zurückkaufen – 160 Jahre, nachdem die Regierung sie ihnen gestohlen hatte. Das Geld für diesen Rückkauf war durch Spenden zusammenbekommen. »Unser Konzept von Landbesitz ist, dass niemand Land ›besitzt‹. Stattdessen haben wir die heilige Pflicht, es zu schützen«, sagte Stammesmitglied Donald Soctomah. In Kalifornien holte sich der Stamm der Esselen eine Fläche von knapp fünf Quadratkilometern zurück. In South Dakota kämpfen Aktivist*innen dafür, dass das Land, auf dem der berühmte Mount Rushmore mit den Präsidentenköpfen steht, wieder in die Hand der Dakota kommt. Die »Land zurück«-Bewegung rüttelt an Grundfesten dieser Nation und genau das ist der Punkt. »Die Vereinigten Staaten waren nicht unvermeidlich«, lautet ein Leitspruch von Nick Estes. Der Satz ist ihm so wichtig, dass er ihn an als Pinned Tweet an sein Twitter-Profil geheftet hat. Wer sein

Profil besucht, soll sofort sehen: Die Geschichte der USA hätte ganz anders sein können.

Standing Rock war auch für Estes persönlich ein Wendepunkt. Nicht nur kam der Zeitplan für seine Dissertation durcheinander, er entschied sich, das Thema zu verändern: Es wurde der Aufstand selbst. In *Our History is the Future* stellt er die Bewegung von 2016 in einen größeren Kontext des indigenen Widerstands. Unter dem gleichen Namen hat Estes 2019 bei *Verso Books* ein Buch veröffentlicht. Es ist eine Mischung aus historischer Studie und persönlichem Essay; eine Hommage an die Gruppen der Oceti Sakowin (Great Sioux Nation), zu der Estes Stamm der Lower Brule gehört; und es ist eine Anregung dazu, im Kampf gegen den Klimawandel denen zu folgen, die darunter länger leiden, davon mehr verstehen und dagegen nachdrücklicher kämpfen.

Estes selbst bezeichnet *Our History is the Future* als eine »Geschichte von Beziehungen«. Zwischen indigenen Menschen und dem Land und Wasser, zwischen den Stämmen untereinander, Ureinwohner*innen und Besetzer*innen, Verdrängung und Verwüstung. Bezug nimmt Estes dabei auf das Konzept der »langsamen Gewalt« des Human- und Umweltwissenschaftlers Rob Nixon, mit dem sich sowohl die Unterdrückung der indigenen Bevölkerung als auch der Klimawandel beschreiben lässt. Langsame Gewalt wird über Generationen hinweg erfahren, so Nixon, als eine Akkumulation von kleinen Katastrophen. Sie ist nicht spektakulär oder augenblicklich, findet meist fern der öffentlichen Aufmerksamkeit statt und ist nichtsdestotrotz oder gerade deshalb tödlich.

LANGSAME GEWALT, INTERNATIONALE SOLIDARITÄT

Es mag paradox klingen, aber vielleicht verstehen wir den Klimawandel und die zunehmenden Umweltbelastungen in ihrer *Dringlichkeit* erst dann wirklich, wenn wir sie mit dem Konzept der *langsamen* Gewalt verstehen. Wenn wir nicht dem drohenden Untergang entgegenzittern, sondern dort hinschauen, wo Menschen und Natur schon jetzt und lange untergehen – und sich dagegen wehren. Solch ein Blick würde einerseits in die Ferne führen, vor allem in den globalen Süden. Andererseits vollzieht sich langsame Gewalt auch im globalen Norden meist nicht weit vom eigenen Wohnort. Sie findet dort statt, wo Autobahnen durch Nachbarschaften schneiden, wo Kohlekraftwerke die Asthmafälle erhöhen, wo Mülldeponien giftige Gase ausstoßen, in der Regel also dort, wo überwiegend arme und nicht-weiße Menschen wohnen.

Während Umweltverschmutzung und Erderwärmung in vielen Diskursen kategorisch getrennt bleiben, betrachten viele indigene Aktivist*innen diese Veränderungen zusammenhängend, verbunden durch bestimmte Formen der Politik und Wirtschaft. Der Klimawandel ist in dieser Perspektive als »Teil einer viel längeren Reihe von ökologischen Katastrophen zu betrachten, die durch Kolonialismus und Akkumulationsgesellschaft verursacht wurden«.[11]

Das Konzept der langsamen (und oft leisen) Gewalt könnte nicht nur hilfreich sein, um den Klimawandel besser zu begreifen, sondern auch, um internationale Solidarität zu formieren. Die Folgen der verschiedenen Formen der Naturzerstörung sind zwar ungleich verteilt, Gründe für einen politischen Wandel gibt es aber überall: Für die Bewohner*innen der sogenannten »Cancer Alley«, einem Chemieindustriegebiet in Louisiana, in dem die Wahrscheinlichkeit, an Krebs zu erkranken, bis zu 700 Mal so hoch wie im Durchschnitt des Landes ist. Für Menschen in Bangladesch, die vor Überschwemmungen flüchten müssen. Für deutsche Bäuerinnen, die unter Dürren leiden. Vielleicht ist es naiv, diese in der Heftigkeit verschiedenen und räumlich getrennten Erfahrungen zusammenzuführen, um einen gemeinsamen Nenner für grenzüberschreitende Solidarität zu finden. Vielleicht bleibt den Klima-Bewegungen in ein paar Jahren aber gar nichts anderes mehr übrig.

Interessant an diesem Punkt ist das Konzept der *nationhood*, für die indigene Völker seit Jahrhunderten kämpfen. Anders nämlich als beim Nationalstaat geht es bei der *nationhood* der indigenen Völker nicht um Grenzen und Ausschluss. Native Americans schützen ihre Territorien und Reservate deshalb auch nicht mit Grenzsoldat*innen oder durch Mauern. Es geht stattdessen um Selbstbestimmung und Freiheitserweiterung; darum, dass Menschen sich bewegen können, wie sie möchten, und dort bleiben dürfen, wo sie herkommen. Indigene *nationhood* steht für Bewegungsfreiheit und Bleibefreiheit: Ansprüche, die in Zukunft angesichts der Millionen Klima-Flüchtlinge noch stärker zum Indikator von Gerechtigkeit werden könnten. Nur wer beides darf, bleiben und gehen, kann wirklich Autonomie behaupten. Wäre beides erfüllt – für alle – hätten wir nicht weniger als eine Revolution erlebt.

Nick Estes greift in seinem Buch deshalb auch die Idee des Interkommunalismus auf, ein Begriff, den Huey P. Newton, Gründer der Black Panthers, Anfang der 70er Jahre geprägt hatte. Gemeint war damit eine Politik der internationalen Solidarität, die sich nicht an Nationalstaaten orientiert, sondern an den »Völkern der Welt«. Interkommunalismus wies sowohl die kapitalistische Globalisierung als auch den Schwarzen Nationalismus zurück, den viele Panthers bis dahin unterstützt hatten. Der Interkommunalismus zielt auf Kooperationen und Beziehungen außerhalb von Profitlogiken und Konkurrenz.

All das mag im Moment noch fern klingen, weltfremd. Doch genau an dieser Stelle intervenieren Aktivist*innen und Theoretiker*innen wie Estes. Alleine die Existenz indigener Menschen sei eine Demonstration, dass es Alternativen zum Status quo gibt. Indigenes Leben sei »automatisch politisch«, schreibt er. »Sie existieren als Nationen weiter, obwohl sie eigentlich verschwunden sein sollten.« Und mit ihnen existiert ein Wissen, an dem wir uns orientieren sollten.

TEILEN, ERDEN, PLANEN

Der schwedische Humanökologe Andreas Malm schreibt in seinem Buch *Wie man eine Pipeline in die Luft jagt*, dass uns »Eigentum [die] Erde kosten wird«.[12] Der Titel des Buches mag irreführend sein, weil man *nicht* lernt, wie man eine Pipeline in die Luft jagt. Auf die Eigentumsfrage – und damit auch die Frage nach der Legitimation von Sabotage bis Zerstörung – kommt Malm aber immer wieder zurück. »Es wird Zeit, ein paar Stöcke in die Hand zu nehmen und die Früchte vom Baum zu schlagen«, meint Malm und argumentiert mit Bezug auf frühere militante Bewegungen wie die Suffragetten – die ab dem 19. Jahrhundert für ein Frauenwahlrecht kämpften – dafür, dass es eine Erweiterung der Taktiken und andere Akte des Klima-Widerstands braucht: gewaltlos gegen Menschen, gezielt gegen Infrastrukturen. Effektiv sind Aktionen in diesem Sinne dann, wenn sich die entsprechenden Unternehmen vom Geschäft mit der Naturzerstörung zurückziehen.

Das Konzept Eigentum spielt für Klima-Aktivist*innen wie Malm jedoch nicht nur eine Rolle, weil der von ihnen intendierte Protest im Zweifel Eigentumsdelikte einschließt. Sie gehen einen Schritt weiter beziehungsweise zurück: Das grundsätzliche Konzept des Privateigentums sei ein entscheidender Faktor, sagen sie, dass wir heute eine so systematische und oft ungebremste Naturzerstörung erleben.

Um zu verstehen, in welchem Zusammenhang Privateigentum und Naturzerstörung stehen, lohnt es, sich zunächst vor Augen zu führen, welche Rolle Privatbesitz in unserer Gesellschaft überhaupt spielt. »Die Welt gehört uns allen«, liest man auf Plakaten bei Klima-Protesten, weil das Gegenteil wahr ist. Die Welt gehört sehr wenigen, und in kaum einem anderen Land ist das so sicht- und spürbar wie in den USA.

Dass Privatbesitz in den USA anders zum Tragen kommt, kann man schon als Tourist*in in den Städten erleben, wo die Regeln der »öffentlichen« Räume oft von Unternehmen vorgegeben werden, wo Seen vor lauter privater Badestellen kaum zugänglich sind, wo die meisten Museen Multimillionären gehören und Parkbänke und Autobahnabschnitte *sponsored by* sind. In manchen Bundesstaaten wie zum Beispiel New York, Connecticut und Iowa gehört weniger als ein Prozent der Fläche dem Staat. Ein großer Teil der Vereinigten Staaten ist in der Hand von Firmen und Konglomeraten, oft auch nur einzelner reicher Individuen. Ganz vorne ist der Medienunternehmer John Malone, der rund 900 000 Hektar Boden besitzt: mehr als das Doppelte der Fläche des Bundesstaates Rhode Island. Auf Platz zwei mit jeweils rund 810 000 Hektar folgen der *CNN*-Gründer Ted Turner und die Emmerson-Familie, der das Holzunternehmen Sierra Pacific Industries gehört. Die Einzelperson mit dem meisten Ackerland ist übrigens Microsoft-Gründer Bill Gates, der auf rund 100 000 Hektar sitzt.

Wer reich ist, hat Land. Und wer Land hat, wird reicher. Das wussten zwar schon Marx und Engels, aber das macht es ja nicht weniger wahr. Es geht dabei um mehr als nur die Fläche, sondern oft vorrangig um die Rohstoffe, die mit dem Boden kommen, seien es Öl, Gas, Holz, Gold oder andere Metalle. Je knapper, desto wertvoller, und knapp werden immer mehr Ressourcen. Seit Ende 2020 beispielsweise können Investoren an der US-Börse erstmal auch auf sogenannte »water futures« wetten. Konkret geht es dabei um den Wasserpreis in Kalifornien, der nach den Dürren der letzten Jahre enorm gestiegen ist. Wer heute auf Wassermangel spekuliert, könnte schon bald sehr wohlhabend sein. Geld lässt sich mit Ressourcen machen, lernen wir. Und damit, dass die Ressourcen endlich sind.

Die neofeudalen Strukturen Amerikas sind nicht nur Ausdruck und Katalysator von ökonomischer Ungleichheit. Sie sind auch ein Grund, warum die Klimakrise so ungebremst extremer werden konnte. Staatlicher Besitz garantiert zwar keine nachhaltige Politik, was berechtigter Weise oft mit Bezug auf die verheerende Umweltbilanz im Staatssozialismus der DDR und das staatliche Militärwesen bemerkt wird. Staatlicher Besitz macht es aber zumindest möglicher, demokratische Entscheidungen darüber zu treffen, was wir wie nutzen. Je mehr Land und Ressourcen dagegen in privater Hand sind, desto wahrscheinlicher ist nach dem Gesetz der kapitalistischen Akkumulation auch die wirtschaftliche Verwertung. Wer auf Ressourcen sitzt, muss sie in der Regel nutzen, um wettbewerbsfähig zu bleiben – und zwar egal, zu welchem ökologischen Preis. Das Resultat sehen wir überall auf der Welt, von Standing Rock bis zum Hambacher Forst, wo Unternehmen darauf bauen können, dass ihnen die Polizei die Naturzerstörung ermöglicht.

»Das besondere Merkmal modernen Eigentums ist das neue Verhältnis zum vereinnahmten Objekt in Form uneingeschränkter Verfügung«, schreibt die Philosophin Eva von Redecker in ihrem Buch *Revolution für das Leben*.[13] Modernes Eigentum berechtigt nicht nur zum Gebrauch von Dingen, wie von Redecker ausführt, sondern als »einzige allgemeine Verfügungsform in der Menschheitsgeschichte [...] ebenso zu Missbrauch und Zerstörung«. Wir zertrümmern, weil wir es dürfen – beziehungsweise tun das vor allem die Besitzenden, während die Besitzlosen mit der Beseitigung der Trümmer beschäftigt sind.

Die Welt ist heute so sehr um die Prinzipien des Privateigentums und der Profitlogik strukturiert, dass es schwer fällt, sich etwas anderes vorzustellen. Man kann schnell vergessen, dass es nicht immer so war. Dass indigene Menschen beispielsweise mit anderen Prinzipien gewirtschaftet haben, dass sie es auch heute oft versuchen, aber kaum noch dürfen. Man vergisst diese Dinge, weil der Kolonialismus nicht nur ihr Land und Leben geplündert hat, sondern auch ihre Praktiken und Wissenssysteme fast vollständig ausgelöscht hat. Und so gehört es wohl zur Ironie der gewaltvollen Geschichte, dass diese Wahrheiten erst jetzt, wo fast alle *irgendwie* vom Klimawandel betroffen sind, so langsam Aufmerksamkeit erfahren. »Was jahrhundertelang als ›primitiver Aberglaube‹ verspottet wurde«, schreibt Nick Estes, »wird erst seit Kurzem von westlichen Wissenschaftler*innen und Akademiker*innen als ›gültiges‹ Wissen ›entdeckt‹.«

Die Aktivistin und Autorin Leanne Betasamosake Simpson, die dem Volk der Nishnaabeg angehört, fasst einige der indigenen Praktiken und Überzeugungen in dem Konzept der *grounded normativity* (geerdete Normativität) zusammen.[14] Mit Normativität ist in dem Fall aber keine Ordnung mit hegemonialem Anspruch gemeint, sondern eine offene, flexible, anti-hierarchische Struktur. Eines der wichtigsten Prinzipien lautet, dass das Land in kollektiver Verantwortung geteilt, gepflegt und bewirtschaftet wird, dabei aber niemandem gehört und deshalb auch von niemandem dominiert werden kann. Land ist – zumindest in dieser Tradition – kein Besitzobjekt. Es entzieht sich der Logik des modernen Eigentums und damit auch dem Recht auf Zerstörung.

Eine andere Erkenntnis liegt darin, die Menschen nicht gesondert von, sondern als Teil ökologischer Zyklen, Kreise und Prozesse zu betrachten. Wir verändern uns mit der Natur, die Natur verändert sich mit uns, in einer »tiefen Wechselwirkung«, wie Simpson sagt. Deshalb ist es auch kein Zufall, dass indigene Völker zu den Ersten gehörten, die vor dem Klimawandel warnten.

Lange bevor Wissenschaftler*innen den Zusammenhang zwischen Treibhausgasen und Erderwärmung feststellten, haben indigene Völker erkannt, wie tiefgreifend bestimmte Politik- und Produktionsweisen die ökologischen Vorgänge verändern. Lange bevor Küstenstädte damit anfingen, Häuser anzuheben und das Wort Resilienz den Diskurs betrat, entwickelten indigene Völker eine Wirtschaft, die auf Notfälle reagieren kann. Sie etablierten Methoden des Trockenfeldbaus, der Waldpflege, der lokalen Versorgungsketten und der kontrollierten Feuer. Manche dieser Techniken und Prinzipien spielen heute kaum noch eine Rolle. Andere – wie zum Beispiel das Konzept der regionalen Ernährungskreisläufe – umso mehr. Wenn Klima-Aktivist*innen anregen, vom indigenen Widerstand zu lernen, geht es also nicht darum, die Zeit zurückzudrehen, um wie vor ein paar Hundert Jahren zu wirtschaften. Es geht vielmehr darum, bewährte Prinzipien mit der Technologie von heute zu verbinden, um so ein ernsthaft nachhaltige Ökonomie und Lebensweise zu entwickeln. Die indigene Perspektive ist vor allem deshalb zukunftsorientiert, weil sie vergangenheitsbewusst ist. Und genau diese Kombination ist im Kapitalismus verkümmert.

* * *

Als das Bundesverfassungsgericht im April 2021 das deutsche Klimaschutzgesetz in Teilen für verfassungswidrig erklärte, war von einem »Paradigmenwechsel«, »historischen Moment« und »epochalen« Urteil die Rede. Die Richter*innen in Karlsruhe hatten entschieden, dass die Bundesregierung ihre Klima-Maßnahmen intensivieren müsse, damit die Last nicht zu stark bei kommenden Generationen liege. »Die Schonung künftiger Freiheit verlangt auch, den Übergang zu Klimaneutralität rechtzeitig einzuleiten«, lautete ein zentraler Satz des Urteils. Die Regierung wurde deshalb angewiesen, Emissionsziele für die Jahre 2031 bis 2050 festzulegen. Je konkreter wir wissen, welche Einsparungen in der Zukunft auf uns zukommen – so ließe sich die Argumentation des Urteils grob zusammenfassen –, desto früher fangen wir damit an.

Es ist zwar noch nicht klar, was die neue Regierung mit diesem Urteil machen wird. Dass die Entscheidung überhaupt als so wegweisend gedeutet wurde, unterstreicht vor allem, wie zukunfts*feindlich* die alte Regierung gehandelt hat. Denn: Was sonst ist die Aufgabe von Politik, als Entscheidungen zu treffen, die nicht nur heute und bis zur nächsten Wahl, sondern auch in zehn, zwanzig, dreißig Jahren noch Sinn ergeben?

Als Intervention und Auftrag, schneller zu handeln, war der Gerichtsbeschluss also ein durchweg positives Zeichen. Zweifel hinterließ der Urteilstext dagegen durch die Art und Weise, wie Freiheit definiert wurde. Eine faire Klimaschutzpolitik bedeute Freiheitsentzug, argumentierten die Richter*innen, und dieser Freiheitsentzug müsse gerecht verteilt werden. Dass viele der Klimamaßnahmen für sich einen Freiheits*gewinn* darstellen könnten, wurde in dieser Logik ausgeschlossen.

Entzug, Verzicht, Drosselung, Regulierung – über vielen Debatten schwebt immer noch die Idee, dass Klimaschutz den Menschen mehr nehmen, als ihnen geben wird. Manchmal wirkt es fast so, als würden wir uns von einem System verabschieden müssen, das alle Menschen prima versorgt, aber eben leider zu viele Treibhausgase produziert. In Wahrheit ist die Erderwärmung doch vielmehr der letzte Beweis von vielen, wie wenig unsere Wirtschaft funktioniert – das finale Argument für einen umfassenden Wandel. Fast alles spricht mittlerweile dafür, fast alles zu verändern. Und dennoch wird den Veränderungswilligen oft die Rolle des Spielverderbers verpasst. Später im Buch, in Kapitel 8, geht es deshalb um den Green New Deal, eine in den USA entwickelte Vision, die deutlich macht, dass radikaler Klimaschutz zwar auch Einschränkungen bedeutet, aber wesentlich mehr Vorteile, Öffnungen und Spielräume bringen wird.

6   ABOLITIONISMUS

Was bleibt, wenn Proteste abklingen? Was bleibt, wenn die Kameras wieder weg sind, die Reden gehalten, die Reporte geschrieben, die Brände gelöscht? Alltag bleibt, was auch sonst. Meist aber ein gewandelter Alltag, zumindest für manche und in Ansätzen, da die Erfahrungen ja nicht verloren sind. Manchmal bilden sich neue Netzwerke, manchmal wird aus denen nichts. Oft lassen sich die Effekte eines Aufstands erst viele Jahre später feststellen, wenn die öffentliche Aufmerksamkeit längst woanders ist.

Der 9. August 2014 war ein Samstag und wie immer samstags arbeitete Kayla Reed in einem Outlet-Möbelgeschäft nördlich von St. Louis. Sie war auf diesen Nebenjob angewiesen, weil das Gehalt als pharmazeutisch-technische Assistentin alleine nicht reichte. Zwei Jobs, anders kannte sie es nicht. Normaler Alltag, wusste die damals 24-Jährige, wenn man Schwarz ist und aus der Arbeiter*innenklasse kommt.

Reed war mitten in ihrer Schicht, als ein Freund sie anrief. Hast du gehört? In der Kleinstadt Ferguson, nicht weit von ihrer Arbeit entfernt, war ein Schwarzer Teenager von einem weißen Polizisten erschossen worden. Die lokalen Radio- und Fernsehsender berichteten bereits. Reed hatte davon noch nicht gehört, aber für sie war sofort klar, dass sie nach ihrem Schichtende dorthin musste. Als Reed ein paar Stunden später am Tatort ankam, standen die Familie, Freunde und Nachbarinnen des Opfers entlang des gelben Absperrbandes, in Schock und Tränen. Auf dem heißen Asphalt klebte noch Blut, erinnert sich Reed. Über vier Stunden lang hatte der Leichnam des 18-Jährigen Michael Brown auf der Straße in der Sonne gelegen, bevor er abtransportiert wurde. Eine Zeit lang sogar ohne Abdeckung. »Es war wie ein öffentlicher Lynchmord«, sagt sie.

Reed ist nur ein paar Kilometer entfernt von Ferguson aufgewachsen. Sie kannte den Ort also gut, kannte den Canfield Drive, wo das Ganze passierte, auch den Lebensmittelmarkt Quick Trip, der später abbrannte, was die großen Medien überhaupt erst in die 21 000-Einwohner*innen-Stadt lockte. Und sie kannte die Interaktion, die Browns Tod voranging. Reed selbst wurde unzählige Male in ihrem Leben von der Polizei gestoppt, musste ihre Papiere zeigen, die Aggressionen der Beamten ertragen. »Jede*r kennt dieses hyper-maskuline, autoritäre Verhalten von weißen Cops, die denken, alles gehöre ihnen«, sagt sie. »Deshalb hat sich auch jede*r sofort die Situation vorstellen können.«

Was genau zwischen Brown und dem Polizisten Darren Wilson geschah, ist bis heute nicht vollständig geklärt. Wie sich herausstellte, hatte Brown kurz zuvor eine Packung Zigarillos in einem kleinen Geschäft um die Ecke geklaut. Davon wusste Wilson allerdings nichts, als er ihn anhielt und anwies, von der Straße auf den Bürgersteig zu wechseln. Fest steht, dass es zu einem Gerangel kam, und der unbewaffnete Jugendliche ein paar Momente später von sechs Kugeln niedergestreckt wurde. Vor der Grand Jury behauptete Wilson, dass Brown wie ein »Dämon« ausgesehen und »grunzende« Geräusche gemacht habe. Angesichts der Tat schien die Wortwahl zwar nebensächlich. Dass Wilson diese Beschreibung als Versuch der Entlastung vorbrachte und damit vor der Grand Jury am Ende eine Anklage verhindern konnte, sagte dennoch vieles aus. Darüber, wer sich in diesem Land bedroht fühlen darf, und wer wirklich bedroht ist.

DER AUFSTAND VON FERGUSON

Die Ereignisse in den Tagen und Wochen nach Browns Tod waren zugleich verstörend und beeindruckend, sagt Kayla Reed. Im Rückblick bedauert sie es, kein Tagebuch geführt zu haben, so viel sei in dieser Zeit passiert. Wie viele andere Menschen auch betrat sie damals die Welt des Aktivismus, eine Welt, in der sie sich erst zurechtfinden musste und die sie heute entscheidend prägt. Als Gründerin und Direktorin von Action St. Louis, einer anti-rassistischen und queer-feministischen Graswurzel-Organisation, ist Reed zur einer wichtigen Stimme der Black-Lives-Matter-Bewegung geworden. Sie führt Proteste an, bildet Organizer*innen aus. Zugleich berät sie die Bürgermeisterin von St. Louis, schreibt an Gesetzestexten mit. Mit der Kongressabgeordneten Cori Bush, die ebenfalls aus St. Louis kommt, hat Reed mittlerweile auch eine Verbündete in Washington. Reed ist so etwas wie eine Vermittlerin zwischen Straße und Politik. Wie viel sie dabei bewirken kann, hat sich in den vergangenen Jahren auf eine Weise verändert, wie sie es nie für möglich gehalten hätte. Den Anfang, sagt Reed, habe alles mit dem Aufstand in Ferguson genommen.

Die Proteste formierten sich noch am Abend des 9. August und sollten für Wochen nicht aufhören. »Whose Streets? Our Streets!«, riefen die Bewohner*innen der Kleinstadt, während sie die Hauptstraße West Florissant Avenue unermüdlich auf und ab liefen: Heute gehören die Straßen uns. Dadurch, dass man zusammen brüllte, diskutierte und schwitzte, wurden auch andere Fragen und Probleme gemeinschaftlich beantwortet, wie Reed erzählt. Wie organisiert man Essen für zehn Personen, wenn man nur 30 Dollar zur Verfügung hat? Wo kommen diejenigen unter, die gerade keine Wohnung haben? Wie schützt man sich vor Tränengas und Pfefferspray?

Die Nähe und Spontaneität habe intime Momente geschaffen, sagt Reed. »Wenn du jeden Tag zusammen mit Leuten kämpfst, fängst du an, dich um sie zu kümmern.«

Je größer die Masse wurde, desto aggressiver agierte allerdings auch die Polizei. Erst war es das Ferguson Police Department, dann die St. Louis County Police, bald auch die vom Gouverneur von Missouri einberufene Nationalgarde, deren panzerähnliche Fahrzeuge nun durch den kleinen Ort rollten. »Geht nach Hause«, riefen die Uniformierten. »Aber wir *sind* zu Hause«, schallte es zurück. Menschen, die schon im Alltag unter der Polizei litten, schauten nun in die Läufe von Maschinengewehren. Die Bilder waren so extrem, dass Reporter*innen über Wochen lang in der Kleinstadt verweilten, um zu verstehen, wie es so weit kommen konnte.

Die Aufständischen von Ferguson sorgten dafür, dass das Land über physische Polizeigewalt sprach. Ans Tageslicht kam aber noch etwas anderes, eine Praxis, die in unzähligen Städten Standard war und immer noch ist. Der ganze Haushalt von Ferguson war nämlich, wie sich herausstellte, darauf aufgebaut, der zu knapp 70 Prozent Schwarzen Bevölkerung wegen kleinster und absurdester Vergehen das Geld abzunehmen. Die 53 Beamt*innen des Ferguson Police Department, von denen 50 weiß waren, patrouillierten auf den Straßen mit der ausdrücklichen Aufgabe, so viele Bußgelder wie möglich zu verteilen. Ungemähte Rasen, falsch aufgestellte Müllbehälter, minimales Falschparken, ein flackerndes Rücklicht, Lärmstörungen, bei Rot über die Straße: Alles wurde bestraft, jeden Tag von Neuem. Und zwar oft so hart, mit mehreren Hundert Dollar, dass die Betroffenen nicht bezahlen konnten und aus den Bußgeldern Haftbefehle wurden.

Insgesamt 16 000 offene Haftbefehle standen Ende 2014 in Ferguson aus, 96 Prozent davon galten Schwarzen Bewohner*innen. Selbst das US-Justizministerium kam in einer ausführlichen Studie zu dem Fazit, dass »die Praktiken der Strafverfolgung direkt durch rassistische Vorurteile geprägt« waren. Von 20 Millionen US-Dollar, die die Stadt in jenem Jahr einnahm, stammten 2,6 Millionen von Strafzetteln und Ordnungswidrigkeiten: Es war der zweitgrößte Posten im Finanzplan der heruntergewirtschafteten Stadt.

Ferguson offenbarte, dass die rassistische Alltagsunterdrückung durch die Polizei schlichtweg notwendig war, um ein System am Laufen zu halten.

»Whose Streets? Our Streets!« – mit dem Wissen über die ökonomische Ausschlachtung merkt man als Außenstehender erst, wie existenziell dieser Slogan ist. Es ging dabei nie nur um die Demonstration von temporärer Stärke während eines Protests. Es war und ist der Anspruch auf ein Leben, das sicher und frei ist. Ein Leben, in dem die Straßen – symbolisch für die gesamte öffentliche Infrastruktur – den Menschen gehören, die dort zu Hause sind.

DIE ROLLE DER POLIZEI

Nimmt man das Wiedererstarken der amerikanischen Linken als Ganzes in den Blick, wird deutlich, welche enorme Bedeutung die Auseinandersetzung mit der Polizei hat. Bei Occupy sorgte das eskalative Verhalten der Beamt*innen dafür, dass die Bewegung entscheidende Aufmerksamkeit und auch Sympathie erlangte. In Standing Rock waren es die Bilder von indigenen Wasserschützer*innen gegenüber militarisierten Einheiten, die um die Welt gingen. An der mexikanischen Grenze führt die Border Patrol ein Grenzregime aus, dem sich Aktivist*innen entgegenstellen, um flüchtenden Menschen das Leben zu retten.

Die Polizei wird gerufen, um Streiks zu beenden; sie ist dafür da, Proteste im Rahmen zu halten. Beides geschieht oft brutal. Das ist nicht neu, weshalb auch linke Opposition zur Polizei nicht neu ist. Bemerkenswert ist jedoch, wie sehr sich in den vergangenen Jahren das Verständnis über die Rolle dieser Institution verbreitet und vertieft hat. Bei einer Umfrage im August 2020 gaben 50 Prozent der befragten Amerikaner*innen an, dass sie kein Vertrauen mehr in die Polizei hätten. Höher war die Ablehnung in 30 Jahren, in denen diese Frage gestellt wurde, nie.[1] Immer mehr Menschen sehen in der Polizei keine Lösung für soziale Probleme, sondern einen Produzenten und Verstärker davon. Sie erleben diese Institution als Hauptquelle staatlicher Unterdrückung und Destabilisierung ihres Alltags. Und sie spüren, dass die Polizei nicht »kaputt« ist, sondern in vieler Hinsicht ganz genau so funktioniert, wie sie funktionieren soll.

Der Soziologe Alex Vitale beschreibt in seinem Buch *The End of Policing* – das 2017 erschien und nach dem Mord an George Floyd im Sommer 2020 ausverkauft war –, wie eng die Entstehung der amerikanischen Polizei an den Kolonialismus, die Sklaverei und die Kontrolle der städtischen Arbeiter*innenklasse geknüpft ist.[2] Den direkten Ursprung hat die Polizei in den Slave Patrols, bei den Streifen also, die im 18. und 19. Jahrhundert die flüchtenden Sklav*innen wieder einfingen. Auch in der Folge war die Polizei niemals »politisch neutral«, wie Vitale ausführt, sondern darauf angesetzt, marginalisierte Gruppen zu kontrollieren und soziale Bewegungen klein zu halten.

»Die Polizei ist nicht da, um dich zu schützen«, heißt eines der Kapitel. Wozu aber sonst? Anhand von Studien und Interviews erklärt Vitale, dass die Beamt*innen im Alltag – entgegen aller Mythen und popkulturellen Tropen – nur selten damit beschäftigt sind, Kriminalität aufzuhalten. Ein Großteil ihrer Arbeit falle auf bürokratische Aufgaben, Verkehrskontrollen und die Verfolgung von Ordnungswidrigkeiten. Für Situationen, in denen tatsächlich eine Intervention notwendig ist, sind Polizist*innen hingegen selten die Richtigen. So hat es auch ein ehemaliger Beamter in einem Blogpost geschrieben, der im Sommer 2020 viral ging. »Meine beste Arbeit als Polizist habe ich gemacht, wenn ich ein mittelmäßiger Therapeut oder Sozialarbeiter war«, heißt es darin.[3]

Die *Washington Post* startete ein halbes Jahr nach Browns Tod ein Projekt, das alle Fälle dokumentiert, in denen Menschen von der US-Polizei erschossen werden. Die Zahl ist seit 2015 erschreckend konstant, es sind rund 1000 Tötungen pro Jahr; was bedeutet, dass die Polizei jeden Tag im Schnitt etwa drei Personen das Leben nimmt. Gemessen am Bevölkerungsanteil sind Schwarze

Menschen doppelt so häufig betroffen wie weiße, auch daran hat sich in den vergangenen Jahren nichts verändert. Ein Name folgt dem nächsten, wieder ein neuer Hashtag. Wenn überhaupt. In einer im Herbst 2021 veröffentlichten Studie kam heraus, dass zwischen 1980 und 2018 über 17 000 Tötungen durch die Polizei entweder falsch eingestuft oder gar nicht erst gemeldet wurden.

An Reformen hat es in den vergangenen Jahren und Jahrzehnten nicht gemangelt. Dass diese Bemühungen unter dem Strich kein Ende der Gewalt brachten, erklärt der Soziologe Vitale damit, dass sich nichts an der grundsätzlichen Funktion der Polizei verändert habe. Im Gegenteil sogar, führten viele vermeintliche Verbesserungen – mehr Personal, modernere Technik, bessere Ausrüstung – nur dazu, den Strafapparat noch zu erweitern. Während Sozialdienstleistungen in den vergangenen Jahrzehnten abgebaut und öffentliche Infrastrukturen defunded worden sind, wurden Polizeibehörden im ganzen Land immer größer. Deutlich zu spüren ist das heute in Schulen oder Krankenhäusern, wo es in der Regel an Personal fehlt, dafür aber Polizist*innen vor dem Eingang stehen. In vielen Städten verschlingt der Strafapparat ein Großteil des Budgets. Alleine New York City gibt jährlich elf Milliarden Dollar für die Polizei aus.

Parallel zu dieser Entwicklung wurden immer mehr Gründe, Konzepte und Mechanismen geschaffen, um Menschen zu kriminalisieren. Zwei bekannte Beispiele dafür sind »Stop and Frisk« (deutsch: anhalten und durchsuchen) – eine Polizeitaktik, bei der Verkehrsteilnehmer*innen oder Fußgänger*innen oft nach rassistischen Prinzipien ohne konkreten Strafverdacht kontrolliert werden – und »Broken Windows« – eine Theorie, nach der schon kleinste vandalische Vergehen hart bestraft werden sollen, um Verwahrlosung zu verhindern. Die Folge war, dass Gefängnisse dadurch immer voller und das Geschäft damit lohnenswerter wurde. Allein in Kalifornien wurden zwischen 1982 und 2000 23 neue Haftanstalten gebaut. Die Zahl aller inhaftierten Amerikaner*innen ist zwischen 1970 und 2020 um 500 Prozent gestiegen. Es gibt heute mehr Schwarze Menschen, die im Gefängnis sitzen und dort oft als billige Arbeitskräfte ausgebeutet werden, als sich Mitte des 19. Jahrhunderts in Sklaverei befanden. Laut Studien haben aktuell zwischen 70 und 100 Millionen Einwohner*innen eine Vorstrafe, was in vielen Fällen dazu führt, dass bestimmte Jobs nicht mehr infrage kommen und sie von Wahlen ausgeschlossen sind.

All diese Entwicklungen und Zahlen sind von Bedeutung, will man verstehen, warum der Abbau der Polizei und die Überwindung des jetzigen Strafsystems eine so wichtige Rolle für die amerikanische Linke spielen.

* * *

In Kapitel 3 dieses Buches habe ich die Entwicklung einer neuen Schwarzen Linken in den USA beschrieben. Ein Großteil dieser Energie geht auf die Black-Lives-Matter-Bewegung zurück, die 2013 als Hashtag ihren Anfang nahm und durch den Aufstand in Ferguson ein Jahr später zu einer landesweiten Kraft wuchs. Als im Frühsommer 2020 Millionen Menschen nach dem Mord an George Floyd auf die Straße gingen, wurde erkennbar, dass die Bewegung in den dazwischenliegenden Jahren alles andere als still und passiv gewesen war. In jeder Großstadt gibt es heute Organisationen in der Schwarzen radikalen Tradition, die durch lokale Organizing-Arbeit dafür gesorgt haben, dass die Forderung nach einem Abbau des Strafsystems von der Nische in den Mainstream wandern konnte. Der Slogan »Defund the Police«, der 2020 plötzlich in aller Munde war, ist allerdings nur Teil einer größeren Idee. Das revolutionäre Konzept, das diesem Ruf einen historischen, politischen und philosophischen Rahmen verpasst, nennt sich Abolitionismus. Gemeint ist damit mehr als das Ende der staatlichen Gewaltsysteme – es ist die Idee einer Gesellschaft, in der Polizei und Gefängnisse nicht mehr *nötig* sind.

PERSPEKTIVWECHSEL

»Wissen Sie, was da unten heute passiert ist?«, fragten die zwei Polizisten, in der Wohnungstür stehend, und wunderten sich, als ich verneinte. Ich hatte den ganzen Tag lang über Kopfhörer Musik gehört, erklärte ich, und auch jetzt nur durch Zufall gemerkt, dass es an der Tür geklopft hat. Die Beamten erzählten, dass es eine Schießerei gegeben habe. Offenbar waren es Jugendliche, offenbar ging es um Drogen. Wirklich viel könne man jetzt noch nicht sagen.

»Also, wissen Sie was?«

Ich verneinte erneut und die Beamten verabschiedeten sich, um die gleiche Frage den Nachbarn zu stellen.

Als ich kurz darauf runter vom dritten Stock zum Eingangsflur lief, war der Holzboden voller Scherben, in der Wand sah man Einschusslöcher. Die Jugendlichen, die dort ihre Tage verbrachten und gelegentlich Gras verkauften, erzählten mir später, dass die Schüsse aus einem vorbeifahrenden Auto kamen, aber zum Glück niemand ernsthaft verletzt worden sei. Das Ganze spielte sich in Bushwick ab, einem Viertel im nördlichen Brooklyn, das schon damals, im Jahr 2015, lange verhipstert war. Drive-by-Shootings gibt's hier nicht so oft, sagten die Kids. Auch sie waren verwundert. Und vermutlich mitgenommener, als sie es zeigen wollten.

In den Tagen und Wochen nach diesem Vorfall standen nun jeden Abend zwei Polizisten in unserem Hauseingang, was ich für etwas übertrieben hielt, mich aber in meinem Alltag auch nicht weiter einschränkte. Ich grüßte, sie grüßten. Irgendwann nickte man nur noch. Die Glastür wurde bald ausgetauscht, die Wand im Flur grün überstrichen. Der Vorfall rückte weg. Bis mein Mitbewohner Mychal Denzel Smith einen Artikel für das Magazin *The Nation* verfasste, in dem er seine Perspektive schilderte. Die Perspektive eines Schwarzen jungen Mannes.

»Die Anwesenheit der Polizei macht mir mehr Angst als die Kinder, die Drogen verkaufen, oder die Schüsse, die fielen«, schrieb

Mychal. Er berichtete, wie ihn die Beamten mit den Augen fixierten, wenn er das Haus verließ, und zwar so, dass er es garantiert mitbekommt. Einmal, als er gerade den Schlüssel im Schloss umdrehte, diskutierten sie bewusst laut die Möglichkeit eines »verticals«, womit sie eine Durchsuchung aller Wohnungen meinten. Eine falsche Bewegung, ein falsches Wort, wusste Mychal, kann für ihn reichen, um mit der Polizei aneinanderzugeraten. Er schrieb:

Wenn ich sage: »Schafft die Polizei ab«, werde ich normalerweise gefragt, womit wir sie ersetzen sollen. Meine Antwort ist immer, dass wir sie mit voller sozialer, wirtschaftlicher und politischer Gleichberechtigung ersetzen sollten, aber das ist nicht das, wonach gefragt wird. Was die Leute meinen, ist: »Wer wird uns beschützen?« Aber wer beschützt uns jetzt? Wenn du weiß und wohlhabend bist, wirst du vielleicht von der Polizei beschützt. Der Rest von uns nicht wirklich. Was bringt mir eine Institution, die routinemäßig Menschen tötet, die wie ich aussehen, und die dafür sorgt, dass ich Angst habe, aus meinem Haus zu gehen?[4]

Ich schämte mich, als ich den Text las. Einerseits, weil ich über diese Perspektive, seine Angst vor den Polizisten, die in meiner Wahrnehmung nur im Eingang standen, gar nicht nachgedacht hatte. Aber auch, weil es ja nicht irgendein Text war, sondern der meines Mitbewohners, den ich einfach hätte fragen können. Wir kannten uns damals zwar noch nicht allzu gut, man lebte eher isoliert, aber unsere Zimmer waren trotzdem nur ein paar Meter voneinander entfernt. Hätte ich gefragt, hätte ich kapieren können, dass die etwas nervigen Cops mehr als nur nervig für ihn waren. Sie waren eine Bedrohung.

Wenn ich es richtig erinnere, war es Mychals Artikel, durch den ich zum ersten Mal vom Konzept des Abolitionismus hörte. Eine Gesellschaft ohne Polizei und ohne Gefängnisse? Ich konnte die Argumente nachvollziehen, aber verspürte trotzdem so etwas wie eine Dissonanz. So sehr ich dem Gedanken gegenüber offen sein wollte und so überfällig mir eine grundlegende Reform der Polizei erschien, so weltfremd wirkte auf mich die Forderung nach einer Abschaffung dieser Institution. Und es stimmt ja auch, sie *ist* weltfremd, in dem Sinne, dass sich unsere jetzige Welt schwer ohne Polizei vorstellen lässt.

Ich erzähle diese Geschichte nicht, weil ich glaube, dass hier irgendeine Art von Versöhnung stattgefunden hat, nur weil ich irgendetwas relativ spät realisiert habe. Ich erzähle sie, weil mein Abwehrreflex vielleicht in gewisser Weise typisch war, typisch ist für eine Form von bürgerlicher Unbeweglichkeit, die etwas mit Ignoranz zu tun hat, aber nicht böse gemeint sein muss, denn Boshaftigkeit ist in dem Fall keine entscheidende Kategorie.

Die Existenz von Polizei und Gefängnissen lässt sich zwar, wie man mittlerweile auch in Standard-Geschichtsbüchern nachlesen kann, in erster Linie auf die politischen Zwecke zurückführen, die diese Institutionen im Interesse bestimmter Machtstrukturen erfüllten und erfüllen. Dass diese Institutionen von so vielen Menschen als alternativlos betrachtet werden, hat jedoch auch mit einem Mangel an Vorstellungskraft zu tun. Als ich durch Mychal mit der Idee des Abolitionismus konfrontiert wurde, zweifelte ich nicht daran, weil ich mir bereits ausführliche Gedanken zur Rolle der Polizei gemacht oder die Argumente ihrer Gegner*innen sorgfältig abgewogen hatte. Ich wehrte mich intuitiv, weil die Existenz dieser Institution meiner Auffassung nach keine weitere Legitimierung brauchte und die Infragestellung dementsprechend abwegig erschien.

Bestrafung gehört, so die weitverbreitete Auffassung, zu einer funktionierenden Gesellschaft einfach dazu. Viele Menschen können sich eine andere Art des Umgangs mit Gewalt und Kriminalität gar nicht vorstellen. Wie könnte es auch anders sein, wenn Polizei und Gefängnisse das Einzige sind, was den Menschen seit Ewigkeiten angeboten wird, und diese Apparate über Jahrzehnte hinweg ausgebaut wurden?

Die Polizei bestimmt nicht nur den Alltag vieler Menschen. Insbesondere in den USA werden die Bürger*innen auch dazu angehalten, als das zu wirken, was die abolitionistische Denkerin Ruth Wilson Gilmore »deputy cop« nennt – als Stellvertreter*innen der Polizei. Ein gutes Beispiel dafür ist der Slogan »See something, say something«, der in den Tagen nach den Terroranschlägen im September 2001 entwickelt wurde. Wer etwas Auffälliges sieht, sollte es ab sofort melden, wurde der Bevölkerung damals aufgetragen. Zunächst nur in New York, wo der Spruch ab 2002 in den U-Bahnen platziert wurde. Irgendwann übernahm ihn das US-Ministerium für Innere Sicherheit. Mittlerweile sieht man »See something, say something« in zahlreichen Großstädten, auch außerhalb der USA.

Ein waches Auge zu haben, ist grundsätzlich natürlich nichts Falsches. Theoretisch könnte solch ein Slogan auch als Appell zu mehr Verantwortungsbewusstsein im Sinne eines gemeinschaftlichen Kümmerns gedeutet werden. In der Praxis jedoch hatte die Kampagne, die mehrere Millionen Dollar kostete, eine andere Wirkung. Wie die *New York Times* 2008 berichtete, führte »See something, say something« unter anderem dazu, dass Muslime, die in der Öffentlichkeit mit den Fingern etwas zählten, bei der Polizei gemeldet wurden, weil ihnen die Planung eines Terroranschlags unterstellt wurde. Nur ein Beispiel von mehreren, das zeigte, wie gefährlich die Polizei-Verlängerung durch die Bürger*innen ist. Viele Menschen sahen den Slogan als Aufruf zur gegenseitigen Überwachung, das Klima der Angst wurde dadurch nur verstärkt.

Die Prinzipien des Überwachens und Strafen sind tief in unserer Gesellschaft verankert. Und trotzdem wäre es falsch, die Institutionen des Strafsystems so zu behandeln, als wären sie alternativlos. Die heutigen Polizei- und Gefängnispraktiken wurden erst vor ein paar Hundert Jahren erfunden. Produkte der modernen Disziplinargesellschaft, wie der französische Philosoph Michel Foucault es erklärt hat. Manches hat sich seither verbessert, anderes nicht. Das vielleicht stärkste Argument der abolitionistischen Bewegung bezieht sich deshalb auf die Vergangenheit wie auf die Zukunft: Was einst als normal galt, könnte irgendwann überwunden sein.

* * *

Der Begriff Abolitionismus kommt aus dem Kampf gegen die Sklaverei. Gemeint waren damit Einzelpersonen und Gruppen, die sich für die *Abschaffung* der Institution als solche einsetzten. In manchen Fällen hatte dieses Bemühen moralische, in anderen Fällen ökonomische Gründe. Erfolgreich war der Druck der Abolitionsbewegungen in den Ländern, in denen Sklaverei praktiziert wurde, zu verschiedenen Zeitpunkten. Durch die haitianische Revolution von 1791 bis 1804 beispielsweise wurde Haiti zum ersten und bis heute einzigen demokratischen Staat, der aus einem Sklavenaufstand hervorging. Im British Empire wurde die Sklaverei 1833 beendet, in den Vereinigten Staaten 1865. Im nordwestafrikanischen Land Mauretanien kam es erst 1981 zu einem offiziellen Verbot.

Die gegenwärtige Abolitionsbewegung nahm in den 1970er Jahren ihren Lauf. Fokus war zunächst das Gefängnissystem, das in jenem Jahrzehnt begann, spürbar zu expandieren. Angetrieben durch mehrere Gefängnisaufstände wie den in Attica, New York, setzten sich Gefangene, Aktivist*innen und Academics für ein Ende des *Prison Industrial Complex* ein, wie der Strafapparat ob seiner staatlich-kapitalistischen Profitstrukturen später genannt wurde. Ende der 90er Jahre dann gründete eine Gruppe Schwarzer Marxistinnen in Oakland die Organisation Critical Resistance, deren Arbeit zum Maßstab kommender Abolitionist*innen werden sollte. Ziel von Critical Resistance war es einerseits, auf die Bedingungen in den Haftanstalten aufmerksam zu machen, und andererseits, Alternativen zu diesem System zu entwickeln. Das Konzept des Abolitionismus wurde in den folgenden Jahrzehnten verfeinert und auch erweitert, es ist internationaler geworden. So wird der Begriff in den Bewegungen gegen die US-Abschiebebehörde ICE und die europäische Grenzpolizei Frontex eingesetzt. Sie laufen unter den Stichworten #AbolishICE und #AbolishFrontex.

Die Idee des Abolitionismus geht weit darüber hinaus, die Institutionen Polizei und Gefängnisse nur abschaffen zu wollen. Die Vision besteht darin, durch die Stärkung sozialer Infrastrukturen den Strafapparat *obsolet* zu machen, wie Angela Davis es formulierte. Was wäre, wenn man Obdachlosen dauerhafte Unterkünfte und annehmbare Arbeit gibt, statt sie wegen der »Störung des öffentlichen Friedens« festzunehmen? Was wäre, wenn man drogensüchtigen und psychisch kranken Menschen Hilfsangebote macht, statt sie zu isolieren? Was wäre, wenn man Immigrant*innen ein sicheres Leben ermöglicht, statt sie in Camps zu sperren? Was wäre, wenn man in arme Nachbarschaften investiert, statt sie von der Polizei besonders scharf kontrollieren zu lassen?

Was wäre: Wenn man sich fragen würde, was Menschen wirklich sicher macht?

Abolitionismus bedeutet zunächst eine Reihe von Konjunktiven, aber die Konjunktive meinen kein Verschieben von Problemen, oder Flüchten in Idealismus, sie sind Kern der Analyse. Was wäre – um auf den Fall von George Floyd zurückzukommen –, wenn der Mitarbeiter des Supermarktes in Minneapolis, in dem Floyd mit Falschgeld bezahlen wollte, eine andere Nummer hätte anrufen können als 911? Und: Wie wäre es weitergegangen, wenn Floyd unter dem Knie des Polizisten in Minneapolis *nicht* gestorben wäre? Mit großer Wahrscheinlichkeit hätte er aufgrund seiner Vorstrafen eine Zeit im Gefängnis verbracht, vielleicht würde er heute noch dort sitzen. Wem aber wäre damit geholfen? Dem Supermarkt? Der Nachbarschaft? Der Gesellschaft? Floyd selbst? Der Abolitionismus fragt, welche Dinge wir bestrafen und welche nicht. Ladendiebstahl zum Beispiel führt eher ins Gefängnis als Lohndiebstahl durch Unternehmen, obwohl es bei der einen Angelegenheit oft nur um Minimalbeträge geht und bei der anderen um Milliardensummen.

Das jetzige Law-and-Order-System tut einerseits genau das, was es soll, wie Abolitionist*innen erklären, in dem Sinne, dass es Machtstrukturen aufrechterhält, Proteste bändigt, Eigentum schützt. Andererseits aber werden die Versprechen, die mit der Polizei und Gefängnissen allgemein assoziiert werden, nicht gehalten. Es gibt weder belegbare Zusammenhänge zwischen einem vergrößerten und militarisierten Polizeiapparat und dem Rückgang von Kriminalität, noch Beweise dafür, dass Gewalttäter durch harte Gefängnisstrafen abgeschreckt werden. Menschen, die eine Zeit lang inhaftiert sind, kommen selten resozialisiert zurück, im Gegenteil sogar sind die Rückfallquoten auch deshalb so hoch, weil Gefängnisse in der Regel so anti-sozial funktionieren, dass heilende Prozesse nahezu unmöglich sind. Ein zentraler Kritikpunkt ist es außerdem, dass den Opfern von Gewalt – den Menschen also, die in der Verteidigung von Polizei und Gefängnissen oft instrumentalisiert werden – im jetzigen Strafsystem selten nachhaltig geholfen wird.

Viele Abolitionist*innen, erklärt die Organizerin Mariame Kaba, haben selbst Erfahrung mit Gewalt, oft mit sexualisierter Gewalt, und setzen sich gerade deshalb für neue Formen der Justiz ein. Die Annahme ist nicht, dass Gewalt vollständig verschwindet, sobald alle Menschen ausreichend versorgt sind, sondern, dass man andere Wege des Umgangs finden muss. Kaba, die in Chicago das abolitionistische Projekt NIA gegründet hat, ist eine der respektiertesten Vordenker*innen der Bewegung. Rund 140 000 Menschen folgen ihr auf Twitter, wo sie unter @prisonculture über die Abgründe des Strafsystem aufklärt und Alternativen dazu erläutert. Ihre Essay-Sammlung *We Do This Til We Free Us* landete im Februar 2021 direkt auf der Bestsellerliste. Der Abolitionismus, erklärt sie darin, ist ein Projekt, »das sich auf den Aufbau einer Gesellschaft konzentriert, in der es unter anderem möglich ist, Leid zu adressieren, ohne sich dabei auf strukturelle Formen der Unterdrückung oder die Gewaltsysteme zu verlassen, die [das Leid] verstärken«.[5]

Spricht man mit abolitionistischen Organizern über ihre Arbeit, dreht es sich tatsächlich meist nur am Anfang um Polizei und Gefängnisse. Der Schwerpunkt liegt in der Entwicklung von Alternativen, es geht um *mehr* Schutz, *mehr* Prävention, *mehr* Community, um Überfluss und nicht um Knappheit, das Gegenteil also von neoliberaler Austerität. Aus diesem Grund allerdings ließe sich auch der Slogan »Defund the Police« kritisieren, der ja die Negierung dieser einen Institution in den Vordergrund rückt, und das Bild vermitteln könnte, dass es primär darum geht, Geld zu sparen (wobei die unfassbaren Summen, die Polizeibehörden verschlingen, auch ein gutes Argument sind).

Ob »Defund the Police« als Forderung auf Dauer hilfreich oder womöglich nur der Ausruf einer Zwischenphase ist, wird sich in den kommenden Jahren herausstellen. Auch an dieser Stelle, bei der Entwicklung von Strategien und Kommunikation, zeigt sich, dass Abolitionismus weniger ein zu erreichender Zustand ist, sondern ein fortlaufender Prozess.

* * *

In Deutschland, könnte man nun sagen, gibt es diese Probleme nicht. Die Zahl der Gefängnisinsassen ist um ein Vielfaches kleiner, sodass sie irgendwie gerechtfertigt zu sein scheint; die Fälle tödlicher Polizeigewalt ist so viel geringer, dass man vielleicht immer noch von Einzelfällen sprechen kann. Im Vergleich zu den USA ist das deutsche Justizsystem – von den Überwachungsmethoden über die Urteilssprüche bis zu den Haftbedingungen – weniger repressiv, daran besteht kaum ein Zweifel. An den *Prison Industrial Complex* der Vereinigten Staaten kommt unter dem Strich kein anderes Land der Welt heran, nicht mal China oder Russland, denen es an autoritärem Staatswesen nicht mangelt.

Schaut man sich Statistiken zum Strafvollzug im Detail an, hört man Menschen zu, die Gefängnisse von innen kennen, spricht man mit Expert*innen zu diesem Thema, dann wird allerdings deutlich, dass sich fast alle der beschriebenen Missstände auch in Deutschland finden. Nur eben in anderer Größenordnung.

Das Strafsystem fußt auch in Deutschland auf widerlegten Mythen und unerfüllten Versprechen, was sich unter anderem dadurch zeigt, dass laut einer Studie des Bundesjustizministeriums jede*r zweite Straftäter*in nach Freilassung wieder rückfällig wird.[6] Kriminalisiert werden auch in Deutschland überproportional nicht-weiße Menschen, was sich in Praktiken wie dem Racial Profiling ausdrückt, bei dem die Polizei aufgrund phänotypischer Erscheinung oder vermuteter Herkunft kontrolliert. Die Gefängnispopulation setzt sich auch in Deutschland vor allem aus mittellosen Menschen zusammen, da sogenannte Armutsdelikte wie Diebstahl oder Drogendelikte einen Großteil der Straftaten ausmachen. Mit Blick auf die Geschichte wird außerdem klar, wie wenig sich die deutsche Polizei von den dunkelsten Kapiteln dieses Landes trennen lässt. Viele der gegenwärtigen Polizeipraktiken wurden in den deutschen Kolonien erprobt und gehörten später zum System des Nationalsozialismus. Kontinuitäten bis in die Gegenwart zeigen sich beispielsweise im Umgang mit Romnja* und Sintezzi*. Bevölkerungsgruppen, die bis heute von der Polizei und Justiz ausgegrenzt und dehumanisiert werden, wie eine vom Bundestag beauftragte Kommission im Sommer 2021 feststellte.[7]

Weit verbreitet ist das Konzept des Abolitionismus in Deutschland noch nicht. Doch die Ideen finden zunehmend Resonanz. Bemerkenswert ist dabei, wie der Philosoph und Abolitionist Daniel Loick in einem Interview bemerkte, dass Empörung oft über den »Umweg über die USA« entstehe. Während der Mord an George Floyd in Deutschland deutliche Reaktionen erzeugt habe, würden deutsche Ereignisse dieser Art fast untergehen. Als Beispiel nannte Loick unter anderem den Fall des sierra-leonischen Asylbewerbers Oury Jalloh, der 2005 im Keller eines Dessauer Polizeireviers verbrannte. Jallohs Tod wurde von staatlicher Seite nie ernsthaft aufgeklärt, weshalb sich eine externe Aufklärungskommission bildete. Ihren Erkenntnissen nach wurde der Mann in der Zelle mit Benzin übergossen und angezündet. Würde solch ein Fall mehr Aufmerksamkeit bekommen, würde er heute passieren? Es ist möglich. Was die Auseinandersetzung mit Polizeikritik und Rassismus angeht, bleibe Deutschland allerdings ein »Entwicklungsland«, wie die Sozialtheoretikerin Vanessa E. Thompson es auf den Punkt gebracht hat.[8]

Man könnte es als Zeichen einer wachsenden internationalen Solidarität werten, dass der Fall George Floyd in Deutschland dazu geführt hat, dass Zehntausende auf die Straßen gingen, Bundesligateams auf dem Rasen knieten, dass sich Politiker*innen und Unternehmen gegen Rassismus aussprachen. Gleichzeitig aber drückte sich in dieser Dynamik aus, was viele nicht-weiße Deutsche schon lange beklagen: Institutioneller Rassismus wird allzu oft als auswärtiges Problem betrachtet, irgendwo anders, aber nicht hier, in der Mitte der Gesellschaft. Während die Polizei in den USA grundsätzliche Probleme habe, so die Meinung, könne man sich auf die deutsche Polizei doch grundsätzlich verlassen. Oder?

Das Vertrauen in die Staatsgewalt ist auch in Deutschland davon abhängig, aus welcher Einkommensschicht man kommt, welche Hautfarbe man hat und wie oft man mit Beamt*innen zu tun bekommt. Bezeichnend ist in dem Zusammenhang das, was Armin Kurtović, Vater des in Hanau ermordeten Hamza Kurtović, über seine Erfahrungen mit der Polizei sagte. »Ich weiß auch nicht mehr, wen ich anrufen soll, wenn ich ein Problem habe«, stellte Kurtović resignierend fest. »Die 110 werd ich nie wieder wählen, mit dem, was ich erlebt hab.«[9] Wie viele andere Angehörige der Opfer erfuhr Kurtović bei dem rassistischen Anschlag im Februar 2020, bei dem neun Menschen mit Migrationshintergrund ermordet wurden, dass die Polizei keine Hilfe war, sondern an vielen Punkten vielmehr ein Hindernis.

Aussagen wie diese alleine sollten zu denken geben. Doch alleine stehen solche Aussagen nicht. In den vergangenen Jahren wurde so viel staatliches Versagen aufgedeckt, was die Prävention und Aufklärung von rassistischer Gewalt angeht, dass der Begriff Versagen dem Problem kaum noch gerecht wird. Man denke an den NSU und das Hannibal-Netzwerk, an die Vielzahl der enthüllten rechtsextremen Strukturen in der Polizei, im Militär und Verfassungsschutz, man denke auch an die Unfähigkeit und Ignoranz, mit der verantwortliche Politiker*innen diese Fälle zum Teil ermöglicht und später vertuscht oder verharmlost haben. Dass mehr und mehr Menschen das Gewaltmonopol grundsätzlich infrage stellen, liegt also nicht nur an den Impulsen aus den USA, sondern auch an solchen Entwicklungen und Vorfällen.

In Deutschland gilt, obgleich in weniger extremen Formen als in den USA, dass sich gerade diejenigen, die besonderen Schutz brauchen, oft nicht auf den Schutz der Polizei verlassen können. Seien es obdachlose, geflüchtete, psychisch kranke, trans, sexarbeitende oder anderweitig marginalisierte Menschen: Die mit den wenigsten Rechten werden vom Rechtsstaat oft am härtesten belangt. Selbst wenn man Polizei und Gefängnisse als unverzichtbar betrachtet, ließe sich von der abolitionistischen Bewegung also etwas mitnehmen, nämlich, die Perspektive der Menschen ernstzunehmen, die mit diesen Institutionen konfrontiert sind. Ihr Erfahrungswissen könnte der Ausgangspunkt eines neuen Verständnisses von öffentlicher Sicherheit sein.

KAYLA REED

Was bleibt, wenn Proteste abklingen?
Die zu Anfang dieses Kapitels gestellte Frage lässt sich in Bezug auf Ferguson schnell beantworten. Der Aufstand im Sommer 2014 war ein Schlüsselmoment für Black Lives Matter, das ist heute bekannt. In vieler Hinsicht war es überhaupt erst der Startpunkt einer globalen Bewegung. Weniger bekannt ist allerdings, was sich vor Ort, im Großraum St. Louis, in den Jahren danach entwickelt hat. Die Medien zogen sich irgendwann zurück; die Leute aber, die durch die Rebellion aktiviert wurden, machten weiter.

Kayla Reed trat einige Wochen nach Michael Browns Tod der Organization for Black Struggle bei, einer Gruppe, die sich für die Belange der Schwarzen Arbeiter*innenklasse einsetzt. Gleich die erste größere OBS-Kampagne, an der sie sich beteiligte, führte zu einem Erfolg. Es ging um die Einrichtung eines zivilgesellschaftlichen Kontrollgremiums, das Beschwerden über die Polizei untersuchen sollte. Im Sommer 2015 unterzeichnete der Bürgermeister von St. Louis ein entsprechendes Gesetz. Das Civilian Oversight Board nahm seine Arbeit auf.

Aktivist*innen – nicht nur in St. Louis, sondern im ganzen Land – forderten zu dieser Zeit neben zivilen Kontrollgremien vor allem anti-rassistisches Training für die Beamt*innen, den verbindlichen Einsatz von Körperkameras, das Verbot bestimmter Würgegriffe (*chokeholds*), mehr Diversität innerhalb der Behörden und die schärfere Strafverfolgung von »bad apples«. Die Kernidee war es, die Polizei rechenschaftspflichtiger zu machen und mehr Transparenz herzustellen. »Für Leute wie mich, ohne Erfahrung im Organizing, waren das die logischen Forderungen«, sagt Reed. Es habe eine Zeit gedauert, bis sich eine radikalere Analyse durchgesetzt habe. »Der einzige Weg, weniger Tötungen durch die Polizei zu erreichen, ist es, weniger Polizei zu haben«, stellte Reed fest.

Nach einer Zwischenphase des Reflektierens gründete Reed 2016 zusammen mit anderen Ferguson-Aktivist*innen eine eigene Organisation namens Action St. Louis. Ziel war nun nicht mehr die Verbesserung, sondern die langfristige Abschaffung des Strafsystems. Als ich Reed fragte, was Abolitionismus für sie konkret bedeute, antwortete sie, dass es um »das Vorhandensein von Optionen« gehe. Michael Brown habe sich nicht aussuchen können, unter welchen Bedingungen er lebte, ob er eine gute Schule besucht, in einer schönen Wohnung wohnt, ob Polizisten ihn anhalten. Auch Browns Eltern haben diese Entscheidungen nicht treffen können, sie wurden für sie vorentschieden. »Wir wollen, dass die Menschen genug Ressourcen haben, um ein selbstbestimmtes Leben zu führen«, sagte Reed.

Vieles von dem, was Action St. Louis seither macht, treibt Reed auch aus biografischen Gründen an. Sie kämpft dafür, dass Kinder in St. Louis unter besseren Bedingungen aufwachsen können, als sie es damals musste. Sie will, dass der prekäre Norden dieser Stadt, in dem überwiegend Schwarze Menschen wohnen, Reparationen erfährt. Und sie weiß, dass dafür alter Beton beseitigt werden muss, für immer. Als sie ein Kind war, verbrachte ihre Mutter eine lange Zeit im Workhouse, so wird das Gefängnis im Norden von St. Louis genannt, das für seine elenden Bedingungen bekannt ist. »Meine Mutter war drogensüchtig«, erzählt Reed, »und wie mit ihr umgegangen wurde, prägt mich bis heute.« Von den Zuständen im Workhouse bekam Reed im Laufe ihres Lebens immer wieder mit, oft aus erster Hand, weil Freund*innen von ihr ebenfalls in der Haftanstalt saßen. Sie hörte vom Schimmel an den Wänden, den Ratten in den Gängen, der fehlenden medizinischen Versorgung. Jede kannte die Geschichten, zumindest in ihrer Nachbarschaft. »Das Workhouse ist einer dieser Orte, über die weiße Menschen in St. Louis nichts wissen«, sagt Reed, »und Schwarze Menschen alles.«

Als Action St. Louis im Jahr 2017 mit einer Kampagne zur Schließung des Workhouses anfing, wirkte das Vorhaben zunächst illusorisch. »Kann man wirklich ein ganzes Gefängnis schließen? Wie soll das funktionieren? Aber wir probieren es, oder?«, fragte sich Reed. Die Aktivist*innen begannen, Veranstaltungen auszurichten, um über die Zustände im Workhouse aufzuklären, zeigten auf, wofür man die jährlichen Betriebskosten von 16 Millionen Dollar nutzen könnte. Sie sammelten Unterschriften, organisierten Proteste, vergrößerten ihr Netzwerk, und mit jedem Event, jeder Aktion wurde es schwerer für die Politik, den Druck zu ignorieren.

Die »Close the Workhouse«-Kampagne war das eine. Parallel dazu arbeitete Action St. Louis daran, die politische Führung der Stadt zu verändern. In einer der ersten Handlungen nach der Gründung schloss sich die Organisation mit anderen Graswurzel-Gruppen zusammen, um die progressive Lokalpolitikerin Tishaura

Jones im Wahlkampf zur Bürgermeisterin zu unterstützen. Jones verlor zwar, allerdings so knapp, dass sich die Aktivist*innen bestärkt fühlten weiterzumachen. Bis zur nächsten Wahl, das war ihnen nun klar, müsse man ein politisches Programm entwickeln, eine Agenda, an der sich linke Politiker*innen fortan orientieren können. Nur gegen Polizei und Gefängnisse zu sein, reichte nicht. Eine Idee für die Stadt, die so lange hauptsächlich mit Kriminalität und Armut Schlagzeilen machte, musste her.

Anfang 2021 präsentierte eine Koalition von insgesamt 28 Organisationen dann den »People's Plan«. Über 60 Reformen sind darin festgehalten; es geht unter anderem um energieeffizientes und bezahlbares Wohnen, einen Ausbau des öffentlichen Verkehrs, neue Partizipations-Verfahren, Unterstützung für kooperative Betriebe und eine Dekriminalisierung von Sexarbeit und Drogen. Vor allem aber geht es darum, dass die Ressourcen in St. Louis demokratisch verteilt werden. Der People's Plan ist eine vielschichtige Vision, basierend auf der festen Überzeugung, dass die besten Ideen von unten kommen, von der Bevölkerung direkt.

Als Tishaura Jones im Frühjahr 2021 in ihrem zweiten Anlauf schließlich zur Bürgermeisterin gewählt wurde, wurde nicht nur sichtbar, wie viel Einfluss die progressiven Kräfte in St. Louis mittlerweile haben. Für die Aktivistin Reed war es auch ein ganz persönlicher Erfolg. Kurz darauf nämlich machte die neue Rathauschefin ihr Wahlkampfversprechen wahr und schloss das Workhouse für immer. Der Ort, an dem Reeds Mutter und viele ihrer Freund*innen eine so höllische Zeit verbracht hatten, war damit Geschichte.

EINE ALTERNATIVE DEMOKRATIE

Der afroamerikanische Soziologe und Bürgerrechtler W. E. B. Du Bois schrieb in seinem 1935 veröffentlichten Buch *Black Reconstruction* über das große, visionäre Projekt, das nach dem Ende der Sklaverei nötig gewesen wäre, aber nie verwirklicht wurde. Er nannte es Abolitionsdemokratie.[10]

Um eine dauerhafte Emanzipation und Gleichberechtigung der Schwarzen Bevölkerung erreichen zu können, hätte man die Sklaverei nicht nur abschaffen müssen, erklärte Du Bois. Es hätte die Schaffung *neuer* demokratischer Institutionen und die Entwicklung einer *anderen* Wirtschaftsweise gebraucht. In Ansätzen wurde diese Politik zwar nach dem Amerikanischen Bürgerkrieg, also in der Phase der Reconstruction zwischen 1865 und 1877, verfolgt. Sozialprogramme für Arme wurden damals aufgelegt, Bürger*innenrechte erweitert, das Bildungssystem erneuert, Vermögen verteilt. Zwei Schwarze Politiker saßen sogar im US-Senat, was es davor noch nie gegeben hatte und danach sehr lange nicht geben sollte. Diese kurze Periode der Demokratisierung, die im amerikanischen Geschichtsunterricht bis heute vernachlässigt wird, fand jedoch ein jähes Ende, als der Ku-Klux-Klan an Stärke gewann und die rassistischen Jim-Crow-Gesetze etabliert wurden. Am Ende setzte sich eine »Industrie des privaten Profits« durch, wie Du Bois festhielt, »die um jeden Preis Reichtum und Macht anhäufte«. Die befreiten Sklav*innen wurden in ein System integriert, das sowohl Gewinner als auch Verlierer brauchte. Die Unterdrückung setzte sich mit anderen Mitteln fort.

Du Bois' Konzept der Abolitionsdemokratie findet seit ein paar Jahren wieder verstärkte Resonanz. Man hört davon in aktivistischen Kreisen, liest davon in wissenschaftlichen Artikeln und Büchern, die auf der Bestsellerliste stehen. Die Columbia-Universität hat verkündet, einen Modell-Lehrplan unter dem Titel »Racial Justice and Abolition Democracy« zu entwickeln. Auch auf Angela Davis' Gesprächsband *Abolition Democracy* aus dem Jahr 2005 wird sich zunehmend bezogen. In der alten Idee der Abolitionsdemokratie scheint etwas zu stecken, das auch im 21. Jahrhundert zukunftsweisend ist.

Was aber könnte es konkret bedeuten, wenn man das Konzept des Abolitionismus in den Mittelpunkt einer Demokratie stellt?

Welche Institutionen bräuchte es? Und inwiefern müsste sich auch unser Denken über Sicherheit und Gerechtigkeit verändern? Abolitionist*innen betonen, dass es fast alles, was es braucht, schon gibt. Oft nur in Ansätzen und kaum perfekt. Aber vielversprechend genug, um diesen Spuren zu folgen.

Wie in diesem Kapitel beschrieben, geht es beim Abolitionismus darum, den Ursachen von Kriminalität entgegenzuwirken. Hätten *alle* Menschen eine bezahlbare Wohnung, faire Arbeitsbedingungen, genug Essen, einen sicheren Aufenthaltsstatus, freien Zugang zu Bildung und Gesundheitsversorgung, wäre einem großen Teil der Kriminalität, wie fast jede Studie nahelegt, vorgebeugt. Ebenso klar ist allerdings auch, dass man Konflikte zwischen Menschen nicht abschaffen kann, dass es auch in einer utopisch freien Gesellschaft Gewalt und Grenzüberschreitungen geben wird, mit denen irgendwie umgegangen werden muss. Menschen wollen zurecht wissen, wen sie in Not anrufen können, und was mit denjenigen, die schwere Straftaten begehen, passiert. Einfache Antworten auf diese Fragen gibt es nicht, wie Abolitionist*innen wissen. Aber es gibt Versuche, andere Antworten zu entwickeln.

In Olympia, Washington, beispielsweise kommen seit 2019 neben den normalen Beamt*innen auch von der Stadt bezahlte und ausgebildete Zivilbürger*innen zum Einsatz, die weder eine Waffe mit sich führen, noch Daten an die Polizei weitergeben. In Denver, Oakland, San Francisco und Portland laufen ähnliche Pilotprojekte, die das Ziel haben, den Kontakt zwischen Einwohner*innen und Polizei zu reduzieren. Inspiration für viele dieser Initiativen liefert die Stadt Eugene in Oregon, in der bereits vor über 30 Jahren ein Programm namens Crisis Assistance Helping Out On The Streets (CAHOOTS) gestartet wurde. 20 Prozent aller Polizei-Notrufe werden dort mittlerweile von Sozialarbeiter*innen übernommen. Sie sind darin geschult, Menschen mit psychischen Problemen zu behandeln und in Fällen von häuslicher Gewalt zu intervenieren. Dass bislang *nur* 20 Prozent der Notrufe bei CAHOOTS landen, liegt daran, dass auch in Eugene die Gelder und das Personal stark begrenzt sind. Je besser ausgestattet solche Programme sind, das kann man an vielen Orten des Landes beobachten, desto effektiver funktionieren sie. Es ist eine der Erfahrungen, die die Mitarbeiter*innen von CAHOOTS nun weitergeben können. Mehr als 300 Gemeinden meldeten sich nach dem Mord an George Floyd in Eugene, um von der Initiative zu lernen.

Eine der Herausforderungen des abolitionistischen Denkens liegt darin zu schauen, welche Reformen mit den Logiken des Strafapparats brechen – und welche Reformen nur *zusätzliche* Strukturen schaffen, die dann *später* abgeschafft werden müssten. Wenn New York City beispielsweise den gigantischen Gefängniskomplex auf Rikers Island schließen möchte, um dafür mehrere, kleinere Bezirksgefängnisse zu errichten, werden die Probleme nicht gelöst, sondern verlagert. Anders kann man die Reformen bewerten, die in den vergangenen Jahren in Bundesstaaten wie Oregon zur Dekriminalisierung von Drogen geführt haben. Das Strafsystem wurde dadurch nicht abgeschafft, aber zumindest abgebaut.

An immer mehr Orten der USA werden mittlerweile auch alternative Justiz-Verfahren ausprobiert. Motiviert durch erfolgreiche Modelle im Umgang mit Jugendkriminalität sollen so Wege gefunden werden, Konflikte grundsätzlich nicht durch individualisierte Bestrafung, sondern Wiedergutmachung und Schlichtung zu lösen. Ein dafür wesentliches Prinzip nennt sich *Restorative Justice* (zu Deutsch: wiederherstellende Gerechtigkeit), bei dem dafür gesorgt wird, dass die Schäden, die beispielsweise durch einen Diebstahl oder Vandalismus entstanden sind, von der betroffenen Person so gut es geht beglichen werden. Entsprechende Projekte laufen unter anderem in Philadelphia, wo seit 2018 der progressive Bezirksstaatsanwalt Larry Krasner die Justizpolitik mitgestaltet.

Verknüpft damit ist das Prinzip der *Transformative Justice*, das insbesondere in Gewaltfällen zum Tragen kommt. Bei der *Transformative Justice* soll über längerfristige Vermittlungsverfahren erreicht werden, dass das Opfer den nötigen Schutz und die Hilfe erhält, während die gewaltausübende Person Möglichkeiten bekommt, Verantwortung zu übernehmen und das eigene Verhalten zu verändern. Gewalt, das ist die Überzeugung, findet nie im Vakuum statt, sondern ist in den meisten Fällen ein Produkt gesellschaftlicher Umstände. Was das ganz konkret bedeutet, wird von Fall zu Fall entschieden. Immer ausgehend davon, dass nur das passiert, was das Opfer auch will. Die Verfechter solcher Verfahren weisen darauf hin, dass es weder vorgefertigte Lösungen gibt, noch die Garantie, dass sie reibungslos funktionieren. So wie das Konzept des Abolitionismus an sich, sollte man also auch die dazugehörigen Prinzipien der *Restorative Justice* und *Transformative Justice* als Prozesse mit offenem Ausgang verstehen.

Die Voraussetzung für all diese Ideen und Prinzipien ist es, dass es überhaupt Gemeinschaftsstrukturen gibt. Es braucht Menschen, die bereit sind, alternative Hilfsangebote und Justizverfahren auszuprobieren. Es braucht ein hohes Level an Vertrauen und Offenheit, dazu Orte und Zeit, damit solche langfristigen Prozesse eingeleitet werden können. Wenn Abolitionist*innen sagen, dass Communitys die Antwort auf Polizei und Gefängnisse sind, dann leuchtet zwar ein, was damit gemeint ist: Netzwerke der gegenseitigen Hilfe, genügend Ressourcen, Schutzräume, all das. Gelegentlich wird dem Konzept Community aber eine fast übernatürliche Kraft verliehen. Als würde Community einfach existieren, sobald Menschen irgendwo zusammenkommen. Als wäre jede Community gleich emanzipatorischer Natur. So wie unsere Arbeitswelt, unsere Städte und Infrastrukturen heute aufgebaut sind und funktionieren, ist die Vorstellung von Community oft vor allem das: eine Vorstellung.

Die Idee des Abolitionismus, das zeigt sich auch an dieser Stelle, lässt sich nur im Zusammenwirken mit anderen Transformationen vorstellen. Genau aus diesem Grund scheint aber auch der Begriff Abolitions*demokratie* so passend. Zum Ausdruck kommt darin sowohl der Umfang der nötigen Veränderungen – es geht schließlich um nicht weniger als eine neue Demokratie! – als auch der Ansatz,

Gesellschaft von denen aus zu denken, die an den Rand gedrückt wurden. Eine wirkliche Demokratie, so die Überzeugung, ist nur dann möglich, wenn es keine repressiven Systeme mehr gibt, die Menschen ausschließen.

* * *

Ich möchte zum Ende dieses Kapitels einen kleinen Sprung machen, zurück in den Sommer 2020 nach Minneapolis, wo der Stadtrat nach dem Mord an Georg Floyd den historischen Beschluss fasste, die Polizeibehörde aufzulösen. Schaut man sich an, was in Minneapolis seither passiert ist, wird gleichermaßen deutlich, wie verankert das jetzige Strafsystem ist – und wie viel sich in Bewegung befindet, um diese Anker zu lösen.

Eine der ersten Hürden, die sich auftaten, war die sogenannte »City Charter«, das Stadtrecht, in dem Hunderte Regeln für die lokale Verwaltung festgehalten sind. Eine dieser Regeln besagt, dass Minneapolis eine Polizeibehörde, in der eine bestimmte Mindestzahl von Beamt*innen pro Einwohner*innen angestellt sind, braucht. Für die abolitionistischen Kräfte war also klar, dass sie erst das Stadtgesetz verändern müssen, bevor irgendetwas passieren kann. Erschwerend kam hinzu, dass sich neben der Polizei auch mächtige Wirtschaftsverbände und Immobilienentwickler dem Vorhaben in den Weg stellten. Dieser Gegenwind, kombiniert mit den bürokratischen Hürden, machte es für manche Mitglieder des Stadtrates einfach, ihr Versprechen von der Auflösung der Polizeibehörde wieder zurückzuziehen.

Den Mut hat die linke Bewegung in Minneapolis dadurch nicht verloren. Über 50 Gruppen schlossen sich Anfang 2021 zu einem Bündnis mit dem Namen »Yes 4 Minneapolis« zusammen. Menschen aus allen möglichen demografischen Gruppen und Milieus gehören dazu, mehrere Gewerkschaften sind vertreten, feministische Kollektive, Civil-Rights-Initiativen, muslimische und jüdische Vereine, radikale Organisationen wie Black Visions. Sie alle verfolgen das Ziel, die Polizei aufzulösen und durch ein Department of Public Safety zu ersetzen. Was genau die Aufgaben dieser neuen Behörde sein könnten, soll durch eine Reihe von Versammlungen ermittelt werden, in der Einwohner*innen gemeinsam mit Expert*innen über Alternativkonzepte zum Thema öffentliche Sicherheit beraten. Während beim ersten Referendum nicht genug Stimmen für ein neues Department of Public Safety zusammenkamen, wird »Yes 4 Minneapolis« an der Basis weiter dafür kämpfen, dass die Stadt sicherer wird.

Was zeigen die Entwicklungen in Minneapolis? Abolitionismus ist ein mühsamer Kampf, ein zäher Prozess, eine entfernte Utopie. Führende Kräfte in Politik und Wirtschaft werden sich dagegen wehren, große Teile der Bevölkerung müssen noch überzeugt werden. Zugleich aber, man könnte es die strapaziöse Magie dieser Bewegung nennen, wird Abolitionismus jeden Tag praktiziert. Nachbar*innen, die Hilfsnetzwerke aufbauen; Aktivist*innen, die Gefängnisse niederreißen; Menschen, die sich zusammensetzen und überlegen, wie man ohne Repressionssysteme leben kann. An all diesen Orten wächst schon etwas von einer neuen Welt.

7   KLASSE UND CARE

Der Kreis war am Anfang klein, eine Hand voll Kolleg*innen, die in den Pausen zusammenkamen und ihren Frust teilten. Über das Arbeitspensum, die ständige Überwachung durch ihre Chefs und die Monitoring-Systeme, in die sie sich einloggen müssen. Über den Druck, wie ein Roboter funktionieren zu müssen, kontrolliert von echten Robotern. »Die würden das nicht machen, wenn wir eine Gewerkschaft hätten«, sagte einer von ihnen, die anderen stimmten zu. Niemand wusste so recht, wie man vorgehen soll, was man überhaupt erreichen kann, gegen eines der größten Unternehmen der Welt. Fest stand dagegen, dass schon dieser vertrauliche Austausch ein Risiko darstellte. Wenig verträgt Amazon so schlecht wie Angestellte, die sich auflehnen.

Die Kleinstadt Bessemer liegt südwestlich von Birmingham, mitten in Alabama, *Deep South*. Rund 27 000 Menschen wohnen hier, von denen 71 Prozent Schwarz sind und mehr als ein Viertel unter der Armutsgrenze leben. Die Gegend ist zwar reich an revolutionärer Geschichte, von der kommunistischen Gewerkschaft Mine Mill, die in den 20er und 30er Jahren erfolgreiche Bergarbeiter-Streiks organisierte, bis zum Civil Rights Movement, das in diesem Teil von Alabama entscheidende Kämpfe führte. In den vergangenen Jahrzehnten aber wurden der Ort und seine Umgebung vor allem vom steten Zerfall der Infrastrukturen dominiert. Die Arbeitsplätze, die mit dem Abzug der Stahlindustrie verloren gingen, wurden nie ersetzt. Als Amazon 2018 bekannt gab, in Bessemer ein großes Logistikzentrum mit Tausenden neuen Arbeitsplätzen zu bauen, hofften viele auf einen Aufschwung. Oder zumindest auf einen Job.

Die Ernüchterung, so erzählen es die Beschäftigten, setzte bald nach der Eröffnung des Standortes ein. Zehn bis elf Stunden dauern die Schichten in den gigantischen Logistikzentren, von denen Amazon in den USA über 100 führt. Die Waren kommen in Lastern an, müssen dann ausgeladen, sortiert, verpackt und umgeladen werden. Alles unterliegt einer strengen Taktung. Manche Arbeiter*innen stehen fast den ganzen Tag an einer Stelle, andere müssen Treppen hoch, Treppen runter. An die Substanz geht beides. »Du hast Schmerzen, deine Handgelenke tun weh. Deine Beine tun weh. Du hast Krämpfe. Es gibt wirklich keine Möglichkeit zu verschnaufen, weil du dich bewegen musst, wenn sich die Roboter bewegen«, beschreibt ein Angestellter den Alltag. »Time off task« heißt das System, das jede Sekunde misst, die ein*e Amazon-Arbeiter*in »abseits der Aufgaben« verbringt. Wer außerhalb der zwei zugestanden Pausen zur Toilette muss oder etwas trinken möchte, riskiert eine Abmahnung, wenn nicht mehr. 2019 berichtete das Magazin *Verge* über 300 Angestellte, die innerhalb von nur einem Jahr an einem einzigen Standort in Baltimore gefeuert wurden, weil sie zuviel »time off task« angesammelt hatten.

Das System Amazon ist lang kein Geheimnis mehr, es wurde tausendfach enthüllt. Man weiß von den Fahrer*innen, die aus Zeitdruck in Flaschen urinieren müssen, auch von den hohen Unfallzahlen: Im Jahr 2020 kam es zu mehr als 24 000 ernsten Arbeitsverletzungen im Unternehmen.[1] Man erfährt von den systematischen Steuervermeidungen, von der De-Facto-Monopolstellung in bestimmten Segmenten. Es ist bekannt, dass nahezu jedes große Unternehmen der Welt inzwischen Amazons Cloud-Computing-System nutzt, was bedeutet, dass man als Konsument*in Amazon quasi gar nicht vermeiden kann. Man weiß auch, dass das Privatvermögen von Amazon-Gründer Jeff Bezos im ersten Corona-Jahr 2020 um 67,9 Milliarden Dollar gewachsen ist – 38 Mal so viel, wie das Unternehmen seinen rund 1,2 Million Angestellten insgesamt an Gefahrenzulage zahlte. All das gehört heute zum öffentlichen Wissen.

Doch Amazon ist nicht nur ein miserabler Arbeitgeber. An vielen Orten ist es auch der *einzige* Arbeitgeber, der massenhaft Stellen anspült. Das Unternehmen ist so groß, dass es mit Jobs, die ein Leben knapp über dem Existenzminimum ermöglichen, trumpfen kann. Wo andere Firmen eingehen, baut Amazon aus.

Wo fängt man an, wenn man solch einem Komplex gegenübersteht? Wie löst man sich aus der Ohnmacht, die so ein übermächtiges Unternehmen produziert? Als sich die Gruppe von Amazon-Angestellten in Bessemer im Sommer 2020 erstmals mit der Einzelhandelsgewerkschaft RWDSU in der Lobby eines Holiday Inn traf, war die Vorsicht groß. »Wir haben uns umgeschaut, um sicherzugehen, dass Amazon uns hier nicht findet«, erinnert sich eine von ihnen, Jennifer Bates. »Wir wussten nicht, ob Amazon unsere Telefone überwacht.«[2] Selbst die Parkplätze vor dem Hotel behielten sie im Auge, für den Fall, dass ihnen jemand gefolgt war. Die Anspannung wurde an diesem Tag jedoch um ein anderes Gefühl erweitert: das der Hoffnung. Die Gewerkschaft versprach den Arbeiter*innen – von denen in Bessemer 85 Prozent Schwarz und der Großteil Frauen sind – ihre Unterstützung und begann ein paar Monate später mit der Mobilisierung der Belegschaft.

* * *

Es passiert nicht oft, dass sich die Öffentlichkeit für Gewerkschaften interessiert. Gewerkschaften gelten bei vielen in ihrer jetzigen Form als überholt, ihre Entscheidungsprozesse als intransparent, hierarchisch oder sogar korrupt. Eine Bedrohung für die Marktwirtschaft sehen manche in ihnen – zum Beispiel Unternehmenschefs, die sich totale Flexibilität wünschen. Von links werden die Apparate ob ihrer Schwerfälligkeit gelegentlich als Hindernis für radikalen Wandel kritisiert. Gewerkschaften sind ein »pain in the ass«, schreibt die Gewerkschaftsforscherin Jane McAlevey zu Beginn ihres Buches *A Collective Bargain*, bevor sie dann aber zu einer leidenschaftlichen Verteidigung ihres Metiers ansetzt. Gewerkschaften seien trotz aller Schwächen und Vorurteile essenziell, erklärt McAlevey, für ökonomische Gerechtigkeit und die Demokratie allgemein.³

Gewerkschaften mögen also vieles sein, eins sind sie nicht: egal. Das wurde auch in Bessemer deutlich, als Amazon eine Gegenkampagne startete, die sich nahezu jedem liberal-autoritären Instrument der Einschüchterung bediente, das es so gibt. Die Angestellten wurden zu Gruppengesprächen geordert, in denen ihnen eingebläut wurde, dass sie ohne eine Interessensvertretung bessergestellt seien. Das Unternehmen richtete extra eine Anti-Gewerkschafts-Website ein und klebte entsprechende Plakate an die Wände in den Toiletten. Sogar die Ampelschaltung vor dem Gelände wurde verändert, damit die Gewerkschaft weniger Gelegenheit zur Kontaktaufnahme bekam. Die Gerüchte, dass das ganze Logistikzentrum dichtgemacht werde, sollte die Gewerkschaft erfolgreich sein, taten ihr Übriges.

738 Amazon-Arbeiter*innen in Bessemer stimmten im Frühjahr 2021 dafür, sich der RWDSU anzuschließen, was aufgrund von 1798 Gegenstimmen nicht reichte. Es war eine bittere Niederlage, wie Aktivist*innen von Alabama bis Berlin feststellten. Die Kampagne hatte nicht nur in den USA, wo sich unter anderem Bernie Sanders und Joe Biden für die Angestellten aussprachen und Leitmedien über Monate lang berichteten, für Aufsehen gesorgt. Auch in vielen anderen Ländern formierte sich Solidarität, insbesondere dort, wo Belegschaften bereits im Konflikt mit Amazon standen. Die Beschäftigten des Unternehmens vernetzen sich seit ein paar Jahren immer aktiver, mit Amazon Workers International gibt es eine grenzüberschreitende Koalition. Jeder einzelne Kampf macht Hoffnung, sagen die Arbeiter*innen, egal wo. Was in den USA passiert, hat jedoch besondere Auswirkungen. Bessemer wäre der erste Amazon-Standort auf amerikanischem Boden mit gewerkschaftlicher Vertretung gewesen. Der renommierte Historiker Robin D. G. Kelley sprach sogar vom »wichtigsten Arbeitskampf des 21. Jahrhundert«.

Dass die Kampagne trotz der historischen Bedeutung und gigantischen Aufmerksamkeit scheiterte, war deshalb auch eine Lehre. Die Gewerkschaftsexpertin McAlevey warf der RWDSU mangelnde Vorbereitung und Wunschdenken vor, sie sprach von einer »absehbaren Niederlage«. Ein entscheidender Fehler habe darin bestanden, die Arbeiter*innen nur vor dem Logistikzentrum und nicht an ihren Haustüren zu kontaktieren, wodurch man die Chance verpasst habe, abseits der Amazon-Überwachung sprechen zu können. Statt vor Ort in Bessemer Unterstützung aufzubauen, unter anderem bei den einflussreichen Kirchen, habe sich die Gewerkschaft außerdem zu sehr auf prominente Namen und Online-Aktivitäten verlassen. »Soziale Medien und ›digitale Strategien‹ sind Abkürzungen, die nicht funktionieren, wenn es gilt, gegen die zentrale Waffe der Angst und Spaltung anzukämpfen«, schrieb McAlevey.[4] »Der Schlüssel zum Erfolg sind Beschäftigte, die miterleben, wie ihre Kolleg*innen sich positionieren.« Klassenkampf, so ließ sich ihre Kritik zusammenfassen, braucht Ausdauer.

EINE ARBEITER*INNENBEWEGUNG WÄCHST

Man könnte das erfolglose Aufbäumen in Bessemer nun abhaken, als Versuch und Irrtum oder gar als Zeichen einer gescheiterten Linken einordnen. In gewisser Hinsicht war es das auch. Zum Ausdruck kam durch die Mobilisierung der Amazon-Beschäftigten allerdings eine größere Entwicklung, die weit über diesen einen Arbeitskampf hinausgeht. Bessemer demonstrierte, dass in den USA langsam eine neue Arbeiter*innenbewegung entsteht.

Neu ist diese Bewegung, weil es in vielen Branchen zum ersten Mal seit Jahrzehnten wieder eine Zunahme von Streiks, Arbeitsprotesten, Gewerkschaftsgründungen und sogar Massenkündigungen gibt. Überall im Land schließen sich Beschäftigte zusammen, um bessere Arbeitsbedingungen zu erkämpfen. Manche tun das in bereits etablierten Gewerkschaften, andere in eher losen Gruppen, wieder andere vernetzen sich international. Wo die Arbeitsverhältnisse flexibel sind, müssen es auch die Kämpfe dagegen sein. Seit der Finanzkrise ist ein Ungerechtigkeitsbewusstsein gewachsen, das sich nun immer gezielter in Aktionen übersetzt. Wo atomisierte Ohnmacht schwindet, wächst kollektive Macht.

»Das Versagen des Neoliberalismus ist so tiefgreifend, dass selbst Figuren wie Joe Biden, einer der führenden Architekten der neoliberalen Wende seiner Partei, es nicht länger ignorieren oder rechtfertigen können«, bemerkte der Journalist Chris Maisano.[5] In der Tat könnte die Biden-Regierung die erste seit Jahrzehnten sein, unter der progressivere Arbeitsrechtreformen umgesetzt werden. Die größten Hoffnungen liegen dabei auf dem Protecting the Right to Organize (PRO) Act, einer Gesetzesinitiative, die Gewerkschaften und das allgemeine Arbeitsrecht fundamental stärken würde. Fast alle Methoden, die Amazon in Bessemer gegen die Gewerkschaft anwandte, wären unter dem PRO Act verboten. Auch die langwierigen Abstimmungsprozesse, durch die gewerkschaftliche Arbeit oft verhindert wird, wären vereinfacht. Der von Abgeordneten der Demokratischen Partei verfasste Gesetzesentwurf wurde im Repräsentantenhaus bereits verabschiedet, scheitert aber bislang an einer fehlenden Mehrheit im Senat. Alleine, dass so etwas wie der PRO Act auf der Agenda steht, zeigt, wie viel Druck sich in den vergangenen Jahren aufgebaut hat.

Neu ist die Arbeiter*innenbewegung noch aus einem anderen Grund. Was in vielen der Analysen zu Bessemer zu kurz kam, war der Blick auf das Subjekt, also auf diejenigen, die es überhaupt erst gewagt hatten, sich mit Amazon anzulegen. Angetrieben wurde die Initiative von Schwarzen Frauen wie Jennifer Bates, einer dreifachen Mutter, 48 Jahre alt, die innerhalb weniger Wochen zum Gesicht des Aufstands wurde. Als Bates im März 2021 auf Einladung von Bernie Sanders in einer Anhörung vor dem Senat sprach, entstand ein soforthistorisches Dokument über Arbeit im Spätkapitalismus. Bates beschrieb das autoritäre Klima bei Amazon, ihre Schmerzen bei der Arbeit, die Erniedrigung, die sie verspürt, wenn Security-Mitarbeiter kontrollieren, ob sie etwas geklaut habe. Und sie fasste das ökonomische System dahinter in pointierte Worte. »Wir, die Arbeiter*innen, haben die Milliarden für Amazon gemacht«, sagte Bates. »Wir dürfen sie nur nicht ausgeben.«

Wer sich die wichtigsten Arbeitskämpfe der vergangenen Jahre näher anschaut, erkennt: Bates ist keine Ausnahme. Sie ist vielmehr die Regel. Sei es bei Logistikunternehmen wie Amazon, in der Pflegeindustrie, Gastronomie oder im Bildungswesen: Frauen of Color haben den Klassenkampf in den USA reaktiviert. Sie sind an der Spitze der größten Streiks, reformieren Gewerkschaften von innen, bilden berufsübergreifende Allianzen. Auch im Silicon Valley, wo sich in den vergangenen Jahren eine kapitalismuskritische Bewegung von unten aufgebaut hat, sind Frauen of Color die treibenden Kräfte. Das gleiche gilt für #MeToo, die Aufstände im Bereich der Sexarbeit und die Kampagne für einen Mindestlohn von 15 Dollar.

Was sagt uns diese Entwicklung? Zunächst einmal führt sie vor Augen, dass die alten Fragen nach Produktionsmitteln und Privateigentum, Akkumulation und Ausbeutung, Lohnarbeit und Entfremdung, Überfluss und Knappheit, alles andere als alt sind – dass diese Fragen aber zugleich neu gedacht werden müssen. Die Arbeitskämpfe finden heute an anderen Fronten als im 20. Jahrhundert statt, entsprechend haben sich auch die Herausforderungen verändert. Die Ansprüche sind zwar immer noch mehr Lohn und Schutz sowie das Recht auf Mitbestimmung und Vertretung durch Gewerkschaften. Doch bei diesen Forderungen bleibt es nicht stehen. Immer dringender geht es um die Frage, welche Kämpfe wir überhaupt als *Arbeits*kämpfe wahrnehmen und was für eine Rolle Arbeit in Zukunft ganz grundsätzlich einnehmen soll. Lebensrealitäten, die lange ignoriert wurden, rücken dabei nach vorne: von Schwarzen Warenhausarbeiterinnen und hispanischen Lehrerinnen, von Reinigungskräften, Pflegern und Verkäuferinnen. Neue Perspektiven haben sich so ergeben, die das Thema Arbeit gesamtheitlicher fassen. Deutlich wird das auch durch die alternativen

Ökonomiekonzepte und Fürsorgemodelle, die in den vergangenen Jahren entwickelt worden sind. Führt man all diese Energie zusammen, dann landet man bei einer so simplen wie revolutionären Idee: der Demokratisierung *aller* Arbeit.

HARD HATS IN TRUMPLAND

Die allermeisten Menschen arbeiten, weil sie arbeiten müssen, sie arbeiten viel, und sie tun es unter Bedingungen, auf die sie wenig bis keinen Einfluss haben. Wer was für wie lange und wie viel Geld macht, wird in den seltensten Fällen kollektiv verhandelt, sondern in der Regel von den wenigen Chefs beziehungsweise den Standards der jeweiligen Branchen und Märkte festgelegt. Es gibt zweifellos große Unterschiede zwischen den Ländern, Berufen und Anstellungsverhältnissen, aber unter dem Strich bleibt Arbeit im Kapitalismus für die Mehrheit fremdbestimmt und dadurch zur Ausbeutung disponiert. Diesen Zustand kann man schlucken, viele sind in ihrem Alltag fast dazu gezwungen. Immer mehr Menschen stellen ihn aber infrage, denn *natürlich* sind diese Verhältnisse nicht.

Dass Arbeiter*innen wenig Stimmrecht haben, geschweige denn Kontrolle, ist in Europa nicht anders als in den USA. Aber in den USA ist es besonders eklatant. 2020 waren laut Arbeitsministerium nur 10,8 Prozent aller amerikanischen Beschäftigten in einer Gewerkschaft vertreten – verglichen mit rund 20 Prozent, die es 1983 waren. In der Privatwirtschaft liegt der Anteil derzeit bei 6,3 Prozent. Es gibt Bereiche, zum Beispiel die Gastronomie, in denen gerade mal eine*r von 100 Arbeiter*innen gewerkschaftlich organisiert ist.[6] Dieser Rückgang lässt sich nicht von zwei anderen Entwicklungen trennen: Einerseits stagnieren die Gehälter in vielen Branchen seit mehreren Jahrzehnten, speziell im Niedriglohnsektor.[7] Andererseits ist die Einkommens- und Vermögensungleichheit seit den 70er Jahren enorm gestiegen.[8] Kurz gesagt:

Nie zuvor hatten Arbeiter*innen so wenig Mitspracherecht wie heute, nie zuvor war so viel Kapital in so wenigen Händen.

Diese Situation hängt mit der Deindustrialisierung und Globalisierung zusammen, begründet sich durch Outsourcing, Privatisierungen, Automatisierung und auch dadurch, dass die Wirtschaft seit den 70er Jahren langsamer wächst als im »goldenen Zeitalter« direkt nach dem Zweiten Weltkrieg. Vor allen Dingen aber ist diese Situation das Resultat von Jahrzehnten arbeitnehmerfeindlicher und anti-kommunistischer Politik. Wie schon nach der Russischen Revolution standen Linke in den USA auch nach dem Zweiten Weltkrieg unter Generalverdacht, »unamerikanisch« zu sein. Wer sich in der Phase des Red Scares organisierte, dem drohte die Verfolgung. Eine maßgebliche Rolle spielte der 1947 beschlossene Taft-Hartley-Act, ein Gesetz, das die Position von Gewerkschaften deutlich schwächte und viele der im New Deal etablierten Arbeitsrechte demontierte. Unter dem Strich haben fast alle Regierungen seither, ob von Demokraten oder Republikanern geleitet, Unternehmen mehr Macht gegeben. So wie Amazon haben es viele zum *Union Busting* genutzt, wie die systematische Bekämpfung und Diskreditierung von Gewerkschaften bezeichnet wird. Auch durch die Entscheidungen des konservativen Supreme Court wurden die Rechte der Arbeiter*innenklasse immer wieder geschwächt.

»Arbeiter*innenklasse« – wovon sprechen wir hier eigentlich? Wenn es nach Teilen der Politik geht, denken wir bei diesem Begriff immer noch an weiße Männer in *hard hats*, so werden die Schutzhelme genannt, die Industriearbeiter tragen. Dieses Bild wird nicht nur von rechten Politiker*innen kultiviert – ist es Zufall, dass sich Politiker selbst so gerne in Schutzhelmen und -westen inszenieren? –, sondern auch von vielen, die den Rechtspopulismus erklären wollen.

Trump gab der *white working class* den Stolz zurück, den ihr die Demokratische Partei genommen hatte, lautete eine weit verbreitete Erzählung nach 2016. Man las es in Analysen und Reportagen, die aus dem Rust Belt kamen, jener von der Deindustrialisierung gezeichneten Region in der Mitte des Landes, in der Trump entscheidende Siege einfuhr. Als literarischer Beweis wurde oft das Buch *Hillbilly Elegy* von J. D. Vance herangezogen, ein Memoire, in dem der Autor das Leben seiner Familie und Bekannten in Ohio schildert, geplagt von Armut, Drogensucht und Arbeitslosigkeit. Verortet werden diese Probleme in *Hillbilly Elegy* jedoch vor allem innerhalb »der Familie, des Glaubens und der Kultur«.⁹ Die Unterschicht ist arm dran, ist eine der Botschaften des Buches, aber irgendwie auch ein bisschen selber schuld. Und wer es wirklich nach oben schaffen will, so kann man seine Erzählung interpretieren, der schafft es durch Fleiß und Disziplin. Während es das Buch mittlerweile als etwas kitschigen Netflix-Film gibt, strebt Vance, der als *Venture Capitalist* zum Millionär wurde, eine Karriere als rechter Politiker in Ohio an.

Dass *Hillbilly Elegy* das Phänomen Trump und damit auch »die Arbeiter*innenklasse« erklären sollte, war weniger Schuld des Autors als der Medien, die dieses Narrativ so oft bemühten. Problematisch daran waren und sind gleich mehrere Dinge. Zunächst fehlte es dem Buch an einer wirklich materiellen Analyse, die sich mit den strukturellen Gründen ökonomischer Ungleichheit beschäftigt. Durch den Fokus auf die *white working class* als Trump-Fundament wurde zudem unterschlagen, wie viele Millionen Menschen aus dieser demographischen Gruppe ihn *nicht* wählten – und wie viele wiederum es aus der mittleren und oberen Einkommensschicht taten. Trump kam längst nicht nur bei den »Rednecks« und »Hillbillys« an, wie weiße Arbeiter*innen auf dem Land abfällig bezeichnet werden. Er überzeugte auch wohlhabende Leute in den Großstädten und Vororten, religiöse Rechte und konservative Hispanics, Unternehmerinnen und Spießer, die *Petite bourgeoisie*, das traditionelle Kleinbürgertum. Sowohl 2016 als auch 2020 stimmten Spitzenverdiener*innen mehrheitlich für Trump und Geringverdiener*innen mehrheitlich für die Demokraten.

Durch die zum Teil obsessive Beschäftigung mit der *white working class* wurde einerseits verzerrt, wie komplex Trumps Popularität war und ist. Andererseits wurde so das Bild transportiert, dass die *working class* eben immer noch vorrangig aus weißen Männern in *hard hats* besteht. Die Realität jedoch sieht anders aus.

* * *

Wer zur Arbeiter*innenklasse zählt, ist tatsächlich nicht einfach festzumachen. Sind es alle, die von ihrer Lohnarbeit abhängig sind? Oder nur bis zu einer bestimmten Höhe des Gehaltes? Sind es alle, die kein Kapital besitzen? Und was genau meint dann Kapital? In einer Gallup-Studie aus den Jahren 2016 bis 2018 sagten 30 Prozent der befragten Amerikaner*innen, dass sie sich als »working class«, und 9 Prozent, dass sie sich als »lower class« identifizierten. Bemerkenswert war, dass der Anteil derer, die sich einer dieser zwei Kategorien zuordneten, deutlich geringer unter Menschen im Ruhestand war. Ein Ergebnis, das nahelegt, dass viele Leute die Antwort nicht von ihrer sozio-ökonomischen Stellung abhängig machen, sondern primär davon, *ob* sie noch arbeiten oder nicht.

Jenseits solcher Studien, die auf Selbsteinschätzung beruhen, gibt es einige statistische Entwicklungen, die etwas über die Zusammensetzung der Arbeiter*innenklasse verraten. Laut Center for American Progress waren im Jahr 2017 nur noch elf Prozent aller Beschäftigten in den USA weiße, männliche Arbeiter in Industriejobs. Der Anteil dürfte heute noch kleiner sein. Der Bereich »health care and social assistance« macht dagegen mittlerweile 14 Prozent aller Jobs aus. Es ist laut US-Arbeitsministerium der »am schnellsten wachsende Sektor der Wirtschaft«.

Diese beiden Makro-Trends – der Niedergang der Schwerindustrie und die enorme Zunahme von Pflegejobs – haben sich nicht unabhängig voneinander entwickelt. Sie sind an vielen Orten verflochten, wie der Historiker Gabriel Winant am Beispiel Pittsburgh erklärt.[10] Dort, wo Stahlfabrikarbeiter oft mit geschundenen Körpern in vorzeitige Rente gingen, wuchs auch der Bedarf an Pflege. Staatliche und private Gesundheitsprogramme wurde immer weiter ausgebaut. Die meisten Jobs, die dadurch entstanden, waren jedoch unterbezahlt. Wollte man den Wandel also in einem Bild verdichten, sähe man einen ehemaligen weißen Fabrikangestellten, um den sich eine Schwarze, prekärbeschäftigte Pflegerin kümmert. Das Problem ist nur, dass dieses Bild so selten gezeigt wird, wenn von der *working class* die Rede ist.

Die Idee einer überwiegend weißen, männlichen Arbeiterklasse ist realitätsfern und mehr: Sie überfährt, das ist das Kernproblem, auch diejenigen, die tatsächlich ganz unten stehen. In fast allen Bereichen, in denen Vertragsarbeit und Niedriglöhne verbreitet sind – das gilt für die USA wie für Europa –, sind Frauen und People of Color überproportional vertreten. Keine andere Gruppe betrifft das so stark wie die Millionen von undokumentierten Immigrant*innen in den USA. Sie arbeiten als Köche, Reinigungskräfte, Gärtnerinnen, Bauarbeiter, sind feste Stützen der Ökonomie, könnten aber jeden Moment abgeschoben werden. Es ist kapitalistische Logik in Reinform, wenn man so will: Die Arbeit ist unverzichtbar, das Leben dagegen schon.

AUS DER PANDEMIE ZUR CARE-ÖKONOMIE

Und dann kam die Pandemie. Plötzlich wurden die prekären Jobs als systemrelevant markiert, plötzlich wurde von Balkonen geklatscht und vor Hauseingängen getrommelt. Plötzlich war die Brutalität des Arbeitsmarktes noch offenkundiger, das privatisierte Gesundheitssystem noch untauglicher. Plötzlich schien an linker Gesellschaftsanalyse kein Weg mehr vorbeizuführen, wie die Historikerinnen Katrina Forrester und Moira Weigel in einem Artikel für *Dissent* festhielten:

> »*Sozialistische Feminist*innen haben uns seit Jahrzehnten auf diese Realitäten aufmerksam gemacht; durch die Pandemie sind ihre Erkenntnisse unbestreitbar. Für viele, ob sie nun Pfle-*

ger*innen in Krankenhäusern sind oder Eltern, die versuchen, Vollzeit zu arbeiten und gleichzeitig Kinder zu erziehen oder sich um Angehörige zu kümmern, wird die Arbeit, das Leben aufrechtzuerhalten und zu unterhalten – bezahlt und unbezahlt, öffentlich und privat –, zu viel.«

Während in Deutschland von »den Systemrelevanten« die Rede war, sprach man in den USA von »essential workers«. Beide Begriffe bleiben in gewisser Weise hohl, weil sie kaum materielle Effekte zur Folge hatten. Putzkräfte und Essenslieferanten verdienen immer noch dürftig, daran hat das neue Label nichts verändert. Gerade im Begriff des »essential worker« liegt jedoch eine Wahrheit, an der man festhalten sollte – die sogar zum Kern einer neuen Gesellschaftsvision gehören könnte, wenn man die Vorzeichen unserer Wirtschaft verändert, sprich: Wenn man das »essential« ernst meint und materielle Konsequenzen daraus zieht.

Fast alle Arbeiter*innen, die während Covid unter diese Kategorie fielen, führen ja nicht nur eine *essenzielle* Arbeit für den Kapitalismus aus, sondern täten das auch, wenn man die Ökonomie umstellen würde. Sie pflegen und kochen, transportieren und reparieren, versorgen und erziehen. Es ist Arbeit, die lebensnotwendig ist. Emissionsarme Arbeit übrigens auch. Arbeit, die sich nicht automatisieren lässt beziehungsweise lassen sollte. Und es ist kein Zufall, dass ein Großteil dieser Arbeit als »weiblich« gilt, weil »weibliche Arbeit« im Kapitalismus traditionell beides ist, unentbehrlich und kaum gewürdigt.

* * *

Es hat sich in den vergangenen Jahren ein Begriff aus der feministischen Theorie etabliert, der sowohl den ausbeuterischen Jetztzustand als auch eine Utopie beschreibt. Der Begriff lautet Care-Ökonomie. Was ist darunter zu verstehen? In der Gegenwart ist damit die Vielzahl von Jobs gemeint, die sich der großen Kategorie *care*, was so viel wie Pflege und Fürsorge heißt, unterordnen lassen.

Krankenschwestern genauso wie Erzieher, Ärzte genauso wie Altenpflegerinnen, Lehrerinnen genauso wie Haushaltshilfen. Je nach Definition werden auch Eltern dazu gezählt, manchmal auch Wissenschaftler*innen. Die Care-Ökonomie ist ein gigantischer Komplex, das gilt für die USA ebenso wie für Deutschland, zwei Länder, in denen das Durchschnittsalter in den kommenden Jahrzehnten und damit auch der Pflegebedarf immer weiter wachsen wird. Die allermeisten Stellen in diesem Feld sind allerdings unterbezahlt oder ganz unbezahlt, berücksichtigt man Hausarbeit und Kindererziehung.

Eine Gruppe kanadischer Wissenschaftlerinnen und Aktivistinnen veröffentlichte im April 2021 das »Care Economy Statement«,[11] in dem sie skizzierten, was Care-Ökonomie unter anderen Vorzeichen bedeuten könnte. Gute Pflege und Fürsorge, heißt es darin, sei die »kritische soziale Infrastruktur, die für gesamtwirtschaftliche Stabilität und Wachstum sorgt; und sie ist eine gemeinsame Verantwortung, nicht nur eine persönliche.« Der Pflegenotstand habe so dramatische Ausmaße angenommen, schreiben die Autor*innen weiter, »dass die Regierungen mehr als nur vorübergehende Lösungen anbieten müssen.« Festgehalten wurden deshalb sechs Prinzipien, nach denen sich alle künftigen politischen Entscheidungen richten sollten:

1. Bezahlte wie unbezahlte Care-Arbeit müssen als grundlegende Komponente der Infrastruktur verstanden werden.
2. Eine Care-Ökonomie besteht aus denen, die Pflege brauchen, und denen, die Pflege geben. Wer auf welcher Seite steht, variiert im Laufe des Lebens.
3. Care ist Qualitätsarbeit, die entsprechende Ausbildung und Bezahlung benötigt.
4. Zu einer Care-Ökonomie gehört ein großes Spektrum von Dienstleistungen und Gesetzen, zum Beispiel Kinder- und Altenbetreuung, umfassende Arbeitsschutzrechte und eine offene Einwanderungspolitik.

5. Der Ausbau der genannten sozialen Infrastrukturen ist genauso wichtig wie Investitionen in physische Infrastruktur.
6. Eine Care-Ökonomie muss inklusiv gedacht werden, basierend auf einer feministischen, intersektionalen, antikolonialen und antirassistischen Analyse.

Niemand behauptet, auch nicht die Verfasserinnen des »Care Economy Statement«, dass eine Wirtschaft alleine durch Care-Jobs funktionieren könnte. Handwerkerinnen, Landwirte, Programmiererinnen und Hunderte andere Berufe werden auch weiterhin benötigt. Der transformative Ansatz – und hier verbindet sich die Idee einer solidarischen Care-Ökonomie mit der eines linken Green New Deals – liegt darin, die Prioritäten der Wirtschaft radikal zu verschieben. Vormals privatisierte Pflege würde sukzessive vergesellschaftet werden, öffentliche Einrichtungen durch große Investitionen modernisiert. Gesundheitsversorgung wäre frei zugänglich, inklusive eines reichen Angebots an psychologischer Hilfe. Kurz: Pflege wäre in allen Facetten und Formen zentral. Wenn das wie ein Bruch mit den aktuellen Wirtschaftsprinzipien klingt, ist es von den Vordenker*innen beabsichtigt. Auf mittel- bis langfristige Sicht würde an diesem Bruch gar kein Weg vorbeiführen. Care-Jobs ergeben unter kapitalistischen Gesichtspunkten schlichtweg zu wenig Profit.

Der Widerspruch zwischen Profitnotwendigkeit und Allgemeinwohl wurde während der Pandemie brutal deutlich. Gleichzeitig hörte man immer wieder, wie viel wir der Privatwirtschaft zu verdanken hätten. Interessant war in diesem Zusammenhang ein *ZEIT*-Interview mit den zwei Gründer*innen der Impfstofffirma Biontech, Özlem Türeci und Uğur Şahin, in dem sie erklärten, dass die über eine Milliarde teure Entwicklung ihres Impfstoffes niemals ohne das Risikokapital privater Investoren möglich gewesen wäre. Während manche darin einen Beweis dafür sahen, dass der Kapitalismus eben doch die Welt rette, bemerkten andere, dass Risikokapital ja auch vom Staat kommen könnte beziehungsweise jetzt schon kommt – und in Zukunft noch konsequenter kommen müsste. Was man dem Gespräch mit Türeci und Şahin nämlich ebenso entnahm, war die Abhängigkeit vom Faktor Gewinn. Immer wieder, sagten sie, habe man prüfen müssen, ob das Projekt noch finanzierbar sei. Die Entwicklung des Impfstoffes, daran führte kein Weg vorbei, musste am Ende ein Geschäftsmodell sein.

Es läuft etwas falsch, wenn Gesundheit sich lohnen muss, wenn die Entwicklung von Impfstoffen am Risikokapital privater Investoren hängt. In einer solidarischen Care-Ökonomie würden demnach nicht nur viele Berufe materiell aufgewertet werden müssen. Der Staat müsste auch in Bezug auf Innovationen eine fundamental andere Rolle einnehmen. Er müsste einerseits flexibler und aktiver sein, was die Förderung von Forschung angeht; andererseits durch Regulierungen sichere Arbeitsbedingungen und eine solidarische Verwendung der Technologien gewährleisten. Kooperation statt Konkurrenz wäre das Leitprinzip, das sich – das ist keine neue Erkenntnis – kaum auf nationalstaatlicher Ebene durchsetzen lässt, sondern nur durch internationale Zusammenarbeit funktioniert.

* * *

Die Pandemie hat nichts grundsätzlich Neues über den Kapitalismus offenbart. Sichtbarer wurde allerdings, wie extrem unsere Gesellschaft rund um den Gegensatz von Öffentlichem und Privatem strukturiert ist. Während Supermarktkassierer, Busfahrerinnen und Krankenpfleger raus mussten, damit das öffentliche System weiter funktioniert, konnten sich die Besitzenden in ihren Häusern wortwörtlich verbunkern.[12] Gleichzeitig waren viele derjenigen, die nicht mehr arbeiten oder die Wohnung verlassen *durften*, von privater Hilfe abhängig. In den amerikanischen Großstädten bildeten sich aus diesem Grund sofort Mutual-Aid-Netzwerke, über die ärmere Menschen mit Lebensmitteln und Medikamenten versorgt wurden. Überwiegend junge Leute organisierten sich online und brachten die durch Spenden finanzierten Einkäufe zu den Menschen in Isolation. Privatisierte Versorgung, das wurde deutlich, kann sowohl Ausdruck von Privileg als auch von Prekarität sein.

Stellen wir uns kurz vor, es wäre anders. Stellen wir uns vor, es gäbe keine Unterschiede bei der Krankenversicherung mehr, keine Bevorzugungen und Benachteiligungen, keine Zwei-Klassen-Medizin. Stellen wir uns vor, jede*r würde gleich schnell einen Termin bekommen und gleich gut behandelt werden, alle Pfleger*innen wären angemessen bezahlt und Krankenhäuser ausreichend besetzt. Stellen wir uns vor, der Staat wäre so aufgestellt, dass psychische Hilfe kein Luxus ist und Menschen in Not automatisch geholfen wird. Wäre das Thema Care dann endlich gerecht gelöst? Es wäre ein immenser Fortschritt, kein Zweifel. Um eine wirklich gerechte Organisation von Pflege und Fürsorge zu erreichen, müsste sich allerdings noch ein anderer Wandel vollziehen. Es müsste, wie viele Feminist*innen seit Jahrzehnten fordern, auch die Trennung zwischen »produktiver« und »reproduktiver« Arbeit abgebaut werden. Weil Frauen immer noch einen Großteil der unbezahlten reproduktiven Arbeit leisten, wird immer stärker auch die politische Rolle der Familie infrage gestellt. Manche linke Denker*innen gehen sogar soweit, zu sagen, dass es die Familie in ihrer jetzigen Form gar nicht mehr geben müsste.

Die Idee der *family abolition* hat in den vergangenen Jahren vor allem in der englischsprachigen Akademie Auftrieb erhalten. Zahlreiche feministische Denkerinnen wie Sophie Lewis, Jules Joanne Gleeson, Kate Doyle Griffiths und Michelle O'Brien haben dazu Bücher und Essays veröffentlicht, in denen sie mit verschiedenen Akzentuierungen Alternativen aufzeigen. Das Ende der Familie, betonen Abolitionist*innen, würde nicht einen Abbau von intimen Beziehungen bedeuten, sondern das Gegenteil, eine »Vervielfältigung von Beziehungen«, wie Lewis sagt.[13] Abgeschafft wäre hingegen die Familie als moralische und ökonomische Norm (was historisch die Norm weißer, heterosexueller Menschen bedeutet) – und damit auch der Ort, an dem sowohl Vermögen als auch Schulden vererbt werden; an dem sich die Machtverhältnisse also im wahrsten Sinne des Wortes reproduzieren.

Die Utopie der Familienabolition ist eine radikale, basiert aber letztlich auf einer Reihe recht nüchterner Feststellungen. Da wäre zunächst die Feststellung, dass auch der sogenannte Schoß der Familie längst nicht allen die gleiche Sicherheit bietet. Über die Hälfte aller Frauenmorde und ein Großteil der sexualisierten Körperverletzungen werden von (Ex-)Partnern oder Familienangehörigen begangen.[14] Dominanz und Hierarchisierung, erklären Abolitionist*innen, sind dem hegemonialen Konzept der Familie inhärent. Wenn weiße Ehepaare sich auf ihre Karriere konzentrieren können, weil nicht-weiße Frauen auf deren Babys aufpassen und den Haushalt erledigen, dann ist das kein Widerspruch, sondern Teil des Systems. Während queere und nicht-binäre Menschen auch vom Staat immer wieder Diskriminierungen ausgesetzt sind, werden verheiratete Paare nicht zuletzt durch Steuern begünstigt. Christliche Werte könnte man das nennen – oder die Fortsetzung archaischer Ungerechtigkeiten. Die Kernfamilie als primäre Instanz gehört jedoch nicht nur zum Konservatismus, wie man durch die Arbeit der Soziologin Melinda Cooper nachvollziehen kann[15], sondern auch zum Neoliberalismus. Familien kommt unter anderem deshalb so viel Verantwortung zu, erklärt Cooper, um Sozialausgaben klein halten zu können. Dort, wo Frauen umsonst Kinder hüten und Angehörige pflegen, muss der Staat keine Dienstleistungen bringen. Und diese Verlagerung gehört zum Kern des neoliberalen Projektes. Was das konkret bedeutet, wurde durch eine große Oxfam-Studie von 2020 deutlich: Weltweit leisten Frauen täglich mehr als 12 Milliarden Stunden unbezahlte Arbeit.

Unsere jetzige Ökonomie würde ohne diese unbezahlte Arbeit zusammenbrechen, so viel steht fest. Die Idee der *family abolition* und die Forderung nach einer solidarischen Care-Ökonomie haben gemein, dass sie aus den Trümmern des Neoliberalismus eine radikal andere Gesellschaft wachsen sehen wollen. Wie aber kommt man dorthin?

EINE KLASSE FÜR SICH

Die Arbeiter*innenklasse existiert nicht einfach, erklärte Karl Marx. Sie formiert sich. Er unterschied deshalb zwischen einer »Klasse gegenüber dem Kapital«, womit er die Masse der Besitzlosen beschrieb – und einer »Klasse für sich selbst«, die Masse also, die über Konflikte und Erfahrungen sogenanntes Klassenbewusstsein entwickelt.

Klassenbewusstsein lässt sich schwer messen, es taucht in keiner Statistik des Arbeitsministeriums auf. Aber es gibt gesellschaftspolitische Indikatoren. Soziale Bewegungen und Aufstände zum Beispiel, in denen Systemfragen gestellt werden. Oder sozialistische Organisationen, die Zulauf gewinnen. Auch Arbeiter*innen, die Gewerkschaften formen, können ein Zeichen für wachsendes Klassenbewusstsein sein. Einer der wohl zuverlässigsten Indikatoren sind Streiks, nicht nur, weil sie in den Alltag eingreifen, man sie dadurch konkret wahrnimmt, sondern auch, weil ihnen zwangsläufig Organisierung vorausgeht und Organisierung wiederum zumindest ein bestimmtes Level an kollektiver Identität bedeutet.

* * *

Im Oktober 2012 passierte etwas Seltsames in den USA. Zum ersten Mal in der 50-jährigen Unternehmensgeschichte erlebte Walmart – der bis heute größte private Arbeitgeber des Landes – einen Streik. Hunderte Mitarbeiter*innen des Einzelhandelskonzerns legten in diversen Bundesstaaten ihre Arbeit nieder, von Kalifornien über Illinois bis Florida. Organisiert wurde die Aktion von OUR Walmart, einer informellen Gruppe von Angestellten, die sich aus Mangel einer Gewerkschaft gebildet hatte. OUR Walmart sah sich durch die Occupy-Bewegung bestärkt. Occupy-Aktivist*innen wiederum solidarisierten sich mit den Arbeiter*innen, sammelten Geld und Essen für die Proteste. In den Jahren nach dem ersten Streik folgten etliche weitere Aktionen, die schlussendlich Wirkung zeigten. OUR Walmart erreichte eine zweifache Lohnsteigerung in 2015 und 2016 und stärkeren Arbeitsschutz für Schwangere. Keine Revolution, aber Bewegung. »Wir haben früh erkannt, dass wir, wenn wir Walmart verändern können, auch dabei helfen können, das Land wieder in eine bessere Richtung zu verändern«, sagte eine der Organisator*innen.«[16]

Knapp zehn Jahre später steht fest: Der Streik als politisches Instrument ist in den USA zurück. 2018 und 2019 gab es regelrechte Streikwellen, angeführt von Zehntausenden Lehrer*innen, die in West Virginia, Los Angeles, Arizona, Oklahoma und an anderen Orten wochenlang ihre Arbeit aussetzten. Die Lehrkräfte – rund 75 aller US-Lehrer*innen an öffentlichen Schulen sind Frauen – erreichten neben Gehaltserhöhungen (in West Virginia für *alle* Angestellten des öffentlichen Dienstes) auch eine Aufstockung des Personals, eine Verkleinerung der Klassen (runter von zum Teil 45 Schüler*innen) und mehr Investitionen in die Lehrmittel, sprich: Sie erkämpften Rahmenbedingungen, die gute Bildungsarbeit überhaupt erst ermöglichen.

Bemerkenswert waren die Lehrer*innen-Streiks noch aus zwei weiteren Gründen. Erstens fanden sie größtenteils in von Republikanern geführten Bundesstaaten statt, was die Arbeiter der Organizer*innen nicht einfacher machte, aber zugleich Potenziale der Solidarisierung aufzeigte. Zweitens wurden die Streiks in den meisten Fällen berufsübergreifend organisiert, das heißt, zusammen mit Busfahrern, Cafeteria-Beschäftigten und anderen dem Schulkosmos zugehörigen Arbeiter*innen. Möglich wurden die Erfolge, so beschreibt es der Soziologe und Pädagoge Eric Blanc, weil es an wichtigen Orten eine sogenannte *militant minority* gab: einen Kern von linken Lehrer*innen, die die Streiks politisch vorbereitet hatten.[17] In den Augen vieler Sozialist*innen ist der Aufbau genau solcher Gruppen innerhalb eines Berufsstandes entscheidend, um Arbeiter*innenmacht aufzubauen.

Die nächste große Streikwelle erlebte das Land im Oktober 2021, als Zehntausende Arbeiter*innen unter anderem in der Pflege und

Landwirtschaftstechnik ihre Tätigkeiten aussetzten. Die Streikzahlen alleine waren hoch. Besonders wurde diese Periode aber vor allem dadurch, dass zeitgleich Millionen von Amerikaner*innen ihre Jobs kündigten. Erschöpft von zu langen Schichten, aufgerieben durch fehlenden Arbeitsschutz und abgebrannt aufgrund kläglicher Löhne, entschlossen sich so viele Menschen dazu, ihren Dienst zu quittieren, dass in den Medien von »Great Resignation« und »Great Refusal« die Rede war. Ein Faktor dieser »großen Kündigungswelle« war sicherlich, dass zu der Zeit viele Unternehmen dringend nach Kräften suchten, was den Arbeiter*innen insgesamt mehr Spielraum und Druckmittel gab. Zum Ausdruck kam durch den »inoffiziellen Generalstreik«, wie der ehemalige Arbeitsminister Robert Reich es nannte, aber auch ein grundsätzlicher Mentalitätswechsel. Offensichtlich wurde, dass viele Menschen während der Pandemie ein anderes Verhältnis zur Arbeit entwickelt hatten: Wir entziehen uns dem, was uns kaputt macht. Wir fordern eine Arbeit, die lebenswert ist.

* * *

Der Wandel, der sich in den USA derzeit vollzieht, ist erstaunlich. In einer Gesellschaft, die so auf individuelle Verantwortung getrimmt ist, sind inzwischen mehr als zwei Drittel der Menschen überzeugt, dass Armut kein individuelles, sondern ein systemisches Problem ist.[18] Auch die zu Beginn des Kapitels genannten Vorurteile gegenüber Gewerkschaften schwinden immer mehr. 65 Prozent der Amerikaner*innen sagten in einer Studie im Herbst 2020, dass sie Gewerkschaften grundsätzlich unterstützen. So hoch war die Zustimmung zuletzt in den 60er Jahren.[19]

Menschen fühlen den Kapitalismus heute anders, sie sprechen direkter über die Konflikte. Auch in den Medien spielen die Ansprüche der *working class* eine zunehmend große Rolle. Während vor zehn Jahren der Job des *labor reporters* noch eine Ausnahme war, haben heute fast alle großen Publikationen mehrere Journalist*innen in den Reihen, die sich auf Arbeitskämpfe und soziale

Bewegungen konzentrieren. Etliche Medien haben selbst Gewerkschaften gegründet, vom *New Yorker* über die *Huffington Post* bis *Buzzfeed*, was nicht zuletzt daran liegt, dass diese Industrie ebenso prekärer wird. Wenn man so will, holt der bürgerliche Journalismus hinsichtlich der Realität auf. Themen, die vielen Reporter*innen und Autor*innen lange als zu trocken galten, sind für eine ganze Generation zu signifikant, um sie zu ignorieren. Wir lesen von Strafgefangenen, die für einen Dollar pro Stunde als Feuerwehrkräfte in den kalifornischen Waldbränden eingesetzt werden; von Basketballern, die sich ob der rassistischen Polizeigewalt weigern zu spielen; von Taxifahrer*innen, die sich aus finanziellen Nöten umbringen; von Millionen von Frauen, die sich weltweit dem Frauenstreik anschließen. Wir erleben eine komplexe Krise der Arbeit, deren verschiedene Facetten mittlerweile auch medial transportiert werden.

Nehmen wir als Beispiel die #MeToo-Bewegung, die 2006 von der Schwarzen Sozialarbeiterin Tarana Burke gestartet wurde und im Herbst 2017 nach den Vorwürfen gegen den inzwischen verurteilten Vergewaltiger Harvey Weinstein globale Ausmaße erreichte. Der Hashtag #MeToo wurde innerhalb der folgenden drei Monate 6,5 Millionen Mal benutzt. Frauen auf der ganzen Welt teilten ihre Erfahrungen von Belästigungen, Diskriminierungen und gewalttätigen Übergriffen, von denen sich ein großer Teil auf Erlebnisse am Arbeitsplatz bezog. Für viele Opfer war es das erste Mal, dass sie öffentlich darüber sprachen. »Eine der wohl tiefsitzendsten Überzeugungen der #MeToo-Bewegung ist es, dass uns die Gesellschaft, in der wir leben, keine echten Möglichkeiten auf Gerechtigkeit bietet«, schrieb die Journalistin Sarah Jaffe.[20] Das Justizsystem funktioniere nicht im Sinne der Opfer, so Jaffe, Personalabteilungen dienten oftmals vor allem dem Chef. »Die Werkzeuge, die wir brauchen, existieren noch nicht, also müssen wir sie von Grund auf schaffen.«

Die beeindruckende Reichweite von #MeToo blieb nicht folgenlos, die Gegenreaktion war enorm. Der Bewegung wurde vorgeworfen, »Hexenjagden« zu betreiben, Frauen pauschal zu viktimisieren, die Gesellschaft zu verprüden, den Rechtspopulismus zu stärken und vieles mehr. Die Kritik kam dabei längst nicht nur von Konservativen, sondern auch von links. Die ganze Sache lenke von Fragen der sozialen Ungleichheit ab, hieß es unter anderem, obwohl Unterstützer*innen von #MeToo immer wieder betonten, dass es bei der Bewegung ja gerade um soziale Ungleichheit ginge. Ein Großteil des Backlashs folgte dabei recht simplen Mustern der patriarchalen Machtverteidigung. Die konstruktivste Kritik wurde derweil von Feministinnen wie Mithu Sanyal formuliert, die sich mit Ambivalenzen und Problemen von #Metoo auseinandersetzte, etwa der Brandmarkung einzelner Sündenböcke. Etwas müsse nicht perfekt sein, um wichtig zu sein, schrieb Sanyal in der *taz*. »Dass wir [die Geschichten von Grenzüberschreitungen] erst jetzt so geballt hören, liegt daran, dass es vorher keinen gesellschaftlichen Raum dafür gab.«

#MeToo funktioniert bis heute als Transformator, über den einzelne Erlebnisse als strukturelles Problem sichtbar gemacht werden. In dieser Sichtbarmachung liegt die Kraft, wie Jaffe, Sanyal und viele andere erklärt haben. Dass es in den öffentlichen Diskussionen oft um einzelne, prominente Täter ging, liegt vor allem an der Berichterstattung und nicht an der Bewegung selbst.

Das Argument, dass #MeToo von Verteilungsfragen und materiellen Ungerechtigkeiten ablenke, bleibt ein schwaches. Deutlich wird das schon dadurch, dass #MeToo unmittelbar dazu führte, dass sich Tausende Arbeiterinnen in etlichen Städten zusammenschlossen, um für ihr Recht auf eine Arbeit ohne Belästigung und Missbrauch zu demonstrieren. Streiks fanden unter anderem in der Gastronomie und Hotelbranche statt. Mehrere Bundesstaaten verabschiedeten in der Folge Gesetze für besseren Arbeitsschutz. Besonders beeindruckend war in diesem Zusammenhang ein öffentlicher Brief der Alianza Nacional de Campesinas, einer Vereinigung, die rund 700 000 amerikanische Farmarbeiterinnen vertritt. Ihr Schreiben war an Hollywood-Schauspielerinnen gerichtet, die sich gegen sexuelle Belästigung wehrten. In dem Brief stand: »Auch wenn wir in sehr unterschiedlichen Umgebungen arbeiten, teilen wir die Erfahrung, dass wir von Personen ausgebeutet werden, die die Macht haben, uns einzustellen, zu feuern, auf schwarze Listen zu setzen und auf andere Weise unsere wirtschaftliche, physische und psychische Sicherheit zu bedrohen.«

Das Statement der Farmarbeiterinnen brachte auf den Punkt, warum #metoo nicht nur eine neue Form der Patriarchatskritik hervorgebracht hat, sondern eben auch Teil eines Arbeitskampfes ist – wenn auch keiner, der zuvorderst auf den Lohn zielt, sondern darauf, *sicher* zu arbeiten. Statt Girlboss- und Trickle-Down-Fantasien zu verfolgen, von denen nur Ausgewählte profitieren, setzt sich die linke feministische Bewegung für die Gleichberechtigung aller ein – auf allen Ebenen.

WIDERSTAND IM SILICON VALLEY

Zu Beginn dieses Kapitels stand die Behauptung, dass sich die Fronten des Klassenkampfes verändert haben – und damit auch die Ansprüche. Streiks in den Dienstleistungsberufen, feministische Aufstände und Konzepte wie die Care-Ökonomie sind Ausdruck davon, dass sich eine andere Perspektive auf das Thema Arbeit entwickelt. Um die Demokratisierung aller Arbeit zu erreichen, muss man Arbeit als solche aber auch überall erkennen. Gerade also dort, wo sie abseits von Lohnverhältnissen geschieht, wo sie Menschen ohne Papiere übernehmen, wo bestimmte Ideologien uns lehren, keine Arbeit zu sehen.

Woran beispielsweise denken Sie, wenn Sie an Google denken? Vermutlich, ganz einfach, an die Suchmaschine, die Sie benutzen, so wie mehrere Milliarden Menschen auch, oder an die etlichen anderen Google-Dienste wie Gmail und Chrome. Womöglich kommen Ihnen die Gründer Larry Page und Sergey Brim in den Sinn, eventuell das Silicon Valley, jene je nach Perspektive utopische bis dystopische Region südlich von San Francisco. Verwunderlich wäre es jedenfalls, wenn Sie an die mehr als 200 000 Festangestellten und Zeitarbeiter*innen von Alphabet, so heißt das Mutterunternehmen von Google, denken. Schlichtweg deshalb, weil diese Menschen in der Berichterstattung selten eine Rolle spielen. Wir leben in einer Google-Welt, aber wie und von wem Google gemacht wird, bleibt meist unergründet.

Als am 1. November 2018 mehr als 20 000 Google-Beschäftigte in 50 Städten auf der ganzen Welt ihre Arbeit niederlegten, drehte sich die Perspektive für einen Moment. Für viele wurden die Menschen, die für Google arbeiten, zum ersten Mal wahrnehmbar. Anlass des Protests war ein Bericht darüber, dass eine der führenden Unternehmensfiguren, der Android-Erfinder Andy Rubin, eine Abfindung von 90 Millionen Dollar bekommen hatte, nachdem ihm vorgeworfen wurde, eine Kollegin zum Oralsex gezwungen zu haben. Den Teilnehmer*innen der Aktion ging es allerdings um mehr. Sie klagten die grundsätzliche Arbeitskultur an, die sie als toxisch beschrieben, prangerten Rassismus, strenge Hierarchien, fehlenden Arbeitsschutz sowie die politischen Verwicklungen ihres Arbeitgebers an. In einer Pressemitteilung sprachen die Organisator*innen außerdem ihre Solidarität mit streikenden Lehrer*innen und Fast-Food-Arbeiter*innen aus. »Wenn wir echte Veränderungen wollen«, schrieben sie, »müssen wir gemeinsam handeln«.

Der »Google Walkout« war ein Schlüsselereignis für das *Tech Worker Movement*. Unter diesem Begriff wird die neue Bewegung von revoltierenden Tech-Arbeiter*innen zusammengefasst, die sich in den vergangenen Jahren formiert hat. In kaum einer anderen Industrie hat sich innerhalb von kurzer Zeit so viel Basiswiderstand entwickelt. Das hat einerseits damit zu tun, dass diese Industrie immer noch vergleichsweise jung ist, andererseits damit, dass sich wohl nirgendwo anders eine solch rapide Demystifizierung vollzogen hat. Die Silicon-Valley-Versprechen von spielerischer Arbeit und gleichzeitiger Weltverbesserung, über Jahrzehnte lang von den CEOs propagiert und in der Popkultur verbreitet, sind von der Realität eingeholt worden. Diese Realität beschrieben die zwei Google-Softwareentwickler*innen Parul Koul and Chewy Shaw Anfang 2021 in einem Gastbeitrag für die *New York Times* folgendermaßen:

> »*Unsere Chefs haben mit repressiven Regierungen auf der ganzen Welt zusammengearbeitet. Sie haben Technologien der künstlichen Intelligenz für das Verteidigungsministerium entwickelt und durch Werbeanzeigen von hate groups profitiert. Sie haben es versäumt, die notwendigen Änderungen vorzunehmen, um den Abgang von People of Color aufzuhalten. [...] Alphabet greift weiterhin gegen diejenigen durch, die es wagen, ihre Meinung zu äußern, und hält Arbeiter*innen davon ab, über heikle und für die Öffentlichkeit wichtige Themen wie Kartellrecht und Monopolmacht zu sprechen.*«

Der Gastbeitrag von Koul und Shaw war eine grundsätzliche Kritik an den Zuständen ihrer Branche, aber keinesfalls eine Resignation. Anlass des Textes war nämlich die Gründung der Alphabet Workers Union, Googles erster Gewerkschaft. Koul und Shaw sind zwei von Hunderten Beschäftigten, die sich nach Jahren des Planens und Protestierens nun auch formal zusammengeschlossen haben, um das Unternehmen von innen zu wandeln. Neben vielen Festangestellten gehören Leiharbeiterinnen, Lieferanten und Werkvertragskräfte dazu. »Wir werden sicherstellen, dass Alphabet ethisch und im besten Interesse der Gesellschaft und der Umwelt handelt«, heißt es auf der Website der neuen Gewerkschaft. Die Menschen, die Google machen, wollen endlich auch bestimmen, was Google macht.

* * *

Man muss kein*e Expertin*in sein, um zu erkennen, dass mit der jetzigen Tech-Welt etwas nicht stimmt. Facebook kann einem Politiker durch illegale Praktiken zur Präsidentschaft verhelfen, Twitter einem Präsidenten von einem Tag auf den anderen die Reichweite abschneiden. Ganze Viertel werden durch die Niederlassung von Tech-Firmen schockgentrifiziert. Immer mehr Programmierer bereuen mittlerweile ihre eigenen Erfindungen. Der ehemalige Facebook-Entwickler Justin Rosenstein beispielsweise sagt, dass der von ihm geschaffene Like-Button mehr Schaden bringe als Nutzen. Er spricht von einem »Pseudo-Vergnügen«, verführerisch und leer. Problematisch ist diese Art der Aufmerksamkeitsökonomie aber nicht nur aus psychologischer Sicht, sondern vor allem deshalb, weil unsere Likes, Klicks und Suchanfragen die Basis einer intransparenten Industrie bilden. Was mit unseren Daten passiert, liegt kaum in unserer Hand.

Das vielleicht Verrückteste am digitalen Kapitalismus ist, dass seine Leuchttürme genau das machen, was sozialistischen Staaten so gerne vorgeworfen wird: Unternehmen wie Facebook und Amazon sind zentral geführte und streng hierarchische Apparate, die durch ihre Größe den Wettbewerb nahezu ausgeschaltet haben. Planwirtschaft in der Hand einer kleinen Elite – mit digitaler Demokratie hat das wenig zu tun. Aus genau diesem Grund ist es umso bedeutsamer, dass im Silicon Valley neuer Widerstand wächst. Der Tech-Worker-Bewegung geht es um weitaus mehr als »nur« um die Arbeitsbedingungen in ihrer eigenen Branche. Es geht darum, Technologien außerhalb der Logik des Kapitals zu entwickeln, so offen und demokratisch wie möglich. Auf dem Spiel steht die Zukunft unserer sozialen Infrastruktur selbst.

* * *

Einen entscheidenden Anschub bekam die Bewegung 2014 durch die Gründung der Tech Workers Coalition, einer Allianz von IT-Arbeiter*innen, Gewerkschaftlern und linken Aktivistinnen. Die TWC startete in der Bay Area und ist heute in zahlreichen Städten und sogar auf anderen Kontinenten vertreten. »Das wichtigste Ziel ist zunächst, die Beschäftigten in der Branche überhaupt zu politisieren und zwischen ihnen Verbindungen herzustellen«, sagt Yonatan Miller, der die Berliner Sektion mitaufgebaut hat.[21] An immer mehr Orten ist die TWC heute so etwas wie die erste Anlaufstelle für Leute, die sich organisieren wollen.

Der Tech-Arbeiter und Journalist Ben Tarnoff sagte mir, dass die Proteste gerade in den ersten Jahren der Bewegung primär von sogenannten *blue-collar workers* initiiert wurden, beispielsweise von Busfahrer*innen, Cafeteria-Beschäftigten und Sicherheitsleuten. Nach und nach schlossen sich dann immer mehr *white-collar workers* an, Softwareentwicklerinnen, Content-Manager, Coder; Beschäftigte also, die ihre Arbeit in erster Linie am Computer verrichten. Die Frage, *wer* überhaupt als Tech-Arbeiter*in zählt, wird seitdem immer wieder diskutiert. Innerhalb der Bewegung laute die gängige Definition, dass alle Tech-Arbeiter*innen sind, »die in irgendeiner Weise für ein Tech-Unternehmen arbeiten«, sagt Tarnoff. Diese breite Auslegung habe dabei geholfen, Austausch und Koordination herzustellen – man kann es also auch als eine Art Strategie verstehen. Das Risiko besteht laut Tarnoff jedoch darin, die deutlichen bis feinen Unterschiede zu verkennen, »wenn es um Gehälter, Arbeitsbedingungen, Autonomie und Kontrolle geht«. Zwischen strategischer Verschwisterung und Klassenblindheit liegt manchmal nicht viel.

Es sind Themen dieser Art, denen Tarnoff in der von ihm mitentwickelten »Logic School« nachgeht, einem interdisziplinären Programm, bei dem Tech-Arbeiter*innen über mehrere Monate sowohl kritische Theorie als auch Graswurzel-Organizing lernen. Die »Logic School« ist an das Magazin *Logic* angeschlossen, das Tarnoff zusammen mit seiner Frau, der Historikerin und Autorin Moira Weigel, gegründet hat. Kaum ein anderes Medium hat in den vergangenen Jahren so klug abgebildet und analysiert, wie die Machtstrukturen im Silicon Valley funktionieren – und welche oppositionellen Alternativstrukturen sich dort formiert haben.

Ein Wendepunkt für die Tech-Worker-Bewegung war die Wahl Trumps. Als im Dezember 2016 Berichte und Fotos des sogenannten »Tech-Gipfels« kursierten, bei dem der neu gewählte Präsident unter anderem mit Apple-CEO Tim Cook, Amazon-Chef Bezos, Paypal-Gründer Peter Thiel und Facebooks Vizechefin Sheryl Sandberg plauderte, spürten viele Beschäftigte eine bittere Desillusionierung darüber, für wen sie arbeiten und für was ihre Arbeit im Zweifel genutzt werden könnte. Mehr als 1000 Tech-Arbeiter*innen unterzeichneten daraufhin den »Never Again Pledge«, ein Versprechen, sich nicht an rassistischen Praktiken zu beteiligen.

Ein großer Teil des Widerstands hat sich seitdem gegen die Verbindungen zwischen Tech-Industrie und Militär, Polizei und Sicherheitsdiensten gerichtet. Im Sommer 2018 beispielsweise sorgten Tausende Google-Beschäftigte mit ihrem Protest dafür, dass das Unternehmen die Zusammenarbeit mit dem US-Verteidigungsministerium beendet. Im Rahmen des sogenannten »Project Maven« hatte Google dem Pentagon bei der »algorithmischen Kriegsführung« durch die Bereitstellung von KI-Technologien geholfen. Bei Amazon erreichten Angestellte, dass Gesichtserkennungssoftware nicht mehr an Polizeibehörden verkauft wird. Ziel solcher Interventionen ist nicht nur, einzelne Verträge zu beenden, sondern eine grundsätzliche Demokratisierung der Prozesse zu erreichen. »Wir fordern ein Mitspracherecht bei dem, was wir bauen und wie es genutzt wird«, schrieben die Amazon-Beschäftigten in einem offenen Brief an Gründer Jeff Bezos.

Der bislang größte Erfolg der Tech-Worker-Bewegung liegt wohl darin, dass sich eine gemeinsame Identität aufgebaut hat, die im krassen Kontrast zur kalifornischen Geniekult-Ideologie der vergangenen Jahrzehnte steht. Das Silicon Valley ist kein abstrakter Marktplatz der Ideen – diese Erkenntnis sickert nun auch immer stärker in die Gesellschaft –, sondern eine Vielzahl physischer Orte, an denen Menschen planen, programmieren, putzen, kochen, transportieren und Visionen schmieden. Hinter jedem Algorithmus, jeder Innovation, jedem neuen Feature steckt Arbeit, und hinter jeder Arbeit steckt die Frage, unter welchen Bedingungen sie erledigt und für welche Zwecke sie verwendet wird. Unter dem

Strich hat sich in der Tech-Industrie ein neues Verantwortungs- und Machtbewusstsein entwickelt. Eine andere digitale Welt ist möglich, wissen die Arbeiter*innen und Aktivist*innen, und der Weg dorthin führt über Organisierung und soziale Bewegung.

Wie diese neue digitale Welt aussehen könnte? Alternativen sind schon da. Social-Media-Netzwerke wie Diaspora oder Mastodon, bei denen die Nutzer*innen ihre Daten kontrollieren. Suchmaschinen wie Ecosia, die ökologisch nachhaltig funktionieren. Verschlüsselte Messengerdienste wie Signal, anonyme Internetbrowser wie Tor. Was diese Organisationen gemeinsam haben, ist die Abkehr vom Profitprinzip sowie die Überzeugung, dass private Daten sensibel behandelt werden müssen. Dezentrale Blockchain-, Open-Source- und Peer-to-peer-Technologien verbreiten sich deshalb immer mehr. Gemeinsam haben die genannten Plattformen aber noch eine weitere Sache: Sie kommen gegen die Riesen der Branche oft nicht an. Während der Ausbau von Alternativen also entscheidend ist, müsste parallel auch ein Aufbrechen der großen Tech-Unternehmen stattfinden. Letztlich sind die Herausforderungen in der Tech-Welt ähnlich denen in anderen Bereichen unserer Infrastruktur: Je mehr davon in demokratischer Verwaltung ist, desto freier und offener kann die Nutzung werden.

* * *

Als Weigel und Tarnoff im Sommer 2019 bei einer Veranstaltung des Magazins *Ada* (aus dem das deutsche *Jacobin* hervorging) in Berlin über die amerikanische Tech-Worker-Bewegung sprachen, kam noch ein anderes Thema auf: die gezielte Zerschlagung und Zerstörung von Technologien. »Unter den Optionen, die uns zur Verfügung stehen – Kartellrecht, Genossenschaften, Verstaatlichungen und so weiter –, befindet sich auch eine, die wir die Ludditen-Option nennen könnten«, sagte mir Tarnoff später.

Als Ludditen – oder auch Maschinenstürmer – wurden englische Textilarbeiter*innen im 19. Jahrhundert bezeichnet, die gegen die damals elenden Arbeitszustände revoltierten und dabei auch gezielt Maschinen zerstörten. Die Ludditen waren jedoch keine primitiven Technikfeinde, wie bis heute gelegentlich kolportiert wird, sondern sich ihrer Handlungen genau bewusst. Sie forderten ein Mitspracherecht darüber, unter welchen Bedingungen und zu welchen Zwecken Technologien eingesetzt werden, und streikten gegen die strengen Hierarchien in den Fabriken. »Sie wollten etwas von der kollektiven Vergangenheit bewahren und gleichzeitig die neuen Arbeitsprozesse demokratisieren, die mit der Industrialisierung in Gang gekommen waren«, schreibt der spanische Soziologe César Rendueles.[22] Die Ludditen, könnte man zusammenfassen, machten kaputt, was sie kaputt machte – um eine Welt zu ermöglichen, in der Technologien Teil dessen sind, was früher Allmende und heute Commons genannt wird: das Gemeinschaftseigentum.

Transportiert man diesen Gedanken in die Gegenwart, wird deutlich, worum es beim Neo-Luddismus gehen könnte: um neue Maßstäbe, was wir als gesellschaftlichen Fortschritt betrachten und was nicht. »Nur, weil eine bestimmte Technologie existiert, bedeutet das ja nicht, dass sie weiter existieren sollte«, sagte Tarnoff, und nannte als Beispiel das Feld der automatischen Gesichtserkennung, bei dem wir seiner Meinung nach längst an einem Punkt der Überwachung angekommen sind, an dem »die sozialen Schäden die Vorteile überwiegen«.

Die Frage, die sich auch mit Bezug auf die Zusammenhänge von Technologien, Stromverbrauch und Emissionen in den kommenden Jahren zunehmend stellen wird, ist also nicht nur, unter welchen Bedingungen wir etwas produzieren, sondern *ob* wir es überhaupt produzieren wollen. Welche Dinge brauchen wir wirklich? Was macht unser Leben besser? Und wer bestimmt das? Die wegweisenden Impulse werden auch hier von denen kommen, die am nächsten an den Problemen sind: von den Arbeiter*innen.

8 ÜBER DEN GREEN NEW DEAL HINAUS

»*Mein Name ist Dyanna.*
Ich kämpfe für mein Zuhause
im südöstlichen Virginia,
das vom steigenden Meeresspiegel
bedroht ist.«

»*Mein Name ist Sophia.*
Ich komme aus Austin, Texas.
Und ich kämpfe dafür, dass meine Familie
Zugang zu sauberem Wasser hat.«

Die Ansagen der Aktivist*innen waren knapp, nur ein paar Sekunden lang. Und sie waren klar, vor allem in der Summe. Mehr als 150 Mitglieder der Klima-Organisation Sunrise Movement hatten sich am 13. November 2018 in und vor dem Kongressbüro der demokratischen Fraktionsvorsitzenden Nancy Pelosi in Washington, D. C. versammelt. Jugendliche und junge Erwachsene aus allen Ecken des Landes, die keiner Einladung gefolgt waren, sondern der Dringlichkeit einer Krise.

Nur einen Monat zuvor, im Oktober, hatte der UN-Weltklimarat einen Sonderbericht zur Erderwärmung veröffentlicht, in dem »schnelle, weitreichende und beispiellose Änderungen in allen gesellschaftlichen Bereichen« gefordert wurden, um das 1,5-Grad-Ziel bis 2030 zu erreichen. Als bräuchte es noch weitere Beweise für den Ausnahmezustand, herrschten zu dieser Zeit Waldbrände in Kalifornien, wie sie der Bundesstaat noch nie erlebt hatte. Mehr als 40 Menschen waren innerhalb von nur wenigen Tagen gestorben, die Kleinstadt Paradise wurde dabei fast vollständig zerstört. Während die Sunrise-Aktivist*innen das Gebäude in Washington friedlich in Beschlag nahmen, lief auf den Fernsehern an den Wänden *CNN* mit einem Bericht von der Westküste. Menschen, die sich in letzter Sekunde aus brennenden Wäldern befreiten. Ausgebrannte Häuser. Von orange-rotem Rauch umhüllte Dörfer. Apokalyptische Bilder, die einer ganzen Generation als Imperativ aufgezwungen wurden.

Nancy Pelosi, eine der mächtigsten Demokraten*innen und Symbol einer stagnierenden politischen Mitte, war an dem Vormittag nicht in ihrem Büro. Das hielt die Aktion aber nicht auf. Begleitet von mehreren Kameras schritten die Aktivist*innen nacheinander zum Schreibtisch, wo ein Mitarbeiter Pelosis saß, dem nicht viel anderes übrig blieb, als ihnen zuzuhören.

»Mein Name ist Claire Tacherra-Morrison.
Ich komme aus Kalifornien. Und ich kämpfe
für meine Leute, die in den Bränden sterben.«

»Mein Name ist Brian Stilwell.
Ich komme aus Lansing, New York.
Und ich kämpfe dafür, dass ein
Kohlekraftwerk in meiner Nachbarschaft
abgeschaltet wird.«

Klimawandel ist kein individuelles Problem, aber es ist persönlich – das war eine der Kernbotschaften. Mitgebracht hatten die Sunrise-Mitglieder deshalb Fotos von ihnen vertrauten Menschen und Orten, die entweder von drastischen Umweltveränderungen bedroht oder schon längst zerstört waren. Die Fotos steckten in gelben Briefumschlägen, die sich nun auf dem Schreibtisch stapelten. »Dear Democrats« stand auf der einen Seite der Umschläge, »What is your plan?« auf der anderen. Keine wirkliche Frage, sondern ein Auftrag. Das Problem nach all den Jahren und Jahrzehnten des

Warnens und Demonstrierens war ja gerade, dass die Demokraten immer noch keinen Plan hatten, keine Antworten, keine Vision; nichts, das darauf hinweisen würde, dass diese Partei versteht, worum es geht. Die Forderung, die die Aktivist*innen formulierten, war deshalb so unmissverständlich wie ihre Schilderungen der Klimakatastrophe: Es braucht eine Transformation der amerikanischen Ökonomie und Infrastruktur, eine Abkehr vom fossilen Kapitalismus. Es braucht einen Green New Deal.

EIN NEUER PARLAMENTARISCHER HORIZONT

Soziale Bewegungen entwickeln sich selten synchron zur Kaputtheit der Dinge. Meist sorgen einzelne Ereignisse und Aktionen dafür, dass radikale Ideen aus der Nische hervortreten können. Occupy, Ferguson, Standing Rock, Charlottesville, George Floyd: Fast alle bedeutenden Katalysierungsmomente der vergangenen Jahre waren solche, in denen sich Bürger*innen und die Staatsgewalt an Orten fern der wahlpolitischen Arena gegenüberstanden. Der Protest im November 2018 war anders. Höflicher, wenn man so will. Aber nicht weniger wirkungsvoll. Die Aktivist*innen von Sunrise suchten sich das Zentrum der Hauptstadt aus, Capitol Hill. Jugendliche mit selbstgebastelten Schildern, leidenschaftliche Ansprachen, Sprechchöre: Proteste dieser Art werden nur selten von der Politik wahrgenommen. Doch Sunrise gelang an jenem Tag etwas, das Klima-Aktivist*innen über Jahrzehnte erfolglos versucht hatten. Sie stießen eine Forderung in den amerikanischen Mainstream, eine Bezugsgröße in Sachen Klima, an der seither niemand mehr vorbeikommt.

Was sich hinter dem Begriff Green New Deal versteckt, ist zunächst vom ideologischen Kontext abhängig. Auch Verfechter eines liberalen Reformismus haben den Slogan für sich entdeckt, wenn sie auch etwas wesentlich anderes darunter verstehen als Sunrise. Im öffentlichen Diskurs ist mit dem Green New Deal allermeist das gemeint, was in einer Resolution mit dem Namen H.Res.109 grob skizziert wird: eine Vielzahl von gigantischen Reformen, die eine Umstellung auf 100 Prozent erneuerbare Energien und Klimaneutralität bis 2030 ermöglichen sollen. Eine Vielzahl von Aktivistinnen, Klima-Experten und Politologen haben das Konzept in den vergangenen Jahren in Büchern und auf Panels weiterentwickelt, sodass der Green New Deal – zumindest in seiner linken, radikalen Version – längst mehr als eine Liste von Programmpunkten ist. Es ist die Vorstellung einer neuen Gesellschaft. Zum ersten Mal in dieser Form gibt es eine Vision, die sich den Herausforderungen des 21. Jahrhunderts annimmt; die sogar Lust auf das macht, was da kommen könnte, kommen müsste. Zum ersten Mal steht eine grüne Utopie im parlamentarischen Raum.

Die Biden-Regierung hat bislang zwar nur Ansätze des Green New Deals implementiert. Der Aktivismus von Sunrise ist aber schon jetzt ein Lehrbeispiel dafür, wie man durch eine Graswurzelbewegung die Maßstäbe der Politik verrücken kann. Über 100 Kongressmitglieder unterstützen die Resolution mittlerweile, unzählige Lokalpolitiker*innen setzen die dazugehörigen Ideen in ihren Städten oder Bundesstaaten bereits um. Hunderte Klima-Organisationen, Wissenschaftlerinnen und aktivistische Gruppen befürworten den GND, etliche Unternehmen und Institutionen haben eine Abkehr von fossilen Energieträgern beschlossen. In einer Umfrage aus dem April 2021 sprachen 60 Prozent aller befragten Amerikaner*innen ihre Unterstützung für den Green New Deal aus.[1]

Wer sich mit Klimamaßnahmen beschäftigt, kann den GND nicht mehr ignorieren. Das gilt für US-Politiker*innen, die entgegen aller Erkenntnisse an »rationalen« Reformen festhalten und damit immer irrationaler erscheinen. Das gilt aber zum Beispiel auch im Vergleich zum Europäischen Green Deal, der wenn überhaupt nur eine blasse Kopie ist. Während das von EU-Kommissions-Präsidentin Ursula von der Leyen präsentierte Konzept den ökonomischen Status quo mehr oder weniger aufrechterhalten will, steht die amerikanische, linke Version für einen Paradigmenwechsel. Ob der Green New Deal in den kommenden Jahren etwas wird – und vor allem was –, wird davon abhängig sein, *wer* ihn vorantreibt.

Die Idee selbst ist nicht neu. Bereits Mitte der 2000er Jahre hatte die amerikanische Green Party, die in den Wahlen gewöhnlich bei rund einem Prozent landet, eine Agenda unter dem Namen Green New Deal vorgeschlagen. Der mehrfache Spitzenkandidat der Grünen, Howie Hawkins, machte die Umstellung auf erneuerbare Energien zu einer der Kernforderungen seines Wahlprogramms. Eine Erwähnung des Green New Deals findet man auch in einer *New-York-Times*-Kolumne aus dem Jahr 2007. Ausgerechnet Thomas Friedman – nicht für progressive, sondern marktfundamentalistische und imperialistische Haltungen bekannt – argumentierte darin für eine »neue, saubere Energieindustrie, um unsere Wirtschaft ins 21. Jahrhundert zu führen.« Weder Friedman noch den US-Grünen noch irgendeiner anderen politischen Kraft gelang es jedoch, das Konzept zu popularisieren. Der Green New Deal blieb ein Ruf ohne Resonanz. Und Klimapolitik bedeutete für die längste Zeit des 21. Jahrhunderts eine Ansammlung von losen, rudimentären Vorschlägen, die weder auf das Ausmaß der Krise eingingen, noch das Freiheitspotenzial des nötigen Wandels hervorhoben.

Dass sich die Debatte im November 2018 so schlagartig veränderte, lag auch daran, dass die Regungslosigkeit der Demokraten immer rasender erschien. Die Partei hatte bei den Midterm-Wahlen die Mehrheit im Repräsentantenhaus zurückgewonnen, doch statt diesen Erfolg und die Energie zu nutzen, um eine neue Klimapolitik anzuvisieren, kündigte Nancy Pelosi lediglich einen Ausschuss an, um die »Öffentlichkeit über Auswirkungen extremer Wetterereignisse aufzuklären«. Für die Aktivist*innen von Sunrise stand nach diesem grotesken Statement fest, dass es eine Veränderung der Taktiken braucht. Der Protest musste dort stattfinden, wo die Gesetze geschrieben werden. Und es musste eine Situation entstehen, in der die Politik der Mitte zumindest ansatzweise ihre Macht bedroht sieht.

Sunrise hatte in den anderthalb Jahren seit der Gründung Stück für Stück eine Basis von jungen Mitgliedern aufgebaut. In verschiedenen Städten waren sogenannte Hubs entstanden, Ortsgruppen, in denen sich die Leute organisierten. Die Aktionen wurden allmählich größer, die Ideen konkreter. Was jedoch fehlte, war eine »Vorkämpferin und Verbündete im Kongress«, wie Varshini Prakash, die Co-Gründerin und Direktorin von Sunrise, mir erklärte. »Wir brauchten jemand, der die Energie in ein politisches Programm übertragen kann«, so Prakash. Niemand schien für diese Rolle geeigneter als Alexandria Ocasio-Cortez, die frisch gewählte Abgeordnete, die schon in ihrem Wahlkampf deutlich gemacht hatte, dass sie vor einem Konflikt mit der eigenen Parteispitze nicht zurückschreckt. Es war am Vorabend der Aktion, als Ocasio-Cortez den Sunrise-Mitgliedern bei einem Treffen ihre Solidarität zusicherte. Prakash sagt, dass sie in diesem Moment wusste, dass hier »etwas Großes passieren könnte«.

Die Aktivist*innen waren eine Stunde lang in Pelosis Büro, als Ocasio-Cortez unter euphorischem Beifall ihren Kopf in den Raum steckte. »Meine Reise begann in Standing Rock und sie begann mit Menschen, die genau das machen, was ihr hier macht«, sagte Ocasio-Cortez zu Beginn ihrer kurzen Ansprache, die später auf den großen TV-Kanälen lief. Dass sich eine Demokratin so offensiv gegen die bisherige Politik der eigenen Partei stellt, das ganze auch noch im Büro der Fraktionschefin, war für viele im Establishment ein Affront. Der Green New Deal wurde auch deshalb zum bestimmenden Thema in den Nachrichten.

Ocasio-Cortez veröffentlichte noch am selben Tag einen Plan, aus dem ein paar Monate später die Resolution zum Green New Deal wuchs. »Die landesweite Diskussion um den Klimawandel hat sich in den letzten acht Monaten mehr bewegt als in den acht Jahren zuvor«, konstatierte das Magazin *Politico* im Sommer 2019. Auch für Sunrise selbst, zu diesem Zeitpunkt kaum in der Öffentlichkeit bekannt, bedeutete der Protest einen wegweisenden Aufmerksamkeitsschub. »Die Leute trugen sich in Scharen in unsere E-Mail-Liste ein, und Hunderte von jungen Leuten schrieben uns, weil sie einen Sunrise-Hub in ihrer Stadt gründen, für die Bewegung spenden oder an unserer nächsten Aktion teilnehmen wollten«, erinnert sich Co-Gründerin Dyanna Jaye.[2]

ÜBERHOLTE GEGENSÄTZE

Wie werden wir in Zukunft den Strombedarf decken – oder lautet die dringendere Frage nicht eher, wie wir den Verbrauch senken? Wie werden wir in Zukunft bauen – oder sollten wir Neubauten, wo es geht, vermeiden? Wie werden wir uns fortbewegen – oder ist der ewiger Anspruch auf Mobilität schon Teil des Problems? Wie kann es uns gelingen, dass wir weiter reichhaltig und gesund essen, neue Technologien entwickeln und lustvoll leben, ohne dabei die Erde abzuwirtschaften und unsere Lungen zu verpesten?

Der Green New Deal hat überfällige Diskussionen angestoßen und die Stärke liegt gerade darin, einer überwältigend wirkenden Vielzahl von verschränkten Problemen eine Vielzahl von verschränkten Visionen entgegenzusetzen. Es geht nicht nur um den Abbau von Emissionen und die Umstellung auf erneuerbare Energien, wobei diese Ziele entscheidend sind. Es geht um eine neue Idee, wie Städte funktionieren könnten, dynamischer und sicherer, um eine Expansion und Wiederbelebung des öffentlichen Verkehrs; um einen Richtungswechsel in der Sozialpolitik, weshalb die Journalistin Kate Aronoff auch von einer »Post-Kohlenstoff-Demokratie« spricht und damit dem Anspruch auf eine egalitäre Gesellschaft Ausdruck verleiht, der den GND trägt.

Die Vergesellschaftung des Energienetzes wird mit bezahlbarem Wohnen verbunden. Der Schutz von Biosystemen mit der Etablierung neuer partizipativer Haushaltsverfahren. Eine staatliche Krankenkasse mit der Schaffung einer Arbeitsplatzgarantie. Eine nachhaltige Handelspolitik mit dem internationalen Austausch von Technologien und Patenten. All diese Reformen ergeben gerade im Zusammenspiel Sinn, in gewisser Weise überhaupt erst dann. Es verhält sich ähnlich wie mit der Forderung nach einem Ende von Polizei und Gefängnissen: Je umfassender soziale Transformationen gedacht werden, desto pragmatischer erscheinen sie. Was eben noch viel zu radikal klang, strahlt plötzlich eine pragmatische Dringlichkeit aus. Oder andersrum: Was eben noch normal erschien, wirkt plötzlich ganz absurd. Wieso zur Hölle sollten wir an einer Wirtschaftsweise festhalten, die unendlich viele Dinge produziert, sie aber nicht gerecht verteilt und dabei die Natur zerstört?

Wie stark sich der Green New Deal von früherer Klima-Politik unterscheidet, erkennt man vielleicht vor allem daran, dass sich in ihm alte Gegensätze auflösen, die die Debatte viel zu lange beherrscht und blockiert haben. Bestes Beispiel dafür ist der oft behauptete Widerspruch von Klima- und Arbeitsmarktpolitik.

Während es stimmt, dass in den kommenden Jahren Millionen umweltschädlicher Jobs für immer gestrichen werden müssen – allen voran in der fossilen Energiewirtschaft, Lebensmittelindustrie und im Transportwesen –, wird durch den Green New Deal betont, dass bei entsprechender Prioritätensetzung viele *neue* Stellen entstehen könnten. Das betrifft nicht nur die gigantischen Potenziale in der Solar-, Wasser- und Windenergie und im öffentlichen Verkehr, sondern auch andere Bereiche, die zu selten als emissionsarme Branchen wahrgenommen werden. Sowohl in der Bildung als auch in der Pflege schreit es nach Jahrzehnten des neoliberalen Verfalls nach einem Aufbruch mit öffentlichen Geldern. Eine zentrale Rolle könnte ein Civilian Climate Corps spielen, angelehnt an Franklin D. Roosevelts Civilian Conservation Corps, durch das in den 30er Jahren über drei Millionen öffentliche Jobs entstanden. Das Weiße Haus veröffentlichte Anfang 2021 einen Plan, in dem mögliche Aufgaben eines Civilian Climate Corps für die kommenden Jahre festgehalten wurden. Sie liegen unter anderem in der Konservierung öffentlicher Grünflächen und Gewässer, in der Stärkung der

Klima-Widerstandsfähigkeit einzelner Communitys und in der Wiederaufforstung und Dekarbonisierung der Landwirtschaft. Bereits bestehende ehrenamtliche Jobs ließen sich in bezahlte Jobs umformen. Aus alten Bergwerken könnten Nationalparks entstehen. Detaillierte Pläne zu solchen und anderen Projekten liegen in den Schubladen. An Arbeit mangelt es jedenfalls nur in einer Ökonomie, in der Arbeit zwangsläufig Profit ergeben muss.

Von einer *just transition* ist in dem Zusammenhang oft die Rede, gemeint ist damit eine sozial gerechte Gestaltung des Übergangs in eine nachhaltige Ära. Was passiert mit denen, die ihre Jobs im Rahmen einer grünen Politik verlieren? Wessen Fähigkeiten werden weiter gebraucht, für wen ergeben Umschulungen Sinn? Während immer mehr Gewerkschaften einen Green New Deal unterstützen, werden sich andere Verbände wohl auch in Zukunft gegen die nötigen Umwälzungen sperren. Zur Wahrheit eines Green New Deals gehört also, dass der Einklang von ökologischer und ökonomischer Gerechtigkeit zwar möglich ist, aber nur, wenn der Staat überall dort, wo Industrie abgebaut wird, die Arbeiter*innen nicht im Stich lässt. Wer seinen Job für den Klimaschutz verliert, verdient adäquaten Ersatz. Genau aus diesem Grund ist eine Arbeitsplatzgarantie zentrales Element.

Für eine ausreichende Senkung der Emissionen muss die Gesamtwirtschaft massiv schrumpfen, daran führt kein Weg vorbei. Wir müssen unter dem Strich weniger produzieren und konsumieren, weniger fliegen und transportieren, weniger ausstoßen und wegschmeißen – und zwar vor allem im globalen Norden. So überfällig ein Ende der besinnungslosen Akkumulation ist, so sehr würde eine strenge Dichotomie zwischen Wachstum und Verzicht allerdings verzerren, was durch den Green New Deal anvisiert wird. Schon aus politstrategischen Gründen könnte es von Vorteil sein, in den Vordergrund zu rücken, dass wirtschaftliche Aktivität dort reduziert wird, wo sie die Erde erhitzt und verseucht. Andere Sektoren würden, wie eben schon beschrieben, durch einen Green New Deal blühen, neue Aufgaben und Jobs entstehen. Es wäre insgesamt weniger Arbeit, aber gerechter verteilt. Weniger privater Verkehr, aber besserer ÖPNV. Weniger kollektiver Konsum, aber nachhaltig produziertes Essen für alle.

Je schneller wir uns von der Idee verabschieden, dass so etwas wie das Bruttoinlandsprodukt ein geeigneter Indikator für Wohlstand oder soziale Gerechtigkeit ist, desto eher können wir auch Wachstum umdefinieren, gekoppelt nämlich an Lebensqualität und nicht Profit. Pro Jahr werden laut Schätzungen weltweit 92 Millionen Tonnen Kleidung entsorgt.[3] Ein Fünftel aller produzierten Lebensmittel (930 Millionen Tonnen) landet entweder im Müll oder geht verloren.[4] Nur zwei von vielen Beispielen, die zeigen, wie das jetzige Wirtschaftssystem nicht nur zerstörerisch, sondern ineffektiv ist – und Letzteres Ersteres bedingt. Regionale Versorgungsketten, von indigenen Aktivist*innen und Wissenschaftler*innen schon lange gefordert, werden eine zentrale Rolle spielen.

Ein weiterer Dualismus, der zumindest in den kommenden Jahren nur bedingt Sinn ergibt, wenn er zu starr verstanden wird, ist der von Staat und Privatwirtschaft. »Solange wir nicht augenblicklich eine Revolution erleben, sind wir von Koalitionen mit dem Sektor des grünen Kapitalismus abhängig«, sagte mir der Soziologe Daniel Aldana Cohen, der mehrere Politiker*innen bei der Entwicklung von Green-New-Deal-Programmatiken berät. Cohen betont, dass eine ernsthaft nachhaltige Politik auf mittel- bis langfristige Sicht unvereinbar mit einer auf Profite konzentrierten Wirtschaft sei. Die Frage sei deshalb, wie man parallel Kräfte in Bewegung setzt, die den Übergang beschleunigen. Laut Cohen bestehe ein wesentlicher Job der Regierung darin, Anreize zu schaffen, damit sich Investment in nachhaltige Technologien und Infrastrukturen lohnt. Als Beispiel nennt er einen Wettbewerb, den die Stadt New York in den 90er Jahren ins Leben gerufen hatte, um Unternehmen dazu zu bringen, den ersten energieeffizienten Kühlschrank herzustellen. Die Firma Maytag gewann, bald darauf wurden in zahlreichen sozialen Wohnungsbauten stromverschlingende Kühlschränke durch neue ersetzt.»Ich glaube, dass grüner Kapitalismus uns auf dem Weg zu einem grünen Sozialismus helfen kann«, sagt Cohen.

Eine Neuausrichtung des staatlichen Handelns fordert auch die italienisch-amerikanische Ökonomin Mariana Mazzucato. Als Vorbild für eine kommende Klimapolitik biete sich die US-Mondmission an, bei der verschiedene Sektoren für ein ambitioniertes Ziel gemeinsam operierten.»Genauso wie die Reise zum Mond Investitionen in Ernährung, Textilien, Elektronik und Metalle erforderte, werden grüne Missionen Investitionen in Energie, Transport, Ernährung, Gesundheit und in Bereiche erfordern«, so Mazzucato.[5] Um öffentlich-private Klima-Projekte gezielt voranzutreiben, so legt es die Rechtsprofessorin Saule Omarova dar, könnte gar eine komplett neue Behörde geschaffen werden: die National Investment Authority.

Die Rolle der Privatwirtschaft bleibt unter Vordenker*innen des Green New Deals umstritten. Ein Ziel scheint jedoch immer mehr Konsens zu werden: Die Energieversorgung muss vom Markt. Je schneller die großen Unternehmen vergesellschaftet werden, so beschreibt es die Journalistin Kate Aronoff, desto effektiver und sozial gerechter ließe sich auch deren Abwicklung durchführen. Statt die fossile Industrie jährlich mit Milliarden zu subventionieren, sollte man sie deshalb übernehmen, um das Geschäft umzubauen. Eine Idee, die übrigens amerikanischer ist, als man denkt. Mit Nebraska gibt es bereits einen Bundesstaat, in dem der Strom vollständig in öffentlicher Hand ist.

Eine gesamtheitliche Klimapolitik wird kosten, das steht fest; eine zögerliche Klimapolitik allerdings noch mehr. Nach Regierungsangaben kam es im Jahr 2020 zu 22 Klimakatastrophen in den USA, bei denen jeweils ein Schaden von mindestens einer Milliarde Dollar entstanden ist: mehr als je zuvor. Laut einer Studie könnten manche Counties im Süden des Landes bald 20 Prozent ihres jährlichen Bruttoinlandsprodukts durch Klimaschäden verlieren.[6] Kaum woanders zeigt sich die Vernunftlosigkeit der moderaten Mitte so stark wie in der Debatte um die Finanzierung von Klimamaßnahmen, in der den Kosten viel zu selten die Nutzen gegenübergestellt und Investitionen zu oft als Belastung betrachtet werden.

So wie der New Deal in den 30er Jahren möglich war, so wie die Wirtschaft während des Zweiten Weltkrieges umgestellt wurde, so wie Großbanken während der Finanzkrise und Großkonzerne während der Pandemie mit staatlichen Milliarden gerettet wurden – so ist auch der Green New Deal umsetz- und finanzierbar. Was es dazu bräuchte? Eine Loslösung vom Austeritätsdogma. Eine progressivere Steuerpolitik, die eine sozialgerechte CO_2-Steuer einschließt. Eine Umverteilung des Haushalts, zu der eine erhebliche Kürzung des Militär- und Polizeibudgets gehört. Kurz: einen Paradigmenwechsel in der Finanzpolitik. Vertreter*innen der Modern Monetary Theory betonen, dass gerade die Vereinigten Staaten, die mit dem Dollar über die mächtigste Währung der Welt verfügen, wesentlich offensiver Geld drucken und ausgeben könnten, als gemeinhin vermutet und bislang praktiziert. Stephanie Kelton, bekannt durch ihr Buch »The Deficit Myth«, und viele andere Ökonom*innen haben deshalb die Losung ausgegeben, so viel staatliches Geld in grüne Infrastruktur zu investieren, wie es der Klimanotstand erfordert.

KRITIK VON LINKS: DER RED DEAL

Würde man alle im Green New Deal skizzierten Reformen umsetzen, wären die USA zweifellos ein ökologisch und ökonomisch gerechteres Land. Eine Frage, die bislang oft nur nachlässig diskutiert, aber in den kommenden Jahren an Bedeutung zunehmen wird, ist die nach den globalen Folgen. Was bedeutet grüne Wirtschaft in den großen Industriestaaten für die Länder im Süden?

Die Batterien von E-Autos benötigen Lithium, bei Windrädern ist es Neodym, bei Solarzellen Kupfer. Eine Umstellung auf 100 Prozent erneuerbare Energien würde den Bedarf nach diesen und anderen Metallen und Mineralien ins Zigfache steigern. Abgebaut werden die Rohstoffe jedoch größtenteils im globalen Süden, in Ländern wie dem Kongo und Chile, wo die Biosysteme schon jetzt zerstört, Landschaften verunstaltet und Arbeiter*innen oftmals ausgebeutet werden. Von einem grünen Kolonialismus ist die Rede, dabei hat die große Umstellung noch gar nicht begonnen.

Kritik am Green New Deal gibt es deshalb nicht nur von rechts, wo von einem sozialistischen Umerziehungsprogramm die Rede ist, sondern auch von links. Der Autor Jasper Bernes beispielsweise schrieb in einem Essay für *Commune*, dass die bisherigen Pläne des GND nicht ehrlich genug in der Beschreibung der notwendigen Umwälzungen seien.[7] Damit Natur und Menschen nicht weiter geplündert werden, reiche die Umstellung auf eine emissionsarme Wirtschaft alleine nicht aus. Entscheidend sei es, den allgemeinen Stromverbrauch im globalen Norden so drastisch herunterzufahren, dass auch der Bedarf an erneuerbaren Energien und den dazu benötigten Mineralien im Rahmen bleibt. »Wir brauchen eine Revolution, einen Bruch mit dem Kapital und seinen zerstörerischen Zwängen«, forderte Bernes, um kurz danach einzuräumen, dass eine Revolution »nicht am Horizont« sei.

Die Politikwissenschaftlerin Thea Riofrancos, die zu den intellektuellen Vordenker*innen des Green New Deals zählt, antwortete Bernes daraufhin, dass sie zwar einige Punkte seiner Kritik teile, aber nicht seine pessimistische Haltung. Gerade weil keine »Revolution am Horizont« sei, ginge es darum, radikale Reformen durch Druck von unten anzustoßen. Wer wie Bernes die Möglichkeit auf einen solchen Wandel nahezu ausschließe, sei funktionell konservativ. »Resignation unter dem Deckmantel des Realismus ist der beste Weg, ein möglichst wenig transformatives Ergebnis zu bewirken«, schrieb Riofrancos.[8]

Eine umfassende Kritik am Green New Deal haben die indigenen Aktivist*innen der Red Nation formuliert. Sie schreiben, dass der Green New Deal zwar das Potenzial habe, den »Kampf für soziale Gerechtigkeit (freier Wohnraum, kostenlose Gesundheitsversorgung, kostenlose Bildung, grüne Arbeitsplätze) mit dem Klimawandel zu verbinden«, dabei aber nicht resolut genug in den Maßnahmen sei. Neben den vielen Transformationen, die im GND erfasst sind, stellt der Red Deal den Kampf gegen den Kapitalismus, Kolonialismus und Militarismus in den Mittelpunkt. Gefordert wird ein Abbau des US-Verteidigungsapparats, auch ein Ende des jetzigen Grenzregimes sowie umfassende Klima-Reparationen für marginalisierte Communitys. Der Text liest sich wie ein Hybrid aus Kommunistischem Manifest und Black-Panthers-Programm – auf Grundlage des über Jahrhunderte angesammelten Widerstandswissens der indigenen Bevölkerung.

Wir wollen das System nicht verbessern, indem wir eine Politik von oben nach unten umsetzen, sondern wir wollen es zerstören – entweder durch Feuer oder durch eine Million kleiner Schnitte –, um es zu ersetzen. Unsere Reformphilosophie besteht also darin, den gesellschaftlichen Reichtum wieder denjenigen zuzuweisen, die ihn tatsächlich produzieren: den Arbeiter*innen, den Armen, den indigenen Völkern, den Frauen, den Migrant*innen, den Bewirtschafter*innen des Landes und dem Land selbst. Die Wiederherstellung des sozialen Reichtums bedeutet die Ermächtigung derer, die enteignet wurden. Sozialer Reichtum kann durch den Aufbau einer Massenbewegung wiederhergestellt werden, die die Macht und den Einfluss hat, Ressourcen von der herrschenden Klasse zurückzufordern und sie an die Enteigneten zu verteilen.[9]

* * *

Die linke Kritik am Green New Deal bezieht sich in erster Linie auf die fehlende internationale Perspektive. Was also müsste passieren, damit der Umbau der Infrastrukturen im globalen Norden nicht eine Verschärfung des Raubbaus im globalen Süden bedeutet? Länder wie die USA und Deutschland müssten, wie schon erwähnt, zunächst mal ihren eigenen Verbrauch so drosseln, dass sich die Nachfrage nach den entsprechenden Mineralien in Grenzen hält. Um den verbleibenden Abbau der Rohstoffe so zu gestalten, dass er unter menschenwürdigen Bedingungen abläuft, müssten außerdem verbindliche Regeln geschaffen werden, an denen kein Staat oder Unternehmen mehr vorbeikommt.

»Die Linke braucht eine eigene Vision von internationalen Handelsabkommen«, sagte mir der Soziologe Cohen. Kern dieser Abkommen wären neue Arbeitsschutzrechte und Umweltauflagen. Darüber hinaus müsste der Zugang zu technologischen Innovationen und Patenten geöffnet, neue Kontrollmechanismen und Preisstandards eingeführt werden. Entscheidend bei all dem sei, wie Cohen ausführte, dass den Bewohner*innen der Orte, in denen der Abbau stattfindet, »ein Recht auf Selbstbestimmung« gesichert wird. Bedingung solcher neuen Handelsabkommen wäre also, dass neben Gewerkschaften, Klima- und Menschenrechtsorganisationen vor allem auch die Vertreter*innen der betroffenen Communitys in den Prozess involviert sind.

Der Green New Deal hat gewisse Mängel, das sagen auch die, die ihn vorantreiben. Schaut man sich an, wo die Klimapolitik aktuell steht, wäre es allerdings kontraproduktiv, würde man das Konzept deshalb verwerfen. Vielleicht lässt sich der Green New Deal am besten als ein Übergangsprogramm verstehen, das sich mit jedem Etappensieg neue Ziele setzt, internationaler wird. So wie sich die Bewegungen dahinter auch weiterentwickeln.

VARSHINI PRAKASH

Varshini Prakash war elf Jahre alt, als ein Erdbeben und Tsunami im Indischen Ozean mehr als 230 000 Menschen das Leben nahm. Kein Alter, in dem man die Bedingungen und Dimensionen einer solchen Katastrophe versteht, aber alt genug, um sich Sorgen um die Welt und die eigene Familie zu machen. Prakash wohnte mit ihren Eltern, die vor ihrer Geburt aus Indien in die USA eingewandert waren, in Acton, einem Vorort von Boston. Zusammen schauten sie die Nachrichten im Fernsehen, mit einem besonderen Augenmerk auf das, was im Südosten Indiens passierte, weil dort in der Küstenmetropole Chennai Prakashs Großmutter lebte. Prakash erinnert sich an das Gefühl der Ohnmacht, das sie Tausende von Kilometern entfernt verspürte. Sie wollte helfen, irgendwie, also spendete sie so viele Konservendosen, wie sie zusammenkratzen konnte, an das Rote Kreuz. Das Gefühl der Ohnmacht wiederholte sich ein Jahr später, 2005, als Hurrikan Katrina große Teile der amerikanischen Golfküste verwüstete. Wieder verfolgte Prakash die Ereignisse von ihrem Zuhause in Massachusetts aus und wieder sah sie, wie vor allem arme Menschen litten und von der Regierung im Stich gelassen wurden. Naturgewalten lassen sich nicht vollständig vermeiden, lernte Prakash damals, als junge Teenagerin. Die Natur lässt sich nicht kontrollieren. Aber, und diese Überzeugung bestimmte ihr Leben fortan immer stärker, es lässt sich grundlegend anders auf dieser Erde leben, als wir es heute tun.

Prakash fing an, sich für Klimaveränderungen zu interessieren. Sie trat dem Recycling-Club ihrer High School bei, schaute Al Gores Dokumentation *Eine unbequeme Wahrheit* und störte sich an dem Fatalismus des Films. Sie hoffte, dass Obama seine Wahlkampfversprechen hält, studierte Umweltwissenschaften an der University of Massachusetts Amherst. Und sie entwickelte ein Interesse für soziale Bewegungen, weil sie dort eine Möglichkeit für politisches Handeln sah, das über Spenden und Recycling hinausgeht. Ein weiterer prägender Moment ereignete sich für Prakash im zweiten College-Jahr, als sie von einer Freundin gebeten wurde, bei einer Demonstration auf dem Campus zu sprechen. Thema sollten die Investitionen vieler Universitäten im Bereich der fossilen Energien sein. »Wenn es falsch ist, den Planeten zu zerstören, ist es falsch, von dieser Zerstörung zu profitieren«, rief Prakash in ein Megafon vor rund 100 Leuten. Es war das erste Mal in ihrem

Leben, dass sie auf einer Bühne vor einer größeren Menge sprach. Und es war das erste Mal, dass sie sich im Kampf gegen die Klimakrise nicht alleine fühlte.

Prakash hat seither auf vielen Bühnen gesprochen, vor Zehntausenden Menschen bei großen Demonstrationen, im Fernsehen vor einem Millionenpublikum und im kleinen Kreis mit den mächtigsten Politiker*innen des Landes. Als Direktorin von Sunrise Movement stemmt sich Prakash gegen das Gefühl des Ausgeliefertseins, das sie selbst als Jugendliche erlebt hat. Prakash – knapp über 1,50 Meter groß, schwarze, dunkle Locken – ist mittlerweile die, an der sich junge Menschen aufrichten. Vom Magazin *Forbes* wurde Prakash zu den wichtigsten Entscheidungsträgern unter 30 Jahren bestimmt. An Sichtbarkeit, das teilt sie mit jemandem wie Luisa Neubauer, mangelt es der Klimabewegung und ihren Köpfen nicht mehr.

Fragt man Prakash, wie es ihr geht, beschreibt sie ihre Versuche, eine Balance zwischen Nachrichtenkonsum und Achtsamkeit für den eigenen Körper zu finden. Um Burnouts zu vermeiden, sprechen die Aktivist*innen von Sunrise in ihren Meetings deshalb regelmäßig über ihren seelischen Zustand. Später im Gespräch wird Prakash auf das Thema Balance zurückkommen, als es um ihre persönliche Zukunft und die von Sunrise geht. »Viele dieser Organisationen verlieren ihre radikalen Elemente, weil die Führungskräfte älter werden und sich in ihren Überzeugungen beschränken«, sagt sie. »Der Schlüssel ist es, fortlaufend Macht an die Jungen zu übergeben.«

Fragt man sie nach dem Wiedererstarken der amerikanischen Linken, spricht sie von einem politischen Wertesystem, das unter Nixon und Reagan etabliert wurde und nun vor dem Zusammenbruch stehe. »Wir erleben zurzeit einen großen Umbruch, aber wir werden noch durch eine Vielzahl von Konflikten und Wendungen durch müssen, bevor wir auf der anderen Seite ankommen.«

Was diese Generation – die »Klima-Generation«, wie Prakash selbst sagt – vielleicht am meisten auszeichnet, ist das konsequente

Denken in Zusammenhängen, und zwar großen wie kleinen. Prakash sagt, dass es ihr nicht darum gehe, den Planeten *vor* den Menschen zu retten – ein Narrativ, das die Umweltbewegung lange Zeit stark prägte –, sondern vielmehr darum, eine Lebensweise auf diesem Planeten zu entwickeln, die die Natur bewahrt. Man könnte darin eine neue Art von Existenzialismus sehen, ein kollektiver Existentialismus allerdings, der einer materialistischen Analyse folgt. Geht es um notwendige Veränderungen, hört man von Prakash und ihren Mitstreiter*innen keine Ratschläge zum nachhaltigen Konsum. Individuelles Verhalten sei zwar nicht egal, sagt Prakash, der Umbau der makroökonomischen Strukturen habe aber schlichtweg Priorität. Um das Ende des fossilen Zeitalters zu erreichen, braucht es mehr als Moral, mehr als große Massen auf der Straße, mehr als visionäre Pläne. Damit sich Politik und Wirtschaft beim Klimaschutz bewegen, müsse man Wege finden, ganz konkreten Druck auszuüben.

Für Prakash stand nach ihrer ersten Demo-Ansprache auf dem Campus fest, dass sie neben dem Abschluss nun ein neues Ziel hat: Zusammen mit anderen Studierenden wollte sie erreichen, dass die University of Massachusetts ihr Kapital vollständig aus der fossilen Industrie abzieht. Die ersten Versuche, auf die Unileitung einzuwirken, liefen ins Leere. Doch im Laufe der Jahre gelang es der Gruppe um Prakash, immer mehr Student*innen zu gewinnen. Über 700 Menschen beteiligten sich, 4000 Unterschriften wurden gesammelt. Wochenlange Sit-in-Proteste führten dazu, dass die Polizei immer wieder anrücken musste und insgesamt 34 Student*innen festnahm. 2016 gab die UMass schließlich als erste große öffentliche Universität der USA bekannt, ihr Investment zu beenden.

Die Divestment-Kampagne ist innerhalb der Klima-Bewegung zu einem Vorbild in Sachen Effektivität geworden. Laut Global Divestment Commitments Database haben sich bis Oktober 2021 weltweit rund 1500 Organisationen und Institutionen angeschlossen. Zahlreiche Großstädte, Kirchen, mächtige Stiftungen, sogar ganze Länder wie Irland haben bekanntgegeben, nicht mehr in Öl, Kohle und Gas anzulegen. Es geht dabei um einen Kapitalabzug von etwa 40 Billionen (!) Dollar, was mehr als das Bruttoinlandsprodukt der USA und China kombiniert ist.

Es war in ihrem Abschlussjahr 2015, als Prakash über das Divestment-Netzwerk Sara Blazevic kennenlernte, die ebenfalls gerade ihr Studium beendet hatte. Die beiden Frauen überlegten, wie man sich jenseits der Universitätslandschaft organisieren könne. Also brachten sie eine kleine Zahl von Klima-Aktivist*innen zusammen, um mögliche Strategien zu diskutieren. Die Gruppe traf sich über Monate regelmäßig in Brooklyn, Philadelphia und anderen Städten, las zusammen Bücher über frühere soziale Bewegungen und ließ sich von erfahrenen Organizer*innen ausbilden. Im Frühjahr 2017, Trump war frisch im Weißen Haus, gründeten sie schließlich Sunrise. »Uns war wichtig«, sagt Prakash, »eine Struktur zu schaffen, in der die Leute nicht nur alle sechs Monate aktiviert werden«. Dauerhafte Beteiligung war das Ziel, »um Macht zu erreichen«.

SUNRISE MOVEMENT

Sunrise hat sich für zwei Strategien entschieden. Die eine fasst Prakash unter dem Begriff »Whirlwind« zusammen. Wirbelwinde sind direkte Aktionen wie die Besetzung von Nancy Pelosis Büro, ziviler Ungehorsam im Geiste Occupys, Momente, die das »business as usual« unterbrechen, wie Prakash sagt – Proteste, die Aufmerksamkeit schaffen, sowohl für den Klimawandel als auch für Sunrise selbst, um mehr Aktivist*innen zu mobilisieren. In die Kategorie »Whirlwind« fiel zum Beispiel ein über 600 Kilometer langer Fußmarsch zwischen New Orleans und Houston, den eine kleine Gruppe von Sunrise-Mitgliedern im Sommer 2021 absolvierte, um ein Civilian Climate Corps voranzutreiben. Einer über 150 Jahre alten Taktik geht Sunrise hingegen in den »Wide Awake«-Aktionen nach, bei denen die Aktivist*innen vor

Wohnungen von Politiker*innen Lärm machen. Auf diese Weise wurde unter anderem der Fraktionsvorsitzende der Republikaner Mitch McConnell aus dem Schlaf gerissen. Inspiration ist dabei die »Wide Awakes«-Bewegung der 1850er Jahre, die auf gleiche Weise für die Abschaffung der Sklaverei demonstrierte.

Die zweite große Strategie von Sunrise ist das langfristige Graswurzel-Organizing, das Tausende Aktivist*innen in über 400 Ortsgruppen im ganzen Land betreiben. Sunrise hat damit nicht nur Strukturen geschaffen, um lokalspezifische Themen vorwärtszubringen, sondern auch eine Lücke besetzt, die der Klima-Aktivismus über Jahre und Jahrzehnte gelassen hatte: dort nämlich, wo sich Bewegungspolitik und Wahlpolitik treffen. Genau wie die Democratic Socialists of America unterstützt Sunrise ausgewählte Kandidat*innen der Demokraten in den Vorwahlen. Das Prinzip ist letztlich einfach: Wer sich glaubhaft einem Green New Deal verschreibt, wird von der Sunrise-Armee unterstützt. Wer sich gegen eine nachhaltige Klimapolitik wehrt, erfährt Opposition. Sunrise hat so einen Weg gefunden, konkreten Druck auf Politiker*innen zu üben. Und zwar in jeder Wahlperiode von Neuem. Die Organisation hat weder permanente Verbündete noch permanente Gegner, wie Prakash erklärt. Entscheidend sei, dass die Politiker*innen ihre Versprechen halten.

Der Einfluss von Sunrise wurde im Wahljahr 2020 deutlich, als die Organisation insgesamt 6,5 Millionen Wähler*innen kontaktierte und dadurch einer Reihe von linken Außenseitern, die den Green New Deal unterstützten, zu Siegen verhalf. Besonders beeindruckend war der Erfolg des New Yorker Schuldirektors Jamaal Bowman, der sich im 16. Wahlbezirk (nördliche Bronx, südliches Westchester) gegen den moderaten und knapp 30 Jahre älteren Eliot Engel durchsetzen konnte. Von 1,3 Millionen Anrufen, die während des Wahlkampfes für Bowman getätigt wurden, gingen rund 850 000 auf das Konto von Sunrise. Viele der Volunteers waren dabei nicht mal wahlberechtigt, wie Prakash erzählt, »14-Jährige, 16-jährige Mädchen, die erst 2024 wählen dürfen«. Die jungen

Aktivist*innen wollten nicht warten, bis sie wählen durften. Und wählten deshalb eine andere Form der Einflussnahme. Bowman gewann mit 55 Prozent der Stimmen. Engel musste sich nach 15 unangefochtenen Wiederwahlen und 31 Jahren aus dem Parlament verabschieden. Das Ende einer Ära und der Beginn einer neuen. Seit Bowman im Kongress sitzt, hat er mehrere linke Resolutionen mit auf den Weg gebracht, unter anderem die für eine Vergesellschaftung des US-Stromnetzes.

Doch Sunrises Einfluss hat sich in den vergangenen Jahren nicht nur in urbanen Zentren und demokratischen Hochburgen bemerkbar gemacht. Im Bundesstaat Maine, ganz im Nordosten der USA, verhalf die Organisation einer linken Kandidatin in einem ländlichen und bis dahin ausschließlich von Republikanern dominierten Wahlbezirk zum Einzug ins Landesparlament. Die 1992 geborene Klima-Aktivistin Chloe Maxmin warb während ihres Wahlkampfes 2018 unter anderem für erneuerbare Energien und einen Ausbau des öffentlichen Verkehrs – Themen, die im dünnbesiedelten Maine bis dato weitestgehend ignoriert worden waren. Zusammen mit Dutzenden Freiwilligen zog sie von Dorf zu Dorf, sodass sie am Ende des Wahlkampfes mit den meisten Wähler*innen mehrere Male persönlich in Kontakt kam. Anders als viele andere Democrats, suchte Maxmin dabei gezielt Gespräche mit registrierten Republikaner*innen, oft in Wohnwagensiedlungen und verlassenen Gebieten. Diese Art des tiefgehenden Wahlkampfes (»deep canvassing«) sei nötig gewesen, sagt Maxmin, um in Ruhe erklären zu können, warum Klimapolitik auch im Interesse der Arbeiter*innenklasse von Maine sein kann.

Maxmin gewann den District 88 mit rund 200 Stimmen Vorsprung. Ein über die Grenzen von Maine hinweg beachteter Sieg, der ihr so viel Rückenwind gab, dass sie als neue Abgeordnete direkt weiter mobilisierte. Noch in ihrem ersten Jahr im Amt gelang es Maxmin, die Mehrheit der Abgeordneten für einen regionalen Green New Deal zu gewinnen. Eingespannt in die Gespräche war dabei von Anfang an der mächtige Gewerkschaftsverband AFL-

CIO, dessen Unterstützung für das Gesetz entscheidend war. In der finalen Version fehlen zwar manche Punkte, die Maxmin angestrebt hatte. Das festgehaltene Ziel von 80 Prozent erneuerbaren Energien bis 2030 ist dennoch ein Meilenstein für Maine. In der laufenden Legislaturperiode versucht Maxmin unter anderem, einen neuen Zusatzartikel in der Verfassung des Bundesstaates zu verankern. Das sogenannte »Pine Tree Amendment« würde ein Grundrecht auf eine »saubere und gesunde Umwelt« garantieren.

Die Klimapolitikwende in Maine zeigt, dass der Green New Deal auch in ländlichen und konservativen Regionen funktionieren kann. Wesentlich war dafür, die Agenda den lokalen Bedingungen anzupassen. »Viele progressive Politiken, die ich früher unterstützt habe, sind gut für städtische Räume, funktionieren aber nicht in Maine«, sagt Maxmin. Eine Benzinsteuer komme für sie beispielsweise nicht infrage, solange die Landbewohner*innen keine andere Wahl als den eigenen PKW hätten. Der Green New Deal funktioniert am besten als lebendiges Dokument, ließe sich als Lehre festhalten. Lebendig in dem Sinne, dass es keine Schablonenlösung gibt. Lebendig aber auch in dem Sinne, dass er von unten entwickelt werden muss, mit verschiedenen Fraktionen und Gruppen im Verhandlungsprozess. Je *näher* Klimapolitik an den Menschen ist, die davon betroffen sind, desto aussichtsreicher ist ihre Durchsetzung.

EINE KONKRETE ÖKO-UTOPIE

New Orleans im Jahr 2027, die Straßen sind voller Salzwasser. Ein Hurricane ist über die Stadt gepresscht und obwohl die neu angelegten Sumpfgebiete einen großen Teil der Fluten abfangen konnten, mussten Hunderttausende Menschen mit Elektrobussen in temporäre Rückzugslager evakuiert werden. Der Sturm war einfach zu stark, wie schon 2005 bei Hurrikan Katrina. Die Voraussetzungen sind dieses Mal allerdings grundverschieden.

Zwei Tage nach Abklingen des Hochwassers beginnen die Aufräumarbeiten, ein gemeinsames Projekt von staatlichen Einsatzkräften und Bewohner*innen, von denen viele über ein Jobgarantie-Programm angestellt wurden. Alle Arbeiter*innen sind gewerkschaftlich organisiert, die Löhne adäquat. Während New Orleans wieder zu Leben kommt, rollen im ganzen Land neue Proteste an. Der Green New Deal wurde zwar vor einigen Jahren beschlossen – um Klimaneutralität bis 2030 zu erreichen, muss es aber noch schneller gehen. Mehr Solaranlagen und Windturbinen, besserer Schutz für die *frontline communities*. Der Druck aus der Bevölkerung wächst deshalb weiter, und er wirkt. Die Politik zieht nach. Die USA sind nach langem Kampf auf dem richtigen Weg.

Mit dieser Kombination aus Wissenschaftsrealismus und positivem Wandel beginnt das Buch *A Planet to Win*.[10] Wir erleben die Erderwärmung, aber wir erleben sie nicht mehr apathisch, sondern wach, verantwortungsbewusst, handlungsentschlossen. Die vier Autor*innen – die Journalistin Kate Aronoff, der Soziologe Daniel Aldana Cohen, die Theoretikerin Alyssa Battistoni und die Politikwissenschaftlerin Thea Riofrancos – haben dieses Szenario einer konkreten, komplexen Vision entworfen, um eine Brücke zwischen Gegenwart und Zukunft zu schlagen.

Verwandt mit dieser Form des konstruktiven Journalismus ist die Climate-Science-Fiction von Kim Stanley Robinson, der in den vergangenen Jahren zu einem der wichtigsten politischen Autor*innen der USA zum Thema Klima geworden ist. In seinem letzten Werk »Das Ministerium für die Zukunft« schildert Robinson, wie sich die Menschen erst in Indien, dann in anderen Ländern und bald auf der ganzen Welt gegen das durch die Erderhitzung ausgelöste Massensterben wehren. Eine transnationale Bewegung gegen den fossilen Kapitalismus entsteht; neue, solidarische Gesellschaftsstrukturen konstituieren sich. Inspiriert von der Autorin Ursula K. Le Guin, deren Schüler Robinson vor über 40 Jahren war, wächst aus den sozialen Konflikten und Bewegungen des Jetzt eine künftige Revolution. Utopie ist ein Prozess, das macht Robinson in »Das Ministerium für die Zukunft« deutlich, und genau darin liegt die öffnende Kraft dieses Buches und Genres.

* * *

Klimapolitik dreht sich oft um harte Fakten und Zahlen, um Emissionsstatistiken, Schwellenwerte, CO_2-Preise, Haushaltsbudgets und Jahresziele. Was aber wäre, wenn es am Ende auch auf das *Gefühl* ankommt? Keine Sorge, das ist kein Plädoyer zur Hippisierung, keine Anleitung zur privilegierten Realitätsflucht, sondern, ganz im Gegenteil, es ist die Frage, wie sich die nötigen Umbrüche durchsetzen lassen, was es dazu braucht.

Die Klimakrise ist kein normales Problem, deshalb verlangt sie andere Denk- und Herangehensweisen. Die Herausforderungen sind komplexer, der Druck, schnell zu handeln, größer. *The stakes are higher*, wie es heißt: Es geht um mehr. All das stimmt. Und doch verbindet sich ein Risiko damit, wenn man der Klimakrise *nur* Beispiellosigkeit und Außerordentlichkeit zuschreibt. Das Risiko besteht erstens darin, in eine Art von Klima-Ohnmacht zu verfallen, für die es sogar einen eigenen, psychologischen Begriff gibt: *eco-anxiety*. Und zweitens besteht die Gefahr zu unterschätzen, dass selbst für diesen maximalen Auftrag die Mittel, Ideen und Taktiken bereits zur Verfügung stehen. Politik muss für den Klimawandel nicht neu erfunden werden. In erster Linie müssen sich die Machtverhältnisse verschieben.

Je weiter wir in dieser Dekade voranschreiten, ohne dass die notwendigen Umbrüche eingeleitet werden, desto wahrscheinlicher ist es auch, dass der Klimaprotest radikaler wird. Es wird in den kommenden Jahren deshalb wohl noch mehr auf den Druck von Bewegungen ankommen, auf die direkte Konfrontation mit der fossilen Wirtschaft, auf Streiks und Blockaden, zivilen Ungehorsam und Sabotage – darauf, den Widerstand, den viele Aktivisten, Wissenschaftlerinnen, Arbeiter und manche Politiker schon jetzt vorleben, zu intensivieren. Was in Standing Rock geschah, war wegweisend. Morgen bräuchten wir zehn Standing Rocks. Was die Tausenden Sunrise-Organizer*innen machen, ist grandios. Morgen müssten es Millionen sein. Das gleiche gilt für Fridays for Future, Ende Gelände, Extinction Rebellion, für alle Kollektive, die so bewundernswert vorangehen, aber wohl immer noch zu klein sind.

Nur: Wie lassen sich die Bewegungen vergrößern? Was muss passieren, dass der Wandel, der uns alle betrifft, tatsächlich zu einem gesamtgesellschaftlichen Unterfangen wird? Mitentscheidend könnte sein, zurück zum Faktor Gefühl, die Klima-Maßnahmen, die ja schon jetzt eingeleitet werden, wenn auch viel zu langsam, so schnell wie möglich *positiv spürbar* zu machen. Die zukunftsorientierteste Klimapolitik fängt damit an, Alltagsprobleme der Gegenwart zu lösen. Politik, die das Wohnen günstiger und schöner macht, den öffentlichen Verkehr modernisiert und erweitert, die Städte grüner gestaltet und das Arbeiten reduziert. Politik, die das Leben verbessert – nicht trotz, sondern wegen eines radikalen Umbaus. Wenn Menschen erleben, dass *das* die Zukunft sein könnte, warum sollten sie dafür dann nicht kämpfen?

9 STAATSFEIND*INNEN

Wenn man nach Bildern von der Stadt Charlottesville sucht, findet man erst mal nichts außer Gewalt. Neonazis mit Hakenkreuzfahnen und Fackeln, aufgerissene Münder, stiere Augen, hasserfüllte Gesichter, gezückte Waffen. Ein Auto, das in eine Menge von Demonstrant*innen rast, dabei Menschen unter sich begräbt und durch die Luft schleudert. Auf den ersten Blick erweckt die Sammlung von Fotos, die Google zum Stichwort Charlottesville ausspuckt, den Eindruck, als würde es den Ort in Virginia gar nicht geben. Nur dieses eine Ereignis.

»Unite the Right« hieß die Veranstaltung, die am 11. und 12. August 2017 in Charlottesville stattfand: Vereinigt die Rechte. Mehrere Hundert Faschisten versammelten sich an dem Wochenende, um ein gutes halbes Jahr nach Donald Trumps Amtsantritt ihre neue Stärke zu demonstrieren. Es waren fast allesamt weiße Männer, die meisten zwischen 20 und 35 Jahre alt. Skinheads mit Nackentattoos, Bübchen in Poloshirts, Proud Boys in apokalyptischen Schutzausrüstungen. »Wir werden sie verdammt noch mal töten, wenn wir müssen«, sollte einer von ihnen, Christopher Cantwell, vor laufender Kamera über die Gegenprotestler*innen sagen. Leute wie der Podcaster Cantwell hatten in der Szene schon länger führende Rollen eingenommen. Seit Trumps Wahl wurden sie nun auch zunehmend von großen Sendern und Zeitungen interviewt.

Der Auftakt am Freitagabend war zur Abschreckung und Anziehung gedacht. Zwischen 200 und 300 Rechtsextreme zogen in Zweierreihen über den Campus der Universität von Virginia, mit Fackeln in den Händen, so wie der Klan damals, nur die weißen Kapuzen fehlten. Sie rissen den rechten Arm zum Hitlergruß hoch, brüllten »You will not replace us« (»Ihr werdet uns nicht ersetzen«), woraus schnell »Jews will not replace us« (»Juden werden uns nicht ersetzen«) wurde. Schlachtrufe, die einer antisemitischen und rassistischen Verschwörungsideologie entspringen, wonach die »weiße Rasse« von einem »Bevölkerungsaustausch« bedroht sei. Ziel des Fackelmarsches war eine Statue von Thomas Jefferson, dem dritten Präsidenten der Vereinigten Staaten und Autor der Unabhängigkeitserklärung. Jefferson ist die mit Abstand bekannteste historische Figur von Charlottesville. Sein Landgut Monticello, das am südöstlichen Stadtrand liegt, ist der Grund, warum Hunderttausende Tourist*innen Jahr für Jahr nach Charlottesville kommen. Monticello war jedoch mehr als Jeffersons Wohnsitz. Es war in erster Linie eine Plantage, auf der zu seinen Lebzeiten über 400 Sklav*innen zur Arbeit gezwungen wurden. Von Bedeutung ist diese Information nicht nur im Sinne einer historischen Vollständigkeit, sondern weil sich die rassistische Geschichte dieser Stadt nicht von der rassistischen Gegenwart trennen lässt. Charlottesville war und ist ein Ort von besonderer Bedeutung für die Rechten.

In den Monaten vor dem »Unite the Right«-Marsch hatte sich innerhalb von Charlottesville ein ideologischer Konflikt zur Erinnerungspolitik zugespitzt. Zentrales Streitobjekt war dabei ein anderes Denkmal mitten im Zentrum der Stadt, das des Konföderierten-Generals Robert E. Lee, der während des Amerikanischen Bürgerkriegs die Südstaaten gegen die Nordstaaten angeführt hatte. Während Lee in rechten Kreisen bis heute als heldenhafter Oberbefehlshaber glorifiziert wird, symbolisiert er vor allem für Schwarze Amerikaner*innen die Institution der Sklaverei, für deren Aufrechterhaltung er ins Feld zog. Statuen wie die von Lee sind in den USA keine Ausnahme, sie prägen im Süden das öffentliche Bild.

Als die Schwarze Studentin und Aktivistin Zyahna Bryant im Jahr 2016 eine Petition mit dem Ziel startete, das riesige Denkmal von Lee zu entfernen, formierte sich sofortiger Widerstand. Angeführt von dem stadtbekannten weißen Nationalisten Jason Kessler wollte eine Gruppe von Einwohner*innen verhindern, dass

»Geschichte zerstört« wird, wie das rechte Narrativ geht. Als ob sich keine anderen Wege finden lassen, »Geschichte« zu lehren. Doch um Geschichte und Erinnerung geht es in diesem Konflikt sowieso nicht primär. Die Denkmäler sind eher so etwas wie die Kulisse eines größeren Kampfes. Es geht dabei aus rechter Perspektive um die Frage, wer zu diesem Land gehört und wer nicht, wer *wirkliche*r* Amerikaner*in sein darf und wer raus muss. »Unite the Right« sollte eine Antwort auf diese Frage geben. »Wir werden die Versprechen von Donald Trump einlösen«, sagte der ehemalige Anführer des Ku-Klux-Klans, David Duke.

Es war nach 22 Uhr, als der Marsch an der Jefferson-Statue ankam und dort auf eine kleinere Gruppe von Gegendemonstrant*innen traf. Die meisten von ihnen waren Student*innen, die mit ineinander verschränkten Armen eine Kette um das Denkmal bildeten. Nicht etwa, um die Figur Jefferson zu schützen, sondern weil sie ihre Universität den Faschisten nicht unangefochten als Bühne überlassen wollten. »Black Lives Matter«, riefen sie. »White Lives Matter«, schallte es zurück. Eine kurze Weile waren die Gegendemonstrant*innen umzingelt, schnell kam es zu Rangeleien, bald zu einer richtigen Schlägerei. Fackeln flogen, Pfefferspray hing in der Luft. Lange Minuten vergingen, bis die Polizei einschritt und die rechte Meute sich wieder zurückziehen musste. Nachvollziehen lassen sich diese Szenen bis heute über eine *Vice*-Dokumentation mit dem Namen »Charlottesville: Race and Terror«.

Man kann von Glück sprechen, dass an diesem Abend nicht mehr passierte. Der Situation gerecht wird solch eine Floskel kaum. Es war ja kein Glück, das sich dem faschistischen Mob in den Weg stellte, sondern eine Gruppe von Menschen, die wussten, was sie taten, auch wussten, welches Risiko sie dabei eingingen. Sowohl die Universitätsleitung als auch die Stadtregierung hatten in den Wochen zuvor von Gegenprotest abgeraten. »Ignoriert sie. Ihr schenkt ihnen sonst nur Aufmerksamkeit«, hieß es von offizieller Seite. Doch auf diese Taktik wollten sich die Antifaschist*innen in Charlottesville nicht verlassen.

Die ganz konkrete Bedeutung der Gegenwehr geht in den Erinnerungen an Charlottesville oft unter. Zur gleichen Zeit nämlich, während sich Faschisten und Antifaschist*innen am Jefferson-Denkmal gegenüberstanden, fand direkt um die Ecke, in der St. Paul's Memorial Church, ein Gottesdienst statt, an dem rund 600 Menschen teilnahmen. Unter den Anwesenden waren Geistliche aus dem ganzen Land sowie Aktivisten und Bewohnerinnen. Als sich herumsprach, wie nah die faschistische Meute war, veränderte sich die Stimmung in der Kirche schlagartig. »Sie wollen die Kirche stürmen«, schrieb Traci Blackmon, eine Schwarze Pastorin, auf Twitter. »Ich musste an die Filme denken, in denen die Nazis alle Menschen in die Kirche oder Synagoge treiben und sie in die Luft jagen«, erinnerte sich die Filmemacherin Jamie Ross. Am drastischsten formulierte es der Theologie-Professor und Intellektuelle Cornel West wenige Tage später im Fernsehen, als er den Gegendemonstrant*innen für das ganze Wochenende dankte. »Ohne die Anarchistinnen und Antifaschisten wären wir wie Kakerlaken zerquetscht worden«, sagte West. »Sie haben unser Leben gerettet.«

* * *

Dass sich Charlottesville als Symbol rechtsextremer Gewalt ins amerikanische Gedächtnis gebrannt hat, liegt nicht nur an den gruseligen Bildern jenes Freitagabends. Charlottesville ist heute dunkel markiert, weil am nächsten Tag ein 22-jähriger Rechtsextremer namens James Alex Fields Jr. sein Auto in eine Menge von Demonstrant*innen rammte und dabei eine Frau ermordete sowie 35 Menschen verletzte. Das Opfer, die 32-jährige Heather Heyer, war in ihrer Community für ihr politisches Engagement bekannt und hatte sich dem Gegenprotest selbstverständlich angeschlossen. »Bist du nicht wütend, dann bist du nicht wach«, lautete ihr letzter Facebook-Post, bevor sie starb. Heyers Tod war die Eskalation eines gewaltexzessiven Wochenendes, das sich lange angekündigt hatte und bis heute nachwirkt.

Spätestens als Präsident Trump davon sprach, dass es in Charlottesville auf »beiden Seiten sehr anständige Leute« gegeben habe, war offensichtlich, wie zersetzend und tödlich die Politik der Regierung in Kombination mit einer organisierten Gewaltbewegung auf der Straße ist – und, wie notwendig direkter Widerstand.

Hunderte Antifaschist*innen kamen an diesem Wochenende zusammen, junge und alte Menschen, aus verschiedenen Städten, mit unterschiedlichen sozialen Hintergründen. Sie wehrten sich in zwingender Einigkeit gegen eine »vereinigte Rechte«, blockierten deren Spektakel so gut es ging, und konnten trotzdem nicht verhindern, dass ein Mensch starb. Als Jason Kessler, der die »Unite the Right«-Kundgebung organisiert hatte, einen Tag nach dem Mord an Heyer eine Pressekonferenz geben wollte, wurde er von Protestler*innen verjagt. Keinen Fußbreit mehr, nicht nach diesem Wochenende. Das war nun noch klarer.

In Charlottesville zeigte sich für alle Welt sichtbar, wie Faschismus in den USA aussieht. In dem Land also, das sich damit rühmt, den Faschismus auf der anderen Seite des Atlantiks besiegt zu haben. In Charlottesville zeigte sich aber auch, dass es viele Amerikaner*innen gibt, die sich dem widersetzen. Eine antifaschistische Bewegung, aus der Not geboren, die mit Neonazi-Netzwerken und bewaffneten Milizen konfrontiert ist und darüber hinaus auch mit einem Staat, der faschistoide Elemente in sich trägt, wie während der Trump-Jahre für viele zum ersten Mal sichtbar wurde.

Der Autor Shane Burley, einer der profiliertesten Beobachter der Szene, schrieb in einem Essay zum dritten Jahrestag im August 2020, dass Charlottesville eine Warnung davor gewesen sei, »wie erheblich der aufkommende Faschismus tatsächlich war und wie hoch der Preis dafür, es so lange zu ignorieren«. Charlottesville sei »ein Moment von zentraler Bedeutung«, so Burley, »ein wahrlich historischer Wendepunkt, an dem sich für viele die Illusionen zerschlugen und klar wurde, dass die faschistische Bedrohung mit Händen und Füßen greifbar und entsetzlich real ist.«[1]

DAS PHÄNOMEN ANTIFA

Als Staatsfeind*in bezeichnet man laut Wörterbuch eine Person, »die durch ihre Aktivitäten dem Staat schadet, den Bestand der staatlichen Ordnung gefährdet«.² Der Begriff wird lose benutzt, aber nicht beliebig. Die Sozialist*innen Martin Luther King und Angela Davis beispielsweise wurden vom FBI als Staatsfeind*innen markiert, die Whistleblower*innen Edward Snowden und Chelsea Manning ebenfalls, jeweils verbunden mit der Anschuldigung, die USA zu »verraten«. Manche demokratischen Politiker*innen und Journalist*innen haben Trump in den vergangenen Jahren als »enemy of the state« beschrieben, meist beruhend auf der Vorstellung, dass Trump »die amerikanischen Ideale« hintergehe. Eine Vorstellung, die in diesem Kapitel hinterfragt werden soll. Trump wiederum beschimpfte die Presse immer wieder mit ähnlichen Worten, um sich deren Kritik zu erledigen und Ressentiments zu schüren.

Während das Label Staatsfeind*in zwar in alle politischen Richtungen verteilt wird, findet man die Selbstbezeichnung eigentlich nur bei Rechten. Es handelt sich um eine Pose des Rebellentums, die einzig dann funktioniert, wenn man den Staat für »zu links« hält, was gerade in den Vereinigten Staaten enorme Einbildungskraft benötigt. So gerne Rechtsextreme sich als Opfer, Außenseiter, Dissidenten darbieten, und das gilt fast universell, so oft kommt es vor, dass sie vom Staat ignoriert, unterschätzt oder gefördert werden. Andersrum bleibt das Label »Staatsfeind*in« eher bei Menschen kleben, die gegen den Staat von links protestieren, siehe King, siehe Davis, siehe Manning – bei denjenigen also, die auch strafrechtlich verfolgt werden.

Der Begriff »Staats*feindin« kann demnach nichts bedeuten, und alles. Er kann Ausdruck einer lächerlichen Inszenierung sein, im Rahmen einer groben Analyse fallen oder eine materielle Bedrohung mit sich bringen. Es ist abhängig davon, wer ihn zu welchem Zweck anwendet.

Als Donald Trump am 31. Mai 2020 bei Twitter ankündigte, dass die »Vereinigten Staaten von Amerika [...] ANTIFA als Terrororganisation« einstufen werden, war das zwar auf mehreren Ebenen lächerlich, aber nichtsdestotrotz wirksam. Abgesehen davon, dass es weder »die Antifa« gibt, geschweige denn als Organisation, und abgesehen davon, dass Terrororganisationen nicht vom Präsidenten bestimmt werden, erst recht nicht bei Twitter, erfüllte der Tweet seinen Zweck. Die USA befanden sich damals, ein paar Tage nach dem Mord an George Floyd, in Aufruhr. Zehntausende protestierten täglich gegen Polizeigewalt und Rassismus, in vielen Städten herrschten Ausgangssperren, und das alles ein knappes halbes Jahr vor der nächsten Wahl. Trump lag daran, den Fokus zu verrücken, Schuldige für das Chaos zu finden. Also verschärfte er das, was er die ersten drei Jahre seiner Präsidentschaft schon einigermaßen hemmungslos betrieben hatte: eine Dämonisierung des Schwarzen und linken Widerstands.

Trumps Tweet war sowohl an seine eigenen Anhänger gerichtet, im Sinne einer Agitation, als auch an alle Menschen, die sich irgendwie mit der antifaschistischen Bewegung identifizieren, im Sinne einer Warnung. Wer sich in die Nähe der Antifa begibt, das war die unmissverständliche Botschaft, läuft Gefahr, verfolgt zu werden. »Antifa« wurde zur Staatsfeindin.

* * *

Die Geschichte des antifaschistischen Widerstands geht in die 1920er Jahre zurück, als sich in Italien und Deutschland erstmals Gruppen formierten, die gegen die Bewegungen von Mussolini und Hitler kämpften. Es waren vor allem Kommunist*innen, die diese direkte Konfrontation suchten und sich bald auch zu transnationalem Widerstand koordinierten. Antifaschismus war damals und ist bis heute jedoch ein Dach, unter dem sich verschiedene politische Haltungen versammeln: Marxist*innen, Anarchist*innen, manchmal sogar Liberale.

In den USA schlossen sich Antifaschist*innen gegen Ende des 20. Jahrhunderts zusammen. 1987 wurde in Minneapolis das Anti-Racist Action Network gestartet, dessen Hauptziel die Bekämpfung des wiedererstarkten Ku-Klux-Klans war. Ihr Slogan lautete: »We go where they go« – Wo die Faschisten sind, sind wir auch. In Opposition zu einem Neonazi-Musikfestival in der Nähe von Portland, Oregon, gründeten Aktivist*innen im Jahr 2007 dann Rose City Antifa, eines der bis heute bekanntesten antifaschistischen Kollektive des Landes. Das Thema Antifa blieb in der Öffentlichkeit jedoch die längste Zeit in der Nische. Bis vor ein paar Jahren wusste in den USA kaum jemand, wofür der Begriff steht. Durch Trumps Aufstieg und den damit verbundenen Anstieg an rassistischen Gewaltverbrechen veränderte sich das schlagartig.

Knapp eintausend antifaschistische Protestler*innen bildeten am Tag von Trumps Amtseinweihung im Januar 2017 einen Schwarzen Block in Washington, D.C. – eine Art militantes Pendant zum Women's March. Es war für viele Amerikaner*innen das erste Mal, dass sie von Antifa und Schwarzem Block überhaupt hörten. Am gleichen Nachmittag bekam der Erfinder der »Alt Right«, Richard Spencer, vor laufenden Kameras einen Faustschlag ins Gesicht, woraus ad hoc ein Meme wurde, millionenfach geteilt und geliked. Es folgten Diskussionen darüber, ob man einen Neonazi schlagen dürfe und warum die militanten Protestler*innen in ihren schwarzen Kapuzenpullis überhaupt so verdammt wütend sind.

Bereits existierende Antifa-Gruppierungen haben seit 2016 großen Zuwachs bekommen, viele neue Organisationen sind entstanden. Seit Trump die große politische Bühne betreten hat, haben sich in fast allen Ecken des Landes Antifaschist*innen zusammengeschlossen, um Neonazi-Aufmärsche zu bekämpfen, rechtsextremen Einfluss auf Universitäten einzudämmen, staatlichen Repressionssystemen entgegenzutreten und marginalisierte Gruppen zu schützen. »Antifaschismus hat sich weit über die Subkulturen hinaus entwickelt und ist zu einer sich überschneidenden Bewegung mit verschiedenen Strömungen, Strategien, Kulturen,

Taktiken, Identitäten und Persönlichkeiten geworden, ohne dass es sich als singuläre Bewegung definieren ließe«, schreibt Burley.[3]

Es gibt nicht den *einen* Antifaschismus, bemerkt Burley aus guten Gründen. Eine generelle Beobachtung lässt sich dennoch machen: Das Besondere am *neuen* amerikanischen Antifaschismus ist, dass sich durch ihn auch eine andere Auseinandersetzung mit dem *alten* Amerika entwickelt hat. Mit der Polizei, mit dem Grenzregime, mit der Republikanischen Partei, mit den Wurzeln des Staates. Durch den Extremismus der Trump-Ära wurde einer größeren Öffentlichkeit bewusst, worauf antifaschistische Aktivist*innen sowie Schwarze und indigene Theoretiker*innen schon lange hinweisen: wie viel Extremismus im amerikanischen Normalzustand steckt. Das Faschismusverständnis hat sich so, zumindest auf bestimmten Ebenen, auf sinnvolle Weise erweitert. Es schließt Teile der amerikanischen Geschichte sowie Institutionen der Gegenwart ein. Der Blick richtet sich nicht mehr nur nach außen, sondern nach innen. Aus dieser im Wortsinne radikaleren Betrachtungsweise heraus hat sich auch das Bewusstsein dafür weiterentwickelt, was Antifaschismus sein sollte beziehungsweise muss.

* * *

Antifa ist in den vergangenen Jahren zu einer Projektionsfläche geworden, bespielt von Politik und Medien, die, so wirkt es manchmal, nur die Modi obsessive Panik und schrille Faszination kennen. Die *New York Times* veröffentlichte 2017 einen Artikel unter der Überschrift »Was man zum Zerschlagen des Staates trägt«, in dem die Dresscodes des Schwarzen Blocks erklärt wurden. Das Oxford Dictionary wählte den Begriff »Antifa« 2017 auf die Shortlist zum Wort des Jahres. *Fox News* und Republikaner ziehen Vergleiche mit ISIS. Aber auch moderate Vertreter*innen der Democrats wie Nancy Pelosi lassen keine Gelegenheit der Diskreditierung aus, verurteilen Gewalt »egal, von welcher Seite« – obwohl jede Statistik unterstreicht, dass Gewalt fast nur von einer Seite ausgeht.

Zwischen 1994 und Juli 2020 gab es keine einzige Tötung in den USA, die von den Behörden Antifaschist*innen zugeschrieben wurde. Im gleichen Zeitraum gab es mindestens 329 Tötungen durch rechtsextreme Täter.[4]

So bodenlos Trumps »both sides« nach dem Mord an Heather Heyer erschien, so sehr ist diese Einstellung auch in der gesellschaftlichen Mitte beheimatet. In den Monaten nach Charlottesville wurden in den führenden sechs US-Qualitätszeitungen insgesamt 28 Meinungsartikel veröffentlicht, in denen antifaschistische Aktionen verurteilt wurden, während es in nur 27 Kommentaren explizit um die Gewalt der Neonazis ging.[5] Die Hufeisentheorie, wonach sich Rechts- und Linksaußen ähneln, hält sich hartnäckig, und sie wird in der Regel damit verbunden, die Erzählung eines stabilen Zentrums aufrechtzuerhalten. Ausdruck fand diese verzerrte Gleichsetzung auch bei einer TV-Debatte im September 2020, als Trump und Biden über die Proteste des Sommers diskutierten. Biden – alles andere als ein Anhänger von Antifa-Überzeugungen – musste seinem Kontrahenten Trump erklären, dass Antifa »eine Idee und keine Organisation« sei. Trump warf Biden daraufhin vor, Antifa zu verharmlosen. Einig waren sie sich aber, dass die »Gefahr von links« zu verdammen sei.

Antifa ist keine Organisation, zumindest damit hatte Biden recht. Es ist eine Idee, eine Haltung, eine Reihe von Taktiken und Praktiken, die von Ort zu Situation verschieden interpretiert und ausgeführt werden. Zu den Grundprinzipien gehört es, dass man Faschist*innen keine Plattform geben darf und dass physische Gewalt als äußerstes Mittel der Konfrontation dazugehören kann. Den Großteil ihrer Zeit verbringen die meisten Antifaschist*innen allerdings nicht auf der Straße, sondern vor dem Computer, recherchieren und veröffentlichen Informationen über Neonazis, klären über rechte Strukturen auf, versuchen so, faschistische Organisierung zu blockieren und zu ersticken.

Wie antifaschistisches *Deplatforming* in der Praxis aussieht, lässt sich an zwei Figuren gut beschreiben. Die eine ist der eben schon genannte Erfinder der »Alt Right«, Richard Spencer. Die andere Milo Yiannopoulos, ehemaliger Redakteur der ultrarechten Website *Breitbart*. Spencer und Yiannopoulos waren eine Zeit lang so etwas wie die Posterboys der neuen Rechten. Hetzende Rassisten in modischen Klamotten, sprachgewandt und karrierebesessen, die mit ihren Reden, Texten und Aktionen eine ernstzunehmende Reichweite hatten. Heute spielen die zwei Männer kaum noch eine Rolle, heruntergefahren nicht zuletzt durch antifaschistischen Protest.

Bei Yiannopoulos kann man den Anfang vom Ende seines Ruhms auf den Februar 2017 datieren. Der damals 32-Jährige hatte eine Veranstaltung an der Universität Berkeley geplant, bei der er nach Angaben des Studierendenamtes undokumentierte Immigrant*innen als solche outen wollte. In Reaktion auf dieses Vorhaben formierte sich eine Koalition aus Student*innen und Aktivist*innen, mehr als eintausend Menschen, die vor der Universität gegen den Auftritt demonstrierten. Es kam zu Ausschreitungen, Fenster wurden eingeschmissen und Gegenstände angezündet. »Wir lassen uns die gewalttätige Rhetorik von Milo, Trump oder der faschistischen Alt-Right nicht gefallen«, sagte ein Student. Live-Bilder aus Berkeley liefen am Abend bei allen großen Sendern, begleitet von Kommentaren, die den linken Protest als »unrechtmäßig«, »kontraproduktiv« und »unamerikanisch« bezeichneten.

Waren die Kommentator*innen im Recht? Oder ließ sich das militante Vorgehen der Aktivist*innen legitimieren? Die Antwort auf diese Frage leitet sich unter anderem davon ab, ob man an ein bedingungsloses Recht auf »freie Rede« glaubt – Yiannopoulos selbst nennt sich »Free-Speech-Fundamentalist«. Oder ob man in seinen Äußerungen und Aktionen eine Form der Gewalt sieht, die Gegenwehr und im äußersten Fall auch Gegengewalt erfordert.

Für viele der Protestler*innen wog das Risiko, dass einzelne Studierende durch Yiannopoulos' Enthüllung abgeschoben werden könnten, schwerer als die Vorgabe, dass Protest in geordneten Bahnen verlaufen müsse. Friedlich, so das antifaschistische Argument, könne ein Protest gar nicht sein, wenn vom Objekt des Protests

Gewalt ausgehe. Der Historiker Mark Bray erklärte, dass es bei den Protestler*innen ein geteiltes Verständnis gegeben habe, »wonach es gefährlich ist, der extremen Rechten zu erlauben, Rassismus, Fremdenfeindlichkeit und Homophobie zu normalisieren«.[6] Laut Bray stellten die Antifaschist*innen deshalb »die Sicherheit derjenigen in den Vordergrund, die angegriffen werden«.

War der Protest kontraproduktiv, wie von einigen Kommentator*innen gewarnt, dadurch, dass er Yiannopoulos Futter verpasste? Schaut man sich die Konsequenzen und anschließenden Ereignisse an, hat sich diese Befürchtung kaum bewahrheitet. Der Auftritt an der UC Berkeley wurde, wie viele andere Auftritte in der Folgezeit, abgesagt. Der Verlag Simon & Schuster kündigte kurz darauf einen Buchvertrag mit Yiannopoulos, nachdem dessen verharmlosende Äußerungen über Pädophilie ausgegraben wurden. Die Einladungen für Yiannopoulos wurden im Laufe der Zeit immer weniger, dadurch schrumpfte auch das Medieninteresse. Ende 2018 gab der gebürtige Brite schließlich zu, mit mindestens vier Millionen Dollar verschuldet zu sein. Zwei Jahre ohne Plattform hätten »ihren Tribut gefordert«, schrieb er auf Facebook, ehe er ein halbes Jahr später auch von dort verbannt wurde.

Im Fall von Richard Spencer verlief die Geschichte ähnlich. Als Spencer, der das nationalistische National Policy Institute leitet, Anfang 2018 das vorzeitige Ende seiner »College-Tour« bekannt gab, war er sichtlich niedergerungen. »Ich hasse es, das zu sagen, es fällt mir nicht leicht«, sagte Spencer in einem YouTube-Video, »aber die Antifa ist am Gewinnen«. In den Wochen vorher waren die meisten seiner Auftritte entweder sabotiert oder abgesagt worden. Wenn Spencer irgendwo sprechen wollte, kamen kaum noch Menschen. »Es macht keinen Spaß mehr«, gab der Mann, bei dessen Reden die Zuschauer*innen »Heil Trump« riefen, zu. Für die antifaschistischen Kräfte, die sich Spencer entgegengestellt hatten, war der Satz Bestätigung und Antrieb zugleich.

»Aus der liberalen Perspektive heißt es oft, dass man Rassist*innen nur ignorieren müsse, dann würden sie verschwinden«, sagte mir der Historiker Bray, als ich ihn nach einer Einschätzung von Spencers Video fragte. »Die Geschichte und die aktuellen Ereignisse haben das Gegenteil bewiesen.« Antifaschistischer Widerstand zeige sich dort als effektiv, sagte Bray, wo Faschisten nichts anderes als der Rückzug bleibt.

Spencer und Yiannopoulos sind tatsächlich nicht die Einzigen, die sich teilweise aus der Öffentlichkeit zurückziehen mussten. Matthew Parrott, Co-Gründer der Neonazi-Gruppe Traditionalist Worker Party, erklärte, dass es der Antifa gelungen sei »den Großteil der Alt Right zu demoralisieren und sie aus der Öffentlichkeit zu vertreiben«. Neben Parrott meldeten sich auch andere Faschisten ab, löschten ihre Accounts. Ganze Organisationen haben sich aufgelöst. Von der »Alt Right« spricht heute kaum noch jemand.

* * *

Die Frage, welche Mittel in der Auseinandersetzung mit rechten und rechtsextremen Kräften erlaubt sind, stößt immer wieder Debatten an, auch in Deutschland. Und sie legt immer wieder frei, wie stark die Haltung bei dieser Frage von der eigenen Rolle in der Gesellschaft abhängig ist.

Manche wollen mit Rechten reden, weil sie es als intellektuelle Herausforderung betrachten. Andere müssen mit Rechten reden, weil sie als Sozialarbeiterinnen, Lehrer oder linke Organizer*innen in bestimmten Regionen kaum daran vorbeikommen. Viele können es sich gar nicht erlauben, mit Rechten zu reden, weil das im Zweifel zur Verhandlung ihrer eigenen Existenz führen würde. Wer die Debattenkultur unter allen Umständen in alle Richtungen aufrechterhalten will, sollte also zumindest anerkennen, dass viele marginalisierte Menschen dann damit de facto ausgeschlossen wären.

Welche Wirkung und Nebenwirkungen *Deplatforming* hat, wurde in den vergangenen Jahren auch in Bezug auf die Politik von Social-Media-Unternehmen diskutiert. In der ersten systematischen Studie, die in Deutschland zu diesem Thema durchgeführt wurde, schrieb das Institut für Demokratie und Zivilgesellschaft: »Das Deplatforming zentraler rechtsextremer Akteure schränkt deren Mobilisierungskraft deutlich ein und nimmt ihnen eine zentrale Ressource, auf die ihre Inszenierungen abzielen: Aufmerksamkeit. In dieser Hinsicht lässt sich eindeutig sagen: Deplatforming wirkt.«[7]

Auftrieb bekam die Debatte nach dem Sturm auf das Kapitol im Januar 2021, als Twitter, Facebook und andere Tech-Giganten Präsident Trump sperrten. Während von Trumps Lügen und Verzerrungen zweifellos eine ganz konkrete Gefahr für die Demokratie ausging, wurde damals ebenso offenkundig, wie problematisch es ist, wenn einzelne Unternehmen ohne demokratische Kontrolle oder Transparenz darüber bestimmen können, wer wesentliche Bereiche der Öffentlichkeit betreten darf und wer nicht.

Die vielleicht zentrale Spannung liegt darin, dass es zwar dringend andere Gesetze braucht, um beispielsweise die Macht einzelner Unternehmen zu regulieren – dass Regeln alleine aber noch keine Lösung für den Umgang mit rechtsextremen Kräften sind. Wie menschenfeindlich müssen Leute sein, dass man sie nicht mehr in Talkshows oder Universitäten einlädt? Ab wann sind Lügen so gefährlich, dass sie von Social Media verbannt gehören? Wo hört der »Austausch von Ideen« auf, harmlos zu sein?

Manchen dieser Fragen kann man sich mit Bezug auf Paragraphen nähern. Andere werden durch kein Strafgesetz dieser Welt beantwortet werden. Sie erfordern eine individuell moralische Haltung. Am Ende müssen staatliche Institutionen, Unternehmen, Medien und Privatpersonen immer wieder entscheiden, von Fall zu Fall, wem sie Reichweite verpassen und welche politischen Standpunkte sie damit legitimieren. Es ist nicht zuletzt diese unvermeidbare Unbestimmtheit und damit auch Anfälligkeit für rechtsextreme Unterwanderung, der Antifaschist*innen etwas mit Deplatforming entgegensetzen. Worte haben materielle Konsequenzen, wissen sie. Und daraus sollte man Konsequenzen ziehen.

TRUMP UND DIE LIBERALEN GRENZEN

Was war das, was die Vereinigten Staaten zwischen 2016 und 2020 erlebt haben? Wie nennt sich die Politik, die Trump verfolgte? War sie proto-faschistisch, pseudo-konservativ nach Adorno oder neoliberal-rechts? War die trumpsche Regierungsart in ihrer Mischung so einzigartig, dass tatsächlich kein besserer Begriff als Trumpismus passt?

Zahlreiche Autorinnen und Akademiker haben sich in den vergangenen Jahren mit der Frage beschäftigt, in welche ideologische Kategorie man den 45. Präsident einordnen sollte. Nur sechs Wochen nach der Inauguration veröffentlichte der Historiker Timothy Snyder sein Buch *Über Tyrannei*, in dem er »zwanzig Lektionen aus dem 20. Jahrhundert« ausführte. Snyder erwähnte Trump zwar kein einziges Mal namentlich, machte aber trotzdem klar, welche Parallelen er zum Faschismus der 30er Jahre sieht. »Die Gefahr, vor der wir jetzt stehen, ist ein Übergang von der Politik der Unausweichlichkeit zur Politik der Ewigkeit, von einer naiven und mangelhaften Form von demokratischer Republik zu einer konfusen und zynischen Form der faschistischen Oligarchie«, schrieb er.[8] Die Anweisungen, die Snyder seinen Leser*innen auf den Weg gab, blieben allerdings zahnlos. *Leiste keinen vorauseilenden Gehorsam! Glaube an die Wahrheit! Achte auf gefährliche Wörter!* Statt sich mit Möglichkeiten des kollektiven Widerstands auseinanderzusetzen, lieferte Snyder eher so etwas wie einen Benimmkodex. Mit den richtigen Tugenden, diesen Eindruck konnte man bekommen, lässt sich einer wie Trump abschütteln.

Nationalismus und Rassismus, Mythisierung der Vergangenheit, Dehumanisierung bestimmter Bevölkerungsgruppen, Verherrlichung von Gewalt, Chauvinismus, Personenkult, Feindbeschwörung – all das, potenzielle Marker des Faschismus, fand man bei Trump. Neben Snyder bezeichneten deshalb viele andere Intellektuelle seine Politik als mindestens faschistoid. Nicht selten hatte man allerdings den Eindruck, dass diese Zuschreibung vor allem dazu dienen sollte, die amerikanischen Institutionen und Normen zu verteidigen. Trump wurde mit dem Faschismus-Prädikat quasi ausgelagert, als Bruch mit der amerikanischen Geschichte porträtiert. Auch in deutschen Medien wurde Trump auffällig oft als eine Art Eindringling dargestellt. Im *Spiegel*, wo er zwischen 2016 und 2020 insgesamt 26 Mal auf der Titelseite landete, sah man Trump als fliegenden Feuerball und als Monsterwelle karikiert, in Gorilla-Pose und mit blutigem Messer in der Hand sowie als »Feuerteufel« und »Hausbesetzer«.

Viele der Darstellungen und Kommentare transportierten eine »Panik, dass sich der Bogen der Geschichte in die falsche Richtung gebogen hatte«, analysierte die Autorin Natasha Lennard. »Sie waren durchdrungen von dem Fortschrittsmythos der Moderne«, so Lennard weiter, und »vergaßen bequemerweise, dass der Faschismus immer mit der Moderne einherging«.

Die Frage danach, was Donald Trump sei, war in ihrer essenziellen Version allermeist schräg. Als würde es darauf *eine* Antwort geben. Als würde es auf diese eine Antwort ankommen. Auch im Rückblick wirkt jede klare Definition etwas zu klar, zu starr, auch zu verfrüht, weil die Ära Trump auf so vielen Ebenen ja gar nicht vorbei ist. Jenseits der politischen Begriffe versteht man die Figur Trump und seine Präsidentschaft vielleicht am besten durch den Begriff der Möglichkeit. Trump selbst war nicht nur möglich, obwohl er von so vielen für unmöglich gehalten wurde; er zeigte auch, was möglich ist. Und er offenbarte, was in den Vereinigten Staaten schon vorher möglich war.

* * *

Es liegt rund 50 Jahre zurück, dass Trump zum ersten Mal einer größeren Öffentlichkeit auffiel. Der Mann aus Queens hatte 1971 die Immobilienfirma seines Vaters Fred übernommen und stand nun, zwei Jahre später, unter Verdacht, Schwarze Mieter*innen systematisch zu diskriminieren. Klage führte damals das US-

Justizministerium, das Trumps Unternehmen vorwarf, Wohnungen nur an weiße Menschen zu vergeben. Die Beweise waren überwältigend, weshalb sich Trump später auf einen Vergleich einlassen musste.

Es liegt über 30 Jahre zurück, dass Trump als explizit politischer Akteur in Erscheinung trat. Anlass war der Fall der »Central Park Five«: fünf Schwarze und hispanische Jugendliche, denen vorgeworfen wurde, im April 1989 eine weiße Joggerin im Central Park vergewaltigt und schwer verletzt zu haben. Trump schaltete daraufhin in vier großen Tageszeitungen ganzseitige Anzeigen, in denen er die Wiedereinführung der Todesstrafe für New York forderte. »Ich möchte diese Räuber und Mörder hassen dürfen. Sie sollten gezwungen werden zu leiden – und wenn sie töten, dann müssen sie wegen ihrer Verbrechen hingerichtet werden«, hieß es darin. Wie sich später herausstellte, hatten die fünf Teenager mit dem Verbrechen nichts zu tun und saßen über Jahre unschuldig im Gefängnis. Trump hat sich für seine rassistische Kampagne selbstredend nie entschuldigt.

Was diese zwei Geschichten erzählen? Sie zeigen in erster Linie Kontinuitäten auf. Als Trump im Sommer 2015 seine Kandidatur bekannt gab, waren seine politischen Einstellungen kein Geheimnis, sondern öffentlich protokolliert. Bereits Jahre zuvor hatte Trump infrage gestellt, ob Barack Obama Staatsbürger sei, Kern der rassistischen *Birther*-Verschwörungsideologie. Im Wahlkampf schloss Trump daran an, beschimpfte Immigrant*innen als Kriminelle und Vergewaltiger, forderte ein pauschales Einreiseverbot für Muslim*innen (was er mit dem »Muslim Ban« später auch zeitweise umsetzte), fabulierte von der »größten Mauer«, die es je gegeben haben wird, bezahlt natürlich von der mexikanischen Regierung.

Trump produzierte in einem atemberaubenden Tempo »Skandale« und Lügen, doch er wurde nicht *trotz* dieser Dinge gewählt, sondern *wegen* ihnen. Manchmal wirkt es so, als wäre dieser Brocken bis heute nicht wirklich verdaut.

»This is not America«, hieß es, als Trump mit rassistischen Ressentiments zum Kandidaten der Republikaner aufstieg. »This is not America«, hieß es, als unidentifizierbare Bundesbeamte im Sommer 2020 Protestler*innen in Portland einfach von der Straße schnappten. »This is not America«, erklärten Kommentator*innen immer und immer wieder in Reaktion auf Trumps Rhetorik, seine Vorhaben und Gesetze. Je häufiger man allerdings »This is not America« hörte, desto deutlicher wurde, dass das eben doch auch alles Amerika ist.

Was Trump also war? Kaum ein Unfall der Geschichte, kein Eindringling, auch schwerlich ein Betrug der amerikanischen Ideale. Er wuchs aus der Gesellschaft und war zugleich das Produkt einer gescheiterten Mitte. Er stieß als Gewinner des Kapitalismus hervor und profitierte von den Ressentiments, die der Kapitalismus produziert. Er nutzte die Republikanische Partei ebenso wie sie ihn nutzte, spielte mit den existierenden Institutionen, wurde immer wieder auch von ihnen gebremst. Trump verschärfte bestehende Politiken, bediente sich vieler Konventionen und brach mit anderen. Der 45. Präsident und seine zum Teil rechtsextreme Basis waren einerseits die Erinnerung daran, wie schnell eine nominell liberale Demokratie ins Extreme rutschen kann, und andererseits – als Erkenntnis mindestens so wichtig –, wie faschistoid bestimmte Strukturen der Gesellschaft bereits sind, wie viel Unrecht in diesem Staat verankert ist.

* * *

Aus europäischer Perspektive war es zwischen 2016 und 2021 einfach, mit dem Finger auf die USA zu zeigen und die nationalistische Politik zu schelten. Trumps rechte und vulgäre Demagogie verdiente auch aus der Distanz Aufmerksamkeit, daran besteht kein Zweifel. Ein irritierender Paternalismus drang jedoch gelegentlich beim fernen Blick auf das Amerika unter Trump durch. Deutlich wurde das zum Beispiel, als Deutschlands Außenminister Heiko Maas nach dem Sturm auf das Kapitol im Januar 2021 einen

»Marshallplan für die Demokratie« anbot. Gute Absichten mögen hinter dieser Idee einer transatlantischen Entwicklungshilfe gesteckt haben. Wie so oft, wenn es um Entwicklungshilfe geht, schienen die Eigeninteressen aber eine mindestens so starke Rolle zu spielen. In dem Fall war es wohl vor allem der Selbstprofilierungsdrang eines ambitionierten Außenministers.

Nicht nur Paternalismus, sondern Doppelmoral äußerte sich in den zahlreichen Texten, in denen das Abdriften der USA in Kontrast zum »liberalen Europa« gestellt wurde. Angela Merkel sei die »neue Anführerin der freien Welt«, konnte man lesen, während Trump als Irrer mit der Mauer dargestellt wurde. Auch hier gilt, dass es nicht falsch war, Trumps Gefährlichkeit auszustellen. Die Doppelmoral äußerte sich vielmehr dadurch, bestimmte Politiken in den USA als diabolische Neuartigkeiten zu beklagen, während vergleichbare Dinge zur europäischen Gewohnheit gehören.

Es war Merkel selbst, die 2017 Richtung Trump sagte, dass »das Errichten von Mauern und Abschottung [...] das Problem nicht lösen« werde. Was für eine Art Lösung, hätte man fragen können, stellt dann die europäische Abschottung dar, durch die zwischen 2014 und 2021 über 21 000 flüchtende Menschen gestorben sind? Was ist mit dem brutalen bis tödlichen Vorgehen der europäischen Grenzpolizei Frontex, das zigfach dokumentiert ist? Wie verhält es sich mit den Zuständen in den Lagern an den Außengrenzen? Mit der Verschärfung der Asylgesetze? Mit den Abschiebepraktiken? Der Kriminalisierung der Seenotrettung? Lösen diese Maßnahmen denn irgendein Problem?

Die Erzählung vom »liberalen Europa«, das sich um die USA Sorgen machen muss, ist auch deshalb so vermessen, weil sich auf diesem Kontinent kaum noch ein Land findet, in dem rechtsextreme Parteien nicht entweder mit starker Präsenz im Parlament oder in der Regierung vertreten sind. Dass hochmütige Stimmen aus Deutschland besonders unangenehm wirken, liegt einerseits an der deutschen Geschichte. Andererseits reicht schon ein Blick in die Gegenwart, auf den NSU, Hanau und Halle, die rechtsextremen Netzwerke innerhalb der Polizei und Bundeswehr, die brennenden Flüchtlingsheime und islamfeindlichen Sätze mancher Minister*innen, die Zusammenarbeit von bürgerlichen Parteien mit der AfD, auf all das und vieles mehr, um in der »freien Welt«, die Merkel angeführt haben soll, eine Legende zu erkennen. Produktiver wäre es deshalb, wenn man sich die Parallelen zwischen den Nationen anschaut. Was die Grenzen der Freiheit betrifft, nehmen sich Deutschland und die USA auf vielen Ebenen wenig.

SCOTT WARREN

Als ich Scott Warren das erste Mal sah, am 10. November 2019, saß er in einem Café in Tucson, Arizona, über seinen Laptop gebeugt, mit einem Kaffee vor der Nase und wirkte auf eine ruhige Weise angespannt. Wir wechselten ein paar Sätze, nachdem uns ein Freund miteinander bekannt gemacht hatte. Gut gehe es ihm, sagte er, und lächelte dabei gutmütig. Dann wollte ich ihn in Ruhe lassen. Zwei Tage später, das war der Grund meiner Reise, begann in Tucson ein Gerichtsverfahren, in dem Warren der Angeklagte war und die Höchststrafe bei zehn Jahren Gefängnis lag.

Als ich Warren das letzte Mal sah, zehn Tage später, stand er abends im Wohnzimmer einer Freundin, umgeben von vertrauten Menschen, die zu einer Party zusammengekommen waren, und man spürte, wenn man die vage Idee seines Charakters erfahren hatte, dass sich Warren stark nach dem Moment sehnte, in dem er nicht mehr im Mittelpunkt steht. Warren trug ein T-Shirt, das seine dünnen Arme betonte, und nippte an einem Bier. Als es darum ging, ein Gruppenfoto zu machen, versteckte sich der 37-jährige, großgewachsene Mann mit dem Pferdeschwanz in einer der hinteren Reihen. Warren war einige Stunden zuvor von einer Jury vor dem Bundesgericht freigesprochen worden, deshalb die Feier. Erleichterung lag in der Luft, allerdings auch Erschöpfung. Für eine wirklich gelöste Stimmung blieb zu wenig gelöst.

Scott Warren ist ein sanfter Mann. Sanft, wie er auftritt. Sanft, wie er über die Dinge spricht. Sanft, wie er anderen Menschen geduldig zuhört. Dabei hätte Warren allen Grund, nur wütend zu sein. Der Lehrer und promovierte Geograf ist Teil von No More Deaths, einer humanitären Hilfsorganisation, die Migrant*innen das Leben rettet. Die Mitglieder – eine Mischung aus jungen Anarchistinnen, älteren Samaritern, medizinischen Fachkräften und Immigrant*innen – begeben sich in ihrer Freizeit in die Wüste von Arizona, in oft stundenlangen Wanderungen, und stellen dort Wasserkanister, Konservendosen und Klamotten auf. Auch das Suchen nach menschlichen Überresten gehört zu den selbst gesetzten Aufgaben. Die Verwandten der Opfer, das ist der Wunsch von No More Deaths, sollen zumindest Klarheit erhalten. Wie vielen Menschen die Organisation seit ihrer Gründung im Jahr 2004 das Leben gerettet hat, lässt sich schwer sagen. Die Bedingungen ihres Einsatzes, das steht fest, haben sich im Laufe der Jahre immer weiter erschwert.

Es liegt mittlerweile vier Jahre zurück, dass Warren in seiner Wahlheimat Ajo, einem kleinen Ort 69 Kilometer nördlich der mexikanischen Grenze, verhaftet wurde. Beamte der Border Patrol stürmten am 17. Januar 2018 ein für Erste Hilfe ausgestattetes Haus, »The Barn« (die Scheune), und trafen dort neben Warren auch auf zwei Geflüchtete aus Lateinamerika. Der 20-jährige José Sacaria-Godoy aus Honduras und der 23-jährige Kristian Perez-Villanueva aus El Salvador waren nach Tagen in der Sonorawüste mit Blasen und Prellungen in der Scheune angekommen, wo sie mit Wasser, Essen, Medikamenten und einem Platz zum Schlafen versorgt wurden. Für Warren und seine Mitstreiter*innen war die Hilfe selbstverständlich. Wie immer. Sie kämpfen für ein System, in dem diese Hilfe am Ende nicht mehr notwendig ist, weil niemand tagelang durch die Wüste flüchten muss. Und genau für diesen Einsatz wurde Warren angeklagt.

Knapp zwei Jahre lang versuchte die Staatsanwaltschaft in einem aufwendigen Prozess, der unter dem Titel »United States v. Scott

Daniel Warren« lief, nachzuweisen, dass seine Hilfe illegal war. Diese Frage wurde zu Warrens Gunsten mit einem Freispruch beantwortet. Es ging in diesem Gerichtsverfahren, das zunächst an einer unentschiedenen Jury scheiterte und deshalb ein zweites Mal verhandelt werden musste, allerdings um noch mehr. Die Staatsanwaltschaft wollte ein grundsätzliches Zeichen setzen, Aktivist*innen entmutigen, humanitäre Hilfe als Ganzes diskreditieren. Sie wollte Gruppen wie No More Deaths dafür bestrafen, dass sie das unmenschliche System des Staates so deutlich vor Augen führen.

An dem Tag, an dem Warren verhaftet wurde, hatte No More Deaths einen Report veröffentlicht, der belegte, dass die Grenzpolizei in der Wüste Tausende Wasserkanister zerstört hatte. Videos aus den Jahren 2010 bis 2017 zeigten, wie Beamte die für die Migrant*innen überlebenswichtigen Behälter wegkickten und ausgossen. »Schau dir den Müll an, den jemand auf seinem Weg liegen lassen hat«, sagte ein feixender Polizist, der einen Kanister nach dem nächsten leerte. Der Report von No More Deaths machte sofort seine Runden. Wie sich vor Gericht herausstellte, war die Festnahme von Warren kurz danach also kein Zufall. Die Grenzpolizei wollte sich rächen – und konnte sich bei diesem Unterfangen auf die Unterstützung der Staatsanwaltschaft verlassen. Während des Prozesses wurde Warren als Schmuggler und Verschwörer dargestellt, er wurde wie ein Staatsfeind behandelt.

NEVER AGAIN

No More Deaths ist im Kampf gegen die inhumane Immigrationspolitik nicht alleine. Zahlreiche Menschenrechtsorganisationen, aktivistische Gruppen und Politiker*innen setzen sich seit langer Zeit für einen radikalen Umbau des System ein. Sie fordern eine Staatsbürgerschaft für die rund elf Millionen Immigrant*innen, die in den USA ohne Papiere leben. Sie wollen, dass die Border Police abgebaut und zumindest die Checkpoints im Inland komplett abgeschafft werden. Und sie verlangen das Ende einer von Bill Clinton in den 90er Jahren eingeführten Strategie, die sich »Prävention durch Abschreckung« nennt. Seit selbst kleine Ortschaften an der mexikanischen Grenze großräumig gesichert sind, bleiben den Migrant*innen nur noch die entlegenen und tödlichsten Gebiete der Wüste. Tausende Menschen sind so in den vergangenen Jahren gestorben. Es ist eine permanente Katastrophe, von der Politik gemacht.

Bei manchen der Organisationen steht Erste Hilfe im Fokus. Andere führen Protestaktionen gegen die Abschiebepraktiken und Zustände in den Grenzlagern durch. Wieder andere Gruppen helfen den hispanischen Communitys in den Städten dabei, sicher vor den Behörden zu leben. Dieser Widerstand wird in den Medien zwar selten als »Antifaschismus« gefasst. Doch immer mehr Aktivist*innen sehen sich selbst in dieser Tradition. Serena Adlerstein ist eine von ihnen.

Adlerstein ist die Gründerin von Never Again Action, einem Kollektiv junger jüdischer Linker, die sich mit zivilem Ungehorsam, Community-Organizing und politischer Bildung für ein Ende der amerikanischen »Inhaftierungs-und-Abschiebe-Maschine« einsetzen, wie sie es nennt. Für Adlerstein, deren Großvater 1938 aus Deutschland floh, und ihre Mitstreiter*innen ist die Formel »Never Again« ein Auftrag. »Als Jüdinnen*Juden tragen wir sowohl die Erinnerung an die Verfolgung unserer Vorfahren als auch die Vehemenz ihres Widerstands in uns«, schreibt die Organisation.

Never Again gründete sich im Sommer 2019. Anlass waren Berichte über die Zustände der Internierungslager für Migrant*innen, von denen es in den USA über zweihundert gibt. Bilder von Kindern in Käfigen kursierten, die Zahl getrennter Familien nahm zu. Als die Kongressabgeordnete Alexandria Ocasio-Cortez von »Konzentrationslagern« sprach, entzündete sich eine wochenlange Debatte. Während viele Menschen Ocasio-Cortez für ihre deutlichen Worte dankten, warfen ihr andere eine Verharmlosung des Holocaust vor.

Adlerstein erinnert sich an das wachsende Unbehagen, mit dem sie damals die Diskussionen verfolgte. Statt über die Bedeutung eines Begriffes zu reden, wollte die 25-jährige etwas Konkretes gegen die Zustände unternehmen. »Was wäre, wenn junge Jüdinnen*Juden die Gefangenenlager besetzten und stilllegten?«, schrieb sie am 24. Juni 2019 auf Facebook. Mehrere Freundinnen und Bekannte antworteten ihr sofort, sagten, dass sie für entsprechende Aktionen bereit seien. Noch am selben Abend schloss sich eine kleine Gruppe telefonisch zusammen, aus der Never Again wuchs.

Die Proteste von Never Again richten sich in erster Linie gegen das Department of Homeland Security (DHS), wie das Ministerium heißt, das nach den Terroranschlägen vom 11. September 2001 errichtet wurde. Insgesamt 22 Bundesbehörden wurden damals unter ein gemeinsames Dach gestellt. Entstanden ist so ein beispielloser Sicherheitsapparat, der auch zwanzig Jahre später immer noch wächst. Insbesondere die zum DHS gehörige Abschiebebehörde Immigration and Customs Enforcement, kurz ICE, stand in den vergangenen Jahren in massiver Kritik. Statt Terror abzuwenden – das war und ist das offizielle Ziel –, befasst sich ICE heute vor allem mit undokumentierten Immigrant*innen. Die Beamt*innen warten vor Schulen, bis Eltern ihre Kinder abholen; sie lauern vor Krankenhäusern und Obdachlosenunterkünften, gehen in Gerichte, um die Menschen dort abzufangen. Sie reißen Menschen, die seit Jahrzehnten in den USA wohnen, bei nächtlichen Razzien aus ihrem Leben. »Ich weiß nicht, was [ICE] macht, außer Menschen zu terrorisieren«, sagt Adlerstein. »Ich weiß nicht, was sie tun, außer in Einwanderervierteln herumzuhängen und an die Türen der Leute zu klopfen und sie von ihren Familien zu trennen.« Von »neofaschistischen Strukturen« spricht Adlerstein in diesem Zusammenhang, andere tun es ihr gleich. Die US-Kongressabgeordnete Yvette Clarke beispielsweise bezeichnete das ICE-Headquarter als »Gestapo der Vereinigten Staaten«.

Man kann nun darüber streiten, inwiefern bestimmte Elemente des amerikanischen Abschiebesystems, insbesondere unter Trump, mit den Institutionen von Nazi-Deutschland vergleichbar sind, und ob entsprechende Analogien eher sensibilisieren oder doch von den Grausamkeiten der Gegenwart wegführen. Sollte man das organisierte Massensterben an der mexikanischen Grenze faschistoid nennen? Und wenn nicht, was dann? Wichtiger als die semantische Debatte ist für Gruppen wie Never Again und No More Deaths sowieso etwas anderes: Antifaschistische Arbeit ist nicht abstrakt, wissen sie, sondern konkret. Sie orientiert sich nicht an theoretischen Kriterien, sondern setzt ganz praktisch an den Bedingungen der Gegenwart an. Oder wie ein Aktivist es mal bei einem Protest formuliert hat: »Bei Never Again geht es nicht nur darum, sich daran zu erinnern, wie der Holocaust endete. Es geht auch darum, wie er begann, mit einer schrittweisen rechtlichen Ausgrenzung und staatlich geförderten Entmenschlichung.«

Die erste Aktion von Never Again fand nur sechs Tage nach Adlersteins Facebook-Post statt. Rund 200 Aktivist*innen versammelten sich im Juni 2019 vor einer Haftanstalt für Immigrant*innen in New Jersey, um die Eingänge des Gebäudes zu blockieren. 36 Menschen wurden an diesem Tag festgenommen. Das große Medienecho sorgte dafür, dass in den Wochen darauf Tausende Menschen zu Protesten in Boston, San Francisco, Philadelphia, Los Angeles und anderen Städten kamen. Insgesamt 40 Aktionen wurden es im Laufe des Sommers. Doch diese Mobilisierung sei nicht das Wichtigste, wie Adlerstein sagt. Entscheidend sei vielmehr, dass die Energie nicht verpufft und dauerhafter Druck entstanden ist. Never Again besteht heute aus rund 15 Ortsgruppen, verteilt aufs Land. Zwischen 100 und 150 Organizer*innen sind permanent aktiv, sie planen die Aktionen, koordinieren sich mit anderen Gruppen. Langfristiges Ziel ist der Aufbau eines Netzwerkes, das dann aktiviert werden kann, wenn Menschen plötzlich abgeschoben werden sollen und dringend Hilfe brauchen. »ICE ist überall«, sagt Adlerstein, »also müssen wir es auch sein«.

Die politische Landschaft hat sich seit Juni 2019 verändert. Trump sitzt nicht mehr im Weißen Haus, es kursieren keine verstörenden Bilder von Kindern in Käfigen. Der aktuelle Präsident fantasiert keine mexikanischen »Drogendealer, Kriminellen, Vergewaltiger« her, die das Land angeblich überfallen. Der Ton ist heute ein anderer. Viele Mechanismen des Immigrationssystems, vor allem die weniger sichtbaren, sind jedoch unter Biden geblieben. Im Juli 2021 waren rund 27 000 Menschen in ICE-Gewahrsam. Sogar deutlich mehr, als zuletzt unter Trump. Nur wird darüber jetzt eben weniger gesprochen.

Gruppen wie Never Again und No More Deaths kämpfen gegen Normalisierungen und Gewohnheiten, dafür, dass bestimmte Dinge nicht einfach hingenommen werden. Die Gewalt, betont Adlerstein, habe weder mit Trump angefangen noch mit Biden aufgehört. Unter der jetzigen Regierung sei es vielleicht sogar noch wichtiger, Aufmerksamkeit zu schaffen. Was eben noch schockierte, werde heute als »Grenz-Management« verharmlost. »Wir wollen, dass die liberale Öffentlichkeit erkennt, wie die Abschiebemaschine funktioniert«, so Adlerstein. »Dafür stellen wir uns mit unseren Körpern zwischen ICE und die betroffenen Menschen.«

Der Einsatz des eigenen Körpers zum Schutz anderer Körper – eine passende Verdichtung dessen, was Antifaschismus unter anderem bedeutet. Während es ausgesprochen einfach ist, sich als Antifaschist*in zu bezeichnen, erfordert es ausgesprochen viel Courage, anti-faschistisch zu handeln. »Keinen Fußbreit dem Faschismus«, heißt es immer wieder, ein Slogan, auf den sich vermutlich die meisten irgendwie einigen können. Wenn es allerdings mehr als nur ein Slogan sein soll, dann müsste »Keinen Fußbreit« Konsequenzen haben. Gesellschaftlich müsste es zumindest heißen, dass die, die sich einmischen und in den Weg stellen, die nicht nachgeben und marginalisierten Gruppen auch in Extremsituationen helfen, nicht kriminalisiert werden.

Antifaschismus bedeutet, sich zeitlich und räumlich auf bestimmte Weise zu verorten. Zeitlich, weil es eine lange Tradition des antifaschistischen Widerstands gibt, die sich auf eine lange

Geschichte des Faschismus bezieht. Räumlich, weil antifaschistische Arbeit eine besondere Beschäftigung mit der Umgebung verlangt, einen genauen Blick, gezielte Konfrontation. Aus genau diesem Grund glaube ich, dass jemand wie Scott Warren – obwohl er in der Öffentlichkeit nie so beschrieben wurde und sich selbst diese Bezeichnung auch nicht verpasst hat – genau dafür steht, was Antifaschismus im Kern ausmacht: eine Auseinandersetzung mit der uns umgebenden Gewalt.

* * *

Es war im Sommer 2009, als Warren das erste Mal zufällig durch Ajo fuhr. Der damalige Student war auf dem Weg in ein Camping-Wochenende in die Wüste und plötzlich war da dieser kleine verschlafene Ort mittendrin. Warren war schnell fasziniert, von der einzigartigen Landschaft, den eigenwilligen Bewohner*innen, der Nähe zur mexikanischen Grenze. Die Eindrücke ließen ihn nicht mehr los, er fing an, sich mit der Geschichte von Ajo zu beschäftigen. Und er lernte, dass die besondere Lage der Grund ist, warum auch die Border Police diesen Ort im Fokus hat. Ajo ist für viele Migrant*innen aus Lateinamerika das Erste, was sie auf ihrem Weg über die Grenze nach unzähligen Kilometern erreichen. Um der Grenzpolizei zu entkommen, bewegen sich viele flüchtende Menschen schnell wieder weg, tief in die Wüste. Manche haben Glück, weil sie Wasserkanister und Konservendosen finden, sich so durchschlagen können. Andere nicht, sie sterben alleine.

Für Warren, der einige Jahre nach seinem ersten Besuch nach Ajo zog, stand fest, dass er dort nicht leben kann, ohne sich mit den Zuständen auseinanderzusetzen. Erst verknüpfte er sich mit anderen Bewohner*innen, die die ankommenden Migrant*innen versorgen. Bald schloss er sich der Organisation No More Deaths an. Er erkundete die Wüste, studierte die Gegend. In seiner Doktorarbeit geht es um die militärische Aufrüstung der Grenzregion. »Der wohl beunruhigendste Aspekt dieser neuen Industrie«, schreibt er, »ist die weitverbreitete Alltagsgewalt«. Vor Gericht sagte Warren, dass er die Überreste von insgesamt achtzehn Menschen gefunden habe. »Es ist verstörend«, so Warren, »aber man fängt irgendwann an, es zu erwarten.«

Warren und die vielen anderen Volunteers haben in Ajo eine humanitäre Hilfsinfrastruktur aufgebaut, die in der Tradition der in den 80er Jahren gegründeten Sanctuary-Bewegung steht. Hunderte Kirchen im ganzen Land schlossen sich damals zusammen, um den flüchtenden Menschen aus Lateinamerika *sanctuary* zu geben – einen Zufluchtsort. Die Sanctuary-Bewegung wiederum bezog sich auf das Underground Railroad, ein Netzwerk, das Sklav*innen im 19. Jahrhundert bei der Flucht aus den Südstaaten half. In den Vereinigten Staaten, das wird an dieser Stelle deutlich, war es schon immer so, dass der Schutz der einen die Ausgrenzung der anderen bedeutet hat. Man merkt an solchen geschichtlichen Verknüpfungen allerdings auch, wie reich das Erbe des Widerstandes ist.

EINE AMERIKANISCHE GESCHICHTE

Als Angela Davis Anfang der 70er Jahre in einem kalifornischen Gefängnis auf das Ende ihres Prozesses wartete, wurde sie von einem schwedischen Journalisten besucht, der ein Interview mit ihr über die Black Panthers führen wollte. Das Gespräch tauchte Jahrzehnte später in der Dokumentation *The Black Power Mixtape 1967–1975* auf, ein Film, der zeigt, wie systematisch der Staat damals nahezu jede Form des Schwarzen Widerstands unterdrückte.

Davis saß im Gefängnis, weil ihr vorgeworfen wurde, die Waffen für eine missglückte und tödliche Geiselnahme besorgt zu haben. In der Anklage standen Kidnapping, Mord und Verschwörung, was bei einem Schuldspruch die Todesstrafe hätte bedeuten können – und auch hätte sollen, wenn es nach der Regierung gegangen wäre. Präsident Richard Nixon nannte die Aktivistin eine »gefährliche

Terroristin«, sie stand auf der »Most Wanted«-Liste des FBI. Wie sich schnell herausstellte, ging es in dem Prozess allerdings weniger um das Verbrechen selbst, als darum, dass Davis eine Schwarze Kommunistin war. An Davis sollte ein Exempel statuiert werden, das war offensichtlich. Die Beweisführung der Staatsanwaltschaft war von Anfang bis Ende dünn. Keiner der Vorwürfe gegen Davis bestätigte sich. Am 4. Juni 1972 wurde Davis, damals 28 Jahre alt, von der Jury in allen drei Punkten freigesprochen. 18 Monate war sie zuvor unschuldig eingesperrt gewesen.

Davis lächelte ungeduldig, als der Journalist sie im Gefängnis fragte, ob Gewalt zu den Mitteln ihrer Revolution gehöre. Das Lächeln war kein Ausdruck von Verlegenheit. »Wenn mich jemand nach Gewalt fragt, finde ich es einfach unglaublich«, sagte Davis, »denn es bedeutet, dass die Person, die diese Frage stellt, absolut keine Ahnung hat, was Schwarze Menschen in diesem Land durchgemacht haben, was Schwarze Menschen in diesem Land erlebt haben, seit die erste Schwarze Person von den Küsten Afrikas gekidnappt wurde.« Bei einer Kundgebung in Los Angeles einige Jahre zuvor hatte Davis bereits klar gemacht, wie sie die Repressionen einordnet, denen Afroamerikaner*innen bis heute insbesondere durch die Polizei ausgesetzt sind. »Das ist Faschismus, daran gibt es keinen Zweifel«, sagte Davis im Dezember 1969.

Wo fängt Faschismus an? Diese Frage, die in den USA durch Trump neue Dringlichkeit erfahren hat, war immer eine Frage der Perspektive. Wie Davis haben viele andere Intellektuelle und Aktivist*innen die Unterdrückung der indigenen und Schwarzen Bevölkerung von Amerika als faschistisch beschrieben. Sie haben darauf hingewiesen, dass sich Adolf Hitler für die »Nürnberger Gesetze« von den amerikanischen *race laws* inspirieren ließ. Auch darauf, wie nah sich der Nationalsozialismus und der Ku-Klux-Klan zum Teil in den Überzeugungen und Methoden waren. Der Historiker Robert Paxton sagt, dass man den Ku-Klux-Klan sogar als die erste faschistische Bewegung in der Geschichte bezeichnen könne.

»Uns *Negroes* muss man nicht erklären, was Faschismus in Aktion ist. Wir wissen es. Seine Theorien der nordischen Vorherrschaft und der ökonomischen Unterdrückung sind für uns seit langem eine Realität«, sagte der Dichter Langston Hughes bei einer Konferenz im Jahr 1937. Ähnlich formulierte es der Historiker Robin D. G. Kelley in einem Interview im Frühjahr 2021: »Die große Mehrheit der Menschen kann in einer Demokratie, in der sie wählen und sich frei bewegen können, keinen Faschismus sehen«, so Kelley. »Aber für einige von uns, für Menschen ohne Papiere, für Schwarze Menschen, *brown people*, vor allem für indigene Völker, die in Konzentrationslager gesteckt wurden – gab es all diese faschistischen Praktiken in den Vereinigten Staaten von Anfang an.«[9]

Wenn aus der Trump-Ära etwas Konstruktives hervorgegangen ist, dann ist es vielleicht eine verstärkte Wahrnehmung dieser Perspektive. Eine liberale Demokratie und faschistoide Strukturen schließen sich nicht aus, das kam in den vier Jahren deutlich zum Vorschein. Oft genug existieren sie parallel. Was sich demnach für manche wie eine Anomalie angefühlt hat, fühlte sich für andere eher wie eine Verschärfung an. Wenn man Faschismus wie der Kulturkritiker Alberto Toscano »nicht als eine statische Form, sondern als Prozess«[10] versteht, dann kann man nachvollziehen, warum so viele Antifaschist*innen ihren Widerstand deshalb mindestens so sehr gegen die *Fortführung* wie gegen die *Rückkehr* von Gewaltstrukturen richten. In diesem Sinne sind sie tatsächlich auf eine Art Staatsfeind*innen. Sie wehren sich gegen *diesen* Staat.

10 ZWISCHEN BEWEGUNG UND PARLAMENT

Kleine und große Gesten bestimmten den 20. Januar 2021. Angefangen bei Donald Trump, der auffällig fehlte, über Lady Gaga, die mit goldener Friedenstaube über der Brust auffällig glänzte, bis zu Joe Biden, der in seiner Antrittsrede Einigkeit und Versöhnung beschwöre, entgegen aller Wahrscheinlichkeiten.

Wenn Präsidenten ins Amt eingeführt werden, soll der Ton für die nächsten vier Jahre gesetzt werden, dann sollen Bilder für die Ewigkeit entstehen. Jedes Wort hat deshalb Gewicht, jedes Outfit Bedeutung. Lila ist plötzlich nicht mehr nur eine Farbe, sondern eine Brücke zwischen rot (Republikanern) und blau (Demokraten). Politischer Stoff, den Kamala Harris, Michelle Obama und Hillary Clinton bewusst gewählt haben sollen, wie Modeexpert*innen direkt wussten. Als sofort ikonisch wurde auch der Auftritt der 22 Jahre jungen Afroamerikanerin Amanda Gorman gedeutet. Ihr Gedicht »Den Hügel hinauf« war schwermütig und optimistisch zugleich; Pathos, wie ihn vielleicht nur Amerika produziert. Vielen Menschen wird von Bidens Inauguration wohl vor allem diese Performance in Erinnerung bleiben. Das Gedicht passte, wenn man daran glaubt, dass doch alles gut wird, einfach perfekt.

Alexandria Ocasio-Cortez hatte an dem Mittwoch etwas anderes vor. Während in Washington, D. C. der »Sieg der Demokratie« gefeiert wurde, befand sich die Kongressabgeordnete 350 Kilometer weiter nördlich in der Bronx, wo sie bei Temperaturen um die Null vor ein paar Dutzend Arbeiter*innen eines Lebensmittellogistikzentrums eine kämpferische Ansprache hielt. »In unserer Wirtschaft steht derzeit vieles auf dem Kopf«, rief sie in ein Megafon.

»Und eines dieser Dinge, die auf dem Kopf stehen, ist die Tatsache, dass eine Person, die hilft, das Essen auf den Tisch zu bringen, ihr eigenes Kind nicht ernähren kann.«

Rund 1400 Arbeiter*innen waren seit drei Tagen im Streik. Die Lagerhausbeschäftigten und Fahrer forderten eine Gehaltserhöhung von einem Dollar pro Stunde und besseren Krankenschutz. Moderate Wünsche angesichts der Tatsache, dass zahlreiche Kolleg*innen in den Monaten zuvor am Coronavirus gestorben waren und die Arbeitsbedingungen noch härter waren als sonst. Ein Großteil der frischen Lebensmittel, die tagtäglich in New York landen, werden an diesem Ort in der Bronx verarbeitet. Mehr Systemrelevanz ist schwer zu finden. Als sich das Management des Großmarktes Hunts Point über Wochen lang nicht bewegte, brach die Gewerkschaft die Verhandlungen ab und organisierte die erste Arbeitsniederlegung seit 35 Jahren.

»Das hier ist der Grund, warum ich tue, was ich tue«, rief ein junger Mann mit Kapuze und Kinnbart. Er streckte sein Smartphone vor sich. Zu sehen war ein Foto seines kleinen Kindes. »Deshalb bin ich hier draußen!«

»Und du stehst hier nicht nur für dieses Baby«, setzte Ocasio-Cortez fort. »Wenn ihr an diesem Posten steht, geht es auch um mehr als nur um einen Dollar, nämlich um den Wandel eures Lebens und der Leben aller Lebensmittelarbeiter*innen im ganzen Land.«

Der Besuch von Ocasio-Cortez war, wenn man so will, auch eine Geste. Sie brachte Kaffee, servierte Pizza, gab Interviews. Die Politikerin kam und ging. Manchmal aber kommt es eben genau darauf an: im richtigen Moment dort zu sein, wo sich Lebenswirklichkeiten abspielen und verändern, wo sich Macht aufbaut und unterdrückt wird. Die Polizei hatte in den Tagen zuvor mehrere Streikende verhaftet. Ob die ganze Aktion Wirkung zeigen würde, war zu diesem Zeitpunkt noch offen. Genau wie Trump entschied sich Ocasio-Cortez deshalb, vom Festakt in D.C. fernzubleiben, jedoch aus dem genau gegenteiligen Grund. Sie wollte Aufmerksamkeit für einen Arbeitskampf schaffen, der bis dato wenig davon bekommen hatte.

Drei Tage später vermeldete die Gewerkschaft Vollzug. Ein neuer Vertrag war beschlossen worden, mit 1,85 Dollar mehr Stundenlohn über einen Zeitraum von drei Jahren. »Ich glaube, für manche Menschen aus der oberen Mittelschicht oder für wohlhabendere Leute ist ein Dollar nichts«, bemerkte der Präsident der Gewerkschaft. Für die Arbeiter*innen, sagte er, sei die Erhöhung aber »alles«.

Zurückzuführen war dieser Erfolg nicht auf irgendwelche Reden oder symbolischen Akte, sondern auf den Druck der Belegschaft. Ocasio-Cortez käme kaum auf die Idee, das zu bestreiten. »Ich möchte keine Retterin sein, ich möchte ein Spiegel sein«, hat sie mal in einem Interview gesagt. Durch ihren Besuch in der Bronx an einem Tag, an dem alle woanders hinschauten, zeigte die junge Ikone der amerikanischen Linken jedoch, was parlamentarische Repräsentation im besten Fall bedeuten kann: Politiker*innen, die die Forderungen und Kämpfe derjenigen Menschen spiegeln und vorantreiben, von denen sie gewählt wurden.

DIE KRISE DER REPRÄSENTATIVEN DEMOKRATIE

Man muss sich nicht durch eine Menge von Studien gewühlt haben, um zu verstehen: Die repräsentative Demokratie steckt in einer Krise. Wer ab und zu die politischen Nachrichten verfolgt und ab und zu mit Menschen genau darüber spricht, ahnt wohl mindestens, wie gering das Vertrauen der meisten Menschen in die bestehenden Mechanismen und Institutionen ist. Studien und Umfragen untermauern dieses Gefühl jedoch. Zwischen August 2011 und August 2021 lag die Zustimmung zum US-Kongress irgendwo zwischen 8 und 36 Prozent. Über 70 Prozent der Amerikaner*innen lehnen die Arbeit des Parlamentes im Durchschnitt ab.[1] In einer Umfrage kurz vor der Wahl 2016 sagten 61 Prozent der Befragten, dass keine der großen Parteien ihre Ansichten vertreten.[2] Die Wahlbeteiligung kurz darauf lag bei nur 55 Prozent. Trump zog ins Weiße Haus, obwohl er insgesamt knapp drei Millionen weniger Stimmen als Hillary Clinton bekam, und viele Amerikaner*innen sahen sich in der Wahrnehmung bestätigt, dass dieses politische System nicht für sie gemacht ist.

In Deutschland ist die Situation zwar weniger düster, aber alles andere als hell. Die großen Parteien verlieren seit Jahren Mitglieder. Auch die Wahlbeteiligung war früher höher. Lag sie in den 70er Jahren bei über 90 Prozent, bewegte sie sich bei den letzten Bundestagswahlen zwischen 70 und 80 Prozent. Von Bedeutung ist dazu, dass die Wahlbeteiligung ärmerer Menschen merklich geringer ausfällt. Einer Studie aus dem Jahr 2019 zufolge waren weniger als die Hälfte der Deutschen damit zufrieden, wie die Demokratie funktioniert.[3] In einer anderen Studie aus dem Jahr 2021 gaben 65 Prozent an, sich »Sorgen um die Zukunft unserer Demokratie zu machen«.[4] Bemerkenswert war, dass mehr als die Hälfte der Befragten sagte, dass die Bürger*innen bei »wichtigen Fragen« selbst abstimmen sollten.

Der Wunsch nach einer direkteren, horizontalen Demokratie ist auch in Deutschland vorhanden. Wesentlich stärker, so scheint es, als die Politik es wahrhaben will.

An welchen Stellen aber krankt das heutige System? Warum fühlt sich Demokratie oft so undemokratisch an, warum ist die Entscheidungsfindung so fern? Als ich im Frühsommer 2021 einen Aktivisten in Brooklyn beim Wahlkampf begleitete, hatte ich das Gefühl, dass sich vor meinen Augen eines der zentralen Probleme entfaltete. Die meisten Menschen sind – und das trifft nicht nur auf die USA zu – von den Prozessen schlichtweg abgeschnitten.

Der Mann, mit dem ich unterwegs war, ein hilfsbereiter, eher schüchterner, junger Kerl namens Josh, der in seiner Freizeit Musik komponiert und gerade nach einem neuen Job suchte, zog von Tür zu Tür in Crown Heights, einem überwiegend Schwarzen Viertel in Brooklyn, um für einen linken Kandidaten für den Stadtrat von New York City zu werben. In den allermeisten Gesprächen ging es in erster Linie jedoch gar nicht um den Kandidaten, Michael Hollingsworth, sondern erstmal um die Tatsache, dass überhaupt lokale Wahlen anstehen. Josh versuchte auf die Schnelle zu erklären, worum es geht und *dass* es um etwas geht. Für manche waren es komplett neue Informationen, viele hatten bislang nur vage von der Wahl mitbekommen. Oft hatte man den Eindruck, dass die Menschen andere Sorgen haben als irgendeine Abstimmung für District 35. In den Wohnblöcken südlich des Eastern Parkways schien die Arbeit des New Yorker Stadtrates fern und kryptisch. Dabei wäre das ja gerade die politische Ebene, auf der sich Politik konkret und zugänglich gestalten könnte.

In den Gesprächen, die über den ersten Informationsaustausch hinausgingen, wurde deutlich, dass das Problem nicht mangelndes Interesse an den lokalen Entwicklungen ist. Wir unterhielten uns mit einer jungen Mutter, die sich mit Nachbar*innen gegen die drohende Schließung eines der letzten Supermärkte in der Gegend verbündet hatte. Eine über 80-jährige Frau sagte, dass wir die ersten »Leute aus der Politik« seien, die sie besuchten. Sie wünschte sich mehr Austausch. Ein Verkäufer, der außerhalb der Stadt angemeldet ist, wollte wissen, ob er überhaupt zur Wahl berechtigt ist. Die Menschen machten nicht den Eindruck, als wären sie politisch abgeschieden, weil das so gemütlicher ist, weil sie kein Interesse haben oder grundsätzlich zynisch sind. Sie sind es, weil kaum Verbindungen zwischen der Politik und ihnen existieren. Sie sind auf Teilnahmslosigkeit und Vereinzelung konditioniert.

Eine andere Geschichte, die manches über das Versagen der derzeitigen politischen Strukturen verrät: Im Mai 2019 fuhr ich nach South Bend, Indiana, um ein Porträt des Bürgermeisters und Kandidaten in den Vorwahlen der Democrats Pete Buttigieg zu schreiben. Der Hype um den damals 37-jährigen Buttigieg befand sich zu dieser Zeit auf dem Höhepunkt. Er schaute vom Cover des *Time*-Magazins, saß bei den Fernsehgrößen Jimmy Fallon und

Ellen DeGeneres auf der Couch. Ein schwuler, junger Politiker aus dem Mittleren Westen mit Erfahrung beim Beratungsunternehmen McKinsey ebenso wie beim Militär, das gibt es nicht häufig. Vom »neuen Obama« war die Rede, vom »amerikanischen Macron«. Ein ganzes Land, hatte man den Eindruck, lernte, wie man diesen Namen der Zukunft ausspricht: »*Boot – edge – edge*«.

Mich interessierte an Buttigieg vor allem, was die Bewohner*innen von South Bend über ihn denken. Diejenigen also, die von seiner Politik betroffen waren und nicht nur ein paar Biografieschnipsel und Worthülsen kannten. Jenseits der glänzen Porträts gab es nämlich auch Artikel über die Situation in South Bend, durch die man erfuhr, dass sich innerhalb der Stadt eine Opposition entwickelt hatte.

Die Menschen, mit denen ich in South Bend sprach, erklärten mir fast unisono, dass der Bürgermeister das Stadtzentrum belebt habe. Sie erzählten, dass Downtown South Bend nun bunter sei als zuvor und auch dass nach Jahren des Stillstands wieder neue Unternehmen in die Stadt kämen. In den vielen Außenbezirken, sagten die meisten, wo vor allem Schwarze und arme Menschen wohnen, käme vom Aufschwung allerdings wenig an. Statt gemeinsam mit den Bewohner*innen einen Aufbau der Infrastrukturen anzugehen, wurden auf Buttigiegs Anweisung hin die Häuser, für deren Reparatur die Eigentümer*innen kein Geld hatten, einfach abgerissen. Kurzer Prozess für den schnellen Effekt. Je mehr Menschen ich zu Buttigieg befragte, desto häufiger hörte ich solche Geschichten, und je mehr solcher Geschichten ich hörte, desto genauer zeichnete sich das Bild eines karrieristischen Technokraten ab, dem glatte Oberflächen wichtiger sind als sozialverträgliche Umstrukturierungen. Gefüttert wurde dieses Bild durch Berichte in den Lokalzeitungen. Während Buttigieg eine Hauptstraße in Dr. Martin Luther King, Jr. Boulevard umbenannte, ließ er Obdachlosencamps resolut räumen.

Wie aber kommt es, dass ein Politiker wie Buttigieg, dem offenbar jegliche Verbindung zur Arbeiter*innenklasse fehlt, überhaupt

Bürgermeister wird? Und vor allem: Warum wird so jemand vier Jahre später wiedergewählt, wenn die Mehrheit von seiner Politik nicht profitiert? Verstehen lässt sich auch das nur, wenn man sich die Diskrepanz zwischen Politik und Bevölkerung bewusst macht.

Sowohl in den Vor- als auch in den Hauptwahlen zur Bürgermeisterwahl von 2015 gaben weniger als 15 Prozent der Wahlberechtigten in South Bend ihre Stimme ab. Die wenigen Stimmen, die am Ende für Buttigiegs Sieg reichten, kamen primär aus den Bezirken, in denen weiße, wohlhabende Menschen leben. Buttigieg wurde also nicht wiedergewählt, weil so viele von seiner Arbeit überzeugt waren. Er wurde wiedergewählt, weil die überwältigende Mehrheit der Bewohner*innen gar nicht erst zur Wahl ging. Dort, wo seine Politik zum Teil verheerende Wirkung hatte, fehlte den Menschen der Glaube, dass sich Teilhabe lohnt.

THE SQUAD

In diesem Buch ging es bislang nur nebensächlich um parlamentarische Politik. Der Grund dafür ist recht simpel: Die amerikanische Linke hat sich in den vergangenen Jahren woanders entwickelt. Sie hat sich auf besetzten Plätzen und Straßen formiert, in Community-Kollektiven und aktivistischen Organisationen, bei Arbeitskämpfen und Protestmärschen, zwischen Hochhausschluchten und in der Wüste. Der Frust über die unrepräsentative Demokratie hat dazu geführt, dass lokale, dezentrale, anti-hierarchische Formen der politischen Selbstbestimmung entstanden sind. Eine neue Generation von Aktivist*innen stellt die Routinen und Prinzipien des parlamentarischen Betriebes grundsätzlich infrage.

Dort aber, im parlamentarischen Betrieb, hat sich auch etwas getan, ein Umbruch deutet sich an, wenn auch nur langsam und mühsam, aber immer spürbarer. Alexandria Ocasio-Cortez ist Teil einer neuen progressiven Kraft im Parlament, die zwar weiterhin klein ist, aber mit jeder Wahl wächst. Zum *Squad* gehören mit

Ilhan Omar, Ayanna Pressley, Rashida Tlaib, Jamaal Bowman, Cori Bush und Ocasio-Cortez gerade mal sechs Abgeordnete – in einem Parlament mit 435 Sitzen. Im Gegensatz zum alten Kern der Demokratischen Partei schaffen sie es aber immer wieder, mit Gesetzesvorlagen und Aktionen tatsächliche Impulse zu geben und Themen zu setzen. Auch das Zusammenspiel von progressiver Fraktion und den vielen linken Organisationen hat sich in den vergangenen Jahren intensiviert. Zwischen Bewegung und Parlament sind neue Möglichkeiten der Wechselwirkung entstanden.

* * *

»Frauen wie ich sind nicht dafür vorgesehen, für ein Amt zu kandidieren«, sagt Ocasio-Cortez in ihrem ersten Wahlkampfvideo. Man sieht sie in ihrem schmalen Badezimmer, wie sie auf dem U-Bahnsteig die Schuhe wechselt, im Gespräch mit Schulkindern. In einer Einstellung wirkt sie erschöpft, in der nächsten angriffslustig. Naomi Burton und Nick Hayes, zwei Sozialist*innen aus Detroit, die später den antikapitalistischen Streamingdienst *Means TV* gründeten, hatten den Clip produziert. Er ging im Mai 2018 online und wurde in den ersten 24 Stunden über 300 000 Mal angeklickt. Irgendetwas schien die Leute anzusprechen.

Dass dieser Wahlkampf anders wird, ergab sich schon aus Ocasio-Cortez' Lebensumständen. Sie war damals 28 Jahre alt, wohnte in Parkchester, einem Teil der Bronx, und arbeitete in einer Taqueria am Union Square in Manhattan. Telefonate mit ihrem engsten Mitarbeiter Waleed Shadid erledigte sie oft im Bus auf dem Weg zum Job. An freien Tagen ging es zusammen mit Freiwilligen in die einzelnen Nachbarschaften in der Bronx und in Queens. Statt um potenzielle Großspender zu buhlen, konzentrierte sich das Team darauf, Menschen persönlich zu erreichen und Nichtwähler*innen zu aktivieren. Statt nur von der »resistance« zu sprechen, wie so viele Demokrat*innen zu der Zeit, sagte Ocasio-Cortez, dass sie die Abschiebebehörde ICE abschaffen möchte.

Ihr Konkurrent Joe Crowley, einer der mächtigsten Männer der Demokratischen Partei, demonstrierte wiederum, wie egal ihm die Wähler*innenschaft ist, solange er irgendwie im Amt bleibt. Crowley fehlte bei öffentlichen Debatten, verbrachte wenig Zeit in seinem Wahlkreis. Als Crowley Ocasio-Cortez beim einzigen TV-Duell fragte, ob sie ihn in den Hauptwahlen unterstützen würde, sollte er die Vorwahlen gewinnen, antwortete sie trocken, dass es davon abhängig sei, »was die Bewegung dazu sagt«.

Ocasio-Cortez legte die hierarchischen Gewohnheiten des demokratischen Establishments frei, da war sie noch gar nicht gewählt. Und als sie dann gewählt war, als jüngste weibliche Abgeordnete aller Zeiten, blieb sie im Konfrontationsmodus. So wie sie im November 2018 die politische Situation nutzte, um zusammen mit Aktivist*innen von Sunrise im Büro von Nancy Pelosi für einen Green New Deal zu werben und so wie sie zwei Jahre später, am Tag von Bidens Amtseinführung, ihre Reichweite nutzte, um streikenden Arbeiter*innen in der Bronx zur Seite zu stehen, so hat sie auch immer wieder die Bühne des Kongresses genutzt, um Ausrufezeichen zu setzen. Den Facebook-Chef Mark Zuckerberg befragte sie zum Cambridge-Analytica-Skandal und Demokratieverständnis seines Unternehmens; den CEO der Bank JPMorgan Chase, Jamie Dimon, zur Finanzkrise; den Anwalt Michael Cohen zum mutmaßlichen Steuerbetrug seines Auftraggebers Trump. Im Gedächtnis bleiben diese Fünf-Minuten-Verhöre aus einem einfachen Grund: Sie sind für das Gedächtnis gemacht. Durch ihre gut vorbereiteten, klar formulierten Fragen gelingt es Ocasio-Cortez, komplexe Machenschaften für die Öffentlichkeit erkennbar zu machen. Ocasio-Cortez' Charme und Wachheit lassen sich nicht einfach reproduzieren, ihre politische Herangehensweise aber schon.

Das Modemagazin *Vanity Fair* nannte AOC eine »neopolitische Ikone«, aber was genau zeichnet diese *neue Politik* aus? Wenn Ocasio-Cortez bei Instagram-Live den aktuellen Stand der Covid-Hilfszahlungen erklärt, während sie Nudeln kocht, ohne dabei albern oder bemüht zu wirken, dann ist das nicht nur eine geschickte Art und Weise, Politik zu kommunizieren, sondern auch ein Beispiel dafür, wie man die Idee der parlamentarischen Repräsentation mit Leben füllen kann. Die Mitglieder des Squads verkörpern in einem mittelbaren System ein anderes Maß von Unmittelbarkeit.

Neue Formen sind das eine. Ohne neue Inhalte wären sie aber wenig wert. Nimmt man die wichtigsten Gesetzesvorlagen zusammen, für deren Umsetzung die linke Fraktion der Demokraten heute kämpft, rollt sich eine neue Vorstellung von Staat und Gesellschaft aus. Neben der staatlichen Krankenversicherung Medicare for All und dem Green New Deal gehören dazu der Pro Act, der fundamentale Arbeiter*innenrechte zurückbringen würde; der For the People Act, der eine überfällige Demokratisierung des Wahlsystems bedeuten würde; und der Breathe Act, durch den eine Transformation des Justiz- und Immigrationssystems angestrebt wird. Stand Herbst 2021 haben manche dieser Vorlagen bereits das Repräsentant*innenhaus passiert und warten auf Verabschiedung im Senat, für andere gibt es noch keine Mehrheit. In Kombination sind diese Initiativen das diametrale Kontrastprogramm zur neoliberalen Agenda der Demokratischen Partei der vergangenen Jahrzehnte. Längst läuft ein Konflikt darüber, was sie sein will: eine Partei, die sich von großen Banken, Erdölkonzernen und Pharmaunternehmen sponsern lässt und deshalb immer wieder in Interessenkonflikte gerät, wenn es um echten Wandel geht. Oder eine Partei, die sich konsequent für die diverse Arbeiter*innenklasse einsetzt, von der Bronx bis zum Rust Belt.

Es sind nicht nur andere Themen und Forderungen, die mittlerweile im US-Kongress verhandelt werden. Auch andere Biografien und Lebensrealitäten sind vertreten. Abgeordnete wie Ocasio-Cortez wissen aus eigener Erfahrung, was für eine Bürde Unischulden sind, wie desaströs das Gesundheitssystem ist, wie sich Pfefferspray von der Polizei in den Augen anfühlt. Sie können glaubhaft über ökonomische Unsicherheiten sprechen und Glaubhaftigkeit ist eine der wertvollsten Ressourcen, wenn mehr als die Hälfte der Kongressabgeordneten Millionär*innen sind.[5]

Schauen wir auf Cori Bush, die bis zu ihrem Einzug ins Repräsentantenhaus 2021 so prekär lebte, dass sie sich nicht mal eine Krankenversicherung leisten konnte. Bush wurde in St. Louis geboren, arbeitete als Krankenschwester und wurde im Laufe der Ferguson-Proteste 2014 zur Aktivistin. Als im August 2021 das Covid-Moratorium gegen Zwangsräumungen auslief und Millionen von Amerikaner*innen der Wohnungsverlust drohte, war die Sache für sie persönlich. Dreimal war sie in ihrem Leben selbst zwangsgeräumt worden. Zwischenzeitlich musste Bush mit ihren zwei Kindern sogar in ihrem Auto leben. In einem Interview erinnerte sie sich an die Selbstzweifel, die sie während ihrer Obdachlosigkeit verspürte. »Wer setzt sich für mich ein?«, dachte sie. »Bin ich hier, weil ich es nicht anders verdiene?«

Bush tat etwas, das man selten sieht: Sie schlug ein Protestcamp vor ihrem eigenen Arbeitsplatz, dem Kongress, auf. Nancy Pelosi sah sich zu einem Besuch genötigt, Senats-Mehrheitsführer Chuck Schumer und Vizepräsidentin Kamala Harris kamen vorbei. Die Medien berichteten ausführlich, und nach fünf Tagen gab Bidens Regierung nach. Die Gesundheitsbehörde CDC erließ ein neues Moratorium bis Oktober. Keine dauerhafte Lösung, aber ein verlängerter Existenzschutz. Während viele ihrer Kolleg*innen schon in die Sommerpause abgetaucht waren, hatte Bush bewiesen, dass man mit einer einzigen Aktion die Spitze der Partei unter Druck setzen kann, wenn man es denn will.

Dass Politiker*innen wie Bush und Ocasio-Cortez heute dort sind, wo sie sind, ist kein Zufall. Sie wurden durch die Bewegungen der vergangenen Jahre politisiert und durch neue Organisationen ins Parlament getragen. Man spürt in der Art und Weise, *wie* sie Politik machen, nicht nur, dass sie andere Lebensgeschichten hinter sich haben, sondern auch, dass sie sich der Politik als Aktivist*innen genähert haben. Ihr Abgeordnetensein ist vielmehr Mittel als Zweck. Man könnte auch sagen, dass die neue parlamentarische Linke deshalb Kraft hat, weil das Parlament nicht den alleinigen Mittelpunkt ihrer Politik darstellt.

REFORMISMUS UND
GRAUSAMER OPTIMISMUS

Demokratie lässt sich nicht ohne Spannungen und Widersprüche vorstellen, wie Astra Taylor erklärt. Als Beispiele nennt sie dafür unter anderem die Begriffspaare Inklusion und Exklusion, Spontanität und Struktur, Expertise und Massenmeinung, Zwang und Wahl sowie Gegenwart und Zukunft. Das Ziel, schreibt Taylor, sollte nicht in der Überwindung dieser Gegensätze liegen, sondern in ihrer Balance. Das mag abstrakt klingen, ist im politischen Alltag aber immer wieder eine ganz konkrete Herausforderung. Dann zum Beispiel, wenn eine Organisation die Grenzen der intern geduldeten Meinungen festzulegen versucht; oder dann, wenn Arbeitsplätze gestrichen werden müssen, um das Klima zu retten; oder dann, wenn man mit einer via Referendum getroffenen Entscheidung wie dem Brexit umgehen muss. Ein unvermeidbarer Konflikt, so Taylor, ergibt sich aus der Tatsache, dass weder kollektive Macht per se emanzipatorisch ist, noch konzentrierte Macht wirklich demokratisch. Um eine Balance herzustellen, braucht es deshalb eine demokratische Praxis und Kultur, in der es nicht nur Mechanismen des Ausgleichs und der Vermittlung gibt, sondern sich diese Institutionen auch selbst überprüfen.

Checks and Balances heißt das in der US-Verfassung verankerte System, in dem sich die verschiedenen Gewalten gegensätzlich kontrollieren sollen. Um Machtmissbrauch zu verhindern, so die Theorie, haben Legislative, Exekutive und Judikative jeweils nur begrenzte Machtbefugnisse. In der groben Idee ähnlich, aber in der Ausführung verschieden funktioniert die Gewaltenteilung in der Bundesrepublik. Ein Unterschied liegt beispielsweise darin, dass dem US-Präsidenten mehr Vetorechte zukommen als dem deutschen Kanzler. Wer im Weißen Haus sitzt, hat auch mehr Einfluss auf die Arbeit der jeweiligen Ministerien, als es die Person im Kanzleramt auf ihr Kabinett hat. Die Macht ist in den USA unter dem Strich noch konzentrierter. Man denke allein an die neun Richter*innen des Supreme Courts, mehrheitlich konservativ und alles andere als überparteilich, die die amerikanische Politik und Gesellschaft regelmäßig prägen. Oder an den US-Senat, in dem alle 50 Bundesstaaten unabhängig von der Bevölkerungszahl durch zwei Politiker*innen vertreten sind, was dazu führt, dass eine Stimme aus Wyoming über 70 Mal so viel Gewicht wie eine Stimme aus Kalifornien hat.

Das derzeitige System von *Checks and Balances* krankt nicht nur daran, dass es den Institutionen selbst an demokratischem Fundament fehlt. Fast vollständig fehlt auch ein Austausch mit *außer*parlamentarischen Institutionen. Wie aber könnte solch ein Austausch aussehen?

Nehmen wir als Beispiel die Beziehung zwischen Parlament und zivilgesellschaftlichen Gruppen. Kollektive wie Black Visions und Sunrise Movement haben in den vergangenen Jahren bewiesen, wie man Menschen an der Basis organisieren kann. Diese Arbeit findet – mal direkt, mal indirekt – in Kollaboration mit gewählten Politiker*innen statt. Im Fall von Black Visions ist es der Stadtrat von Minneapolis; im Fall von Sunrise sind es progressive Kongressabgeordnete, die sich dem Green New Deal verschreiben. Bürger*innen helfen Politiker*innen aktiv ins Amt, Politiker*innen wiederum bleiben rechenschaftspflichtig, um wiedergewählt zu werden. Trotz mancher Mängel, die sich aus dieser Dynamik ergeben (um an einem Wahlkampf teilzunehmen, braucht man zum Beispiel Zeit), entwickelt sich so eine Wechselwirkung zwischen Wählenden und Gewählten, eine neue Form der *Checks and Balances*, die über das formale System hinausgeht.

Es mangelt, wie durch dieses Buch hoffentlich greifbarer wird, weder an Ideen der Partizipation noch an Verlangen danach. Die Occupy-Aktivist*innen bildeten General Assemblys, die seither in anderen Kontexten weiterentwickelt wurden. Im ganzen Land werden Gewerkschaften gegründet, Ausdruck eines zunehmenden Verlangens nach wirtschaftlicher Mitbestimmung. Menschen kämpfen immer entschlossener, für ein Recht auf Beteiligung und

Autonomie, über Kooperative, Volksbegehren, digitale und analoge Bürger*innenräte, und sie tun das mit dem Anspruch, dass Politik nicht mehr nur der *Beruf* der wenigen, sondern die *Praxis* aller wird.

* * *

»Grausamer Optimismus«, schrieb die Kulturtheoretikerin Lauren Berlant, liegt dann vor, »wenn etwas, das man begehrt, in Wirklichkeit ein Hindernis für das eigene Wohlergehen ist«. Man könne diese Dynamik in ganz verschiedenen Lebensbereichen beobachten, so Berlant, in persönlichen Beziehungen beispielsweise, bei der Arbeit, in Alltagssituationen oder in der Politik. Wir jagen »unerfüllbaren Fantasien des guten Lebens« nach, führte Berlant aus, und untergraben schon durch unseren Ansatz, gefangen in Gewohnheiten, die eigenen Ziele.[6]

Politik kann sich wie grausamer Optimismus anfühlen. Man wählt Partei X, weil man sich wünscht, dass sie sich nach Jahrzehnten der Stagnation oder Regression doch erneuern kann. Man unterstützt Reform Y, weil man hofft, dass sich dadurch ein grundlegender Umbruch vermeiden lässt. Man wartet darauf, dass bestimmte Institutionen ihren selbstgefassten Ansprüchen nachkommen, obwohl diese Ansprüche eigentlich immer nur theoretisch geblieben sind. Sich den gesellschaftlichen und politischen, aber auch den eigenen Mustern zu entziehen, ist schwer; neue zu entwickeln noch schwerer. Dabei ist genau das, Beispiel Klimawandel, oft die Voraussetzung für – beziehungsweise die einzige Chance auf – wirklichen Fortschritt.

»Beim sozialen Wandel geht es immer darum«, sagte die im Sommer 2021 verstorbene Berlant mal bei einer Konferenz, »die Dinge, die einem gefallen, teilweise zu verlernen, um etwas Erschreckendes möglich zu machen«.[7] Grausamer Optimismus, so könnte man diesen Satz in Bezug auf Berlants Grundkonzept interpretieren, lässt sich also am besten durch eine revolutionäre Unbequemlichkeit überwinden.

Teile der amerikanischen Linken haben sich einem Projekt verschrieben, bei dem es nicht schwer fällt, eine Art von grausamen Optimismus zu erkennen. Es geht bei diesem Projekt darum, die Demokratischen Partei von außen und innen zu reformieren, um aus ihr so etwas wie eine linke Partei zu machen. Grausam könnte der Optimismus in dem Fall sein, weil das Vorhaben auf so viele mächtige Gegenkräfte stößt, dass ein Verschieben dieser Partei nur bis zu einem bestimmten Punkt möglich scheint und die Mühen eventuell schon bald ins Leere laufen. Statt auf Figuren wie Pelosi und Schumer einzuwirken, so die Warnung, sollte man sich besser radikalen Projekten widmen, bei denen Kapitalinteressen nicht von vornherein die Grenzen des Möglichen markieren.

Andererseits aber, und daraus speist sich die Hoffnung, hat der Druck in den vergangenen Jahren deutliche Spuren im Programm der Partei hinterlassen, sodass man bislang kaum von verschwendeter Energie sprechen kann. Solange sich die Demokratische Partei wandeln lässt, bleibt wohl gar nichts anderes übrig, als es zu versuchen. Die Frage ist, *wie* man es versucht.

PROGRESSIVE PROFESSIONALISIERUNG

Saikat Chakrabarti, Alexandra Rojas, Corbin Trent und Zack Exley lernten sich durch den Wahlkampf von Bernie Sanders kennen. Vier Menschen aus unterschiedlichen Winkeln des Landes, mit verschiedenen Wegen in den Aktivismus, verbunden durch ein Verständnis dafür, dass es Zeit für einen politischen und wirtschaftlichen Wandel ist. Als sich im Frühjahr 2016 anbahnte, dass Sanders' Kandidatur scheitern würde, überlegten die vier, wie es weitergeht. Innerhalb von wenigen Wochen kam die Idee auf, politischen Talenten aus der Bevölkerung den Weg ins Parlament zu bahnen. »Außergewöhnlich gewöhnliche Menschen« wollten sie finden, um die von Sanders verfolgte Agenda durchzusetzen. Die Organisation Brand New Congress war geboren.

Das ambitionierte bis größenwahnsinnige Ziel bestand zunächst darin, bei den anstehenden Midterms-Wahlen 2018 für alle 435 Kongresswahlbezirke eine*n Herausforder*in zu suchen. Bedingung war, dass die Kandidat*innen – ob Demokraten, Republikaner oder Unabhängige – eine staatliche Krankenversicherung und einen menschenwürdigen Mindestlohn unterstützten sowie den Einfluss des Geldes auf die Politik zu minimieren bereit sind. Gesucht wurden Sozialarbeiterinnen, Ingenieure, Musikerinnen, Pflichtverteidiger – wer auch immer Politik neu gestalten wollte und sich im besten Fall in ihrer oder seiner Community bereits als Führungskraft bewiesen hatte.

Die vier Gründer*innen von Brand New Congress griffen auf ihre persönlichen Kontakte und die Organizing-Infrastruktur aus der Sanders-Kampagne zurück, zogen monatelang von Stadt zu Stadt, um Menschen davon zu überzeugen, sich selbst oder ihre Bekannten zu nominieren. Rund 12 000 Bewerbungen landeten so bei ihnen, wesentlich mehr als erwartet. Ein Großteil dieser Bewerbungen kam jedoch aus verschiedenen Gründen nicht infrage. Statt 435 Kandidat*innen waren es am Ende nur 30, bei denen sich die Organisation für ein offizielles *endorsement* und damit für eine Begleitung im Wahlkampf entschied. Von diesen 30 Kandidat*innen zog genau eine einzige im Januar 2019 in den Kongress: Alexandria Ocasio-Cortez.

Der Erfolg von Ocasio-Cortez bewies, dass sich die Mühe lohnen kann, wenn man eine Außenseiterin gezielt unterstützt. Offensichtlich wurde allerdings auch, dass sich diese Art des Wahlkampfes mit den bisherigen Kapazitäten nur bei einer sehr begrenzten Zahl von Kandidat*innen durchführen lässt. Bereits im Laufe des Jahres 2017 bastelten Chakrabarti, Rojas, Trent und Exley deshalb an einer neuen Organisation, die mit realistischeren Zielen und ausgereifterem Plan linke Gegenkräfte fördern wollte. Zusammen mit Cenk Uygur und Kyle Kulinski, zwei Moderatoren der YouTube-Show *The Young Turks,* entwickelten sie eine frische Marke: die Justice Democrats. Der Fokus lag von nun an auf Wahlbezirken, in denen die Demokratische Partei die sichere Oberhand hat, wo also keine Gefahr besteht, dass die Republikaner von einem Binnenkonflikt bei den Democrats profitieren könnten – Bezirke, in denen es sich aber lohnt, den oder die Amtsinhaber*in in den Vorwahlen herauszufordern. Insgesamt zehn Politiker*innen haben es bislang durch die Hilfe der Justice Democrats in den Kongress geschafft. Neben den Mitgliedern des »Squads« sind es die Abgeordneten Raúl Grijalva, Ro Khanna, Marie Newman und Pramila Jayapal. Für die Halbzeitwahlen 2022 sind bereits neue Kandidat*innen ausgesucht.

Brand New Congress und Justice Democrats sind die Wegbereiter einer neuen progressiven Maschinerie, die sich rund um die Demokratische Partei entwickelt hat. Von der Suche nach Kandidat*innen über die Durchführung der Wahlkämpfe bis zur parlamentarischen Arbeit ist mittlerweile jeder Schritt abgedeckt. Die Plattformen Way to Win und Left Rising beispielsweise kümmern sich um die Finanzierung der Kampagnen durch Crowdfunding. Als Beratungsfirma für progressive Projekte fungiert New Deal Strategies, gegründet von der bekannten Strategin Rebecca Katz. Der Think Tank New Consensus konzentriert sich darauf, Ideen wie den Green New Deal in Gesetzestexte zu übersetzen. Eine übergeordnete Funktion nehmen die Inkubatoren Momentum und Movement School ein, durch die Aktivistinnen und Organizer ausgebildet werden. Politische Nachwuchskräfte bekommen hier die Werkzeuge mit, um dezentrale Bewegungen zu gestalten. Die Organizerinnen Kandace Montgomery und Varshini Prakash sagten mir, wie wichtig Momentum für die Entwicklung ihrer Organisationen gewesen sei. Über 1500 junge Menschen in mehr als 30 Bundesstaaten haben in den ersten fünf Jahren diese Schule durchlaufen. Finanziert werden die genannten Organisationen hauptsächlich durch Spenden.

Seitdem Gruppen wie Justice Democrats und Brand New Congress sich systematisch in Wahlkämpfe einmischen, oft in Zusammenarbeit mit den Ortsgruppen von Sunrise Movement und den

Democratic Socialists of America, hat sich der Druck auf moderate bis konservative Abgeordnete deutlich erhöht. Es sei *eine* Sache, Politiker*innen um eine progressive Agenda zu bitten, erklärt Alexandra Rojas, Geschäftsführerin der Justice Democrats. Es sei eine *andere* Sache zu sagen: »Wenn du deinen Job behalten willst, solltest du das und das tun.«[8]

Der *New Yorker* spricht von der »PowerPoint-Linken«. Was die Wahlen betrifft, werden Kandidat*innen nicht nach Gefühl ausgesucht, sondern auf Basis bisheriger Ergebnisse und Studien. Zum Ausdruck kommt durch diesen Begriff auch, dass die neue progressive Maschinerie mindestens so pragmatisch wie idealistisch ausgerichtet ist. Wo es noch keine Mehrheiten gibt, wird sich mit radikalen Forderungen zurückgehalten. Wo wenig Chancen auf eine erfolgreiche Kampagne bestehen, sollen auch keine Ressourcen verschenkt werden.

Dass das System längst noch nicht verfeinert ist, wurde im Sommer 2021 deutlich, als die Sanders-Vertraute Nina Turner, hinter der ein großes Netzwerk progressiver Gruppen stand, in der Kongresswahl für Ohio ihrer moderaten Konkurrentin Shontel Brown unterlag. Während Turner die urbanen Bezirke der Schwarzen Arbeiter*innenklasse knapp gewann, verlor sie die weißen Vorstädte zu deutlich. Die Niederlage war ein Rückschlag für die Linke. Und es war eine Erinnerung daran, wie viel Macht weiterhin vom konzernnahen Establishment der Demokrat*innen ausgeht. Brown profitierte wesentlich davon, dass sich namhafte Figuren wie Hillary Clinton und Jim Clyburn sowie zahlreiche Lobbyorganisationen auf ihre Seite gestellt hatten. Am Ende konnte Turners Kampagne jedoch auch einfach zu wenige Menschen mobilisieren, die an die Realisierungsmöglichkeit ihrer Versprechen glaubten.

Die Niederlage von Turner zeigte, welche Bedeutung Geld und alte Machtverbindungen im Richtungskampf der Demokratischen Partei spielen. Wer Kandidat*innen der Mitte von links herausfordert, muss deshalb nicht nur mehr Einzelspender*innen finden. Es geht umso mehr auch um die Frage, wie man das eigene Programm erzählt und verkauft. Mit welchen Themen gewinnt man? Was für Formulierungen sind zu vermeiden? Wie lässt sich ein politischer Wandel mit Durchsetzungsperspektive verbinden?

Der Think Tank Data for Progress, 2018 durch den Aktivisten Sean McElwee gegründet, hat auf diesem Feld eine entscheidende Rolle eingenommen. Data for Progress führt Umfragen zu progressiven Gesetzesvorschlägen durch, belässt es aber nicht bei der Veröffentlichung der Ergebnisse, sondern ordnet diese im Detail ein, oft verbunden mit konkreten Vorschlägen, was die Ausarbeitung und Kommunikation der entsprechenden Ideen angeht. Für politische Entscheidungsträger, Journalistinnen, Aktivisten und Politologinnen sind die Studien zu einer belastbaren Analysegrundlage geworden. Sogar im Weißen Haus kommt die Arbeit von Data for Progress an. Präsident Biden beziehe sich auf die Organisation in persönlichen Gesprächen, heißt es.

Die Ergebnisse von Data for Progress sind immer wieder erstaunlich. Eine staatliche Arbeitsplatzgarantie? Befürworten 64 Prozent der Gesamtbefragten.[9] Ein Erlass aller Studiumsschulden? Wollen 61 Prozent der Demokraten. Für eine Streichung von 50 000 Dollar pro Person gibt es sogar parteiübergreifende Unterstützung.[10] Eine Vermögensteuer für Multimillionäre? Längst Mehrheitswillen der amerikanischen Bevölkerung.[11]

Von Bedeutung für die parlamentarische Linke ist Data for Progress aber nicht dadurch, dass passende Ergebnisse produziert werden – in der Methodik sind sie so seriös wie andere Umfrageinstitute. Ein Alleinstellungsmerkmal hat Data for Progress, weil sie bestimmte Fragen an die Menschen richten, die sonst selten gestellt werden. Über die Jahre ist dadurch ein detailliertes Meinungsbild entstanden, das zeigt, dass die Amerikaner*innen – an einigen Punkten inklusive der republikanischen Wähler*innen – eine progressivere Politik wollen, als ihnen die zwei großen Parteien anbieten. Diese Erkenntnis ist einerseits deprimierend, da sie die Diskrepanz zwischen den elitären Strukturen und der Bevölkerung offenbart, in ihr steckt zugleich aber auch das Potenzial eines Aufbruchs. Linke Politik scheitert in erster Linie nicht an der Rückständigkeit der vielen, auch, wenn das Politiker*innen der Mitte gerne als Schutzbehauptung vorbringen, sondern am Unwillen der wenigen. Andersrum wäre es komplizierter.

Was aber bedeutet das für linke Politik? Während die Umfragen von Data for Progress die Popularität vieler vermeintlich radikaler Forderungen bestätigen, wäre es trostlos, sich nur an gegenwärtig beliebten Punkten zu orientieren. Für Dinge kämpfen, die erst Jahre oder Jahrzehnte später mehrheitsfähig sein könnten – ist das nicht ein Wesen linker Politik? Die wachsende Professionalisierung und Routinisierung der progressiven Maschine rund um die Demokratische Partei birgt deshalb ein Risiko. Wenn nur noch die Reformen angeschoben werden, mit denen man auf der sicheren Seite steht, und nur noch die Kandidat*innen unterstützt werden, die sofortige Chancen auf einen Sieg haben, dann wird transformative Energie fast zwangsläufig gedrosselt. Mit anderen Worten: Mehrheiten für einen Wandel findet man nicht, man schafft sie.

NIKIL SAVAL

Nikil Saval fand seinen Weg in die Politik durch Versuch und Irrtum, wobei es eigentlich andersrum war. Erst erlebte er eine Reihe von Irrtümern, dann fand er das, was er heute macht, was man als einen laufenden Versuch beschreiben könnte.

Der erste Irrtum bestand darin, zu glauben, dass er sich aus der Politik heraushalten könne.

Saval wurde 1982 in Los Angeles geboren. Seine Eltern, Einwander*innen aus Bangalore, Indien, besaßen eine Pizzeria, bis der Vermieter das Gebäude verkaufte. Ohne Einkommen wurde es in L. A. immer schwieriger. Irgendwann waren seine Eltern gezwungen, zurück in ihre Heimat zu ziehen. Saval sagt, dass ihn diese Erfahrungen geprägt hätten, dass er sich über manche Entwicklungen als Kind und Jugendlicher geärgert habe und auch dass er als einer der wenigen Nicht-Weißen auf seiner Schule oft unglücklich gewesen sei. Für Politik habe er sich dennoch lange nicht interessiert. Ein »weak liberal« sei er gewesen, ein schwacher Liberaler. Was er damit meint? »Ich hatte keine Vision für die Gesellschaft, die über das hinausging, was angeboten wurde«, so Saval. »Ich dachte, wer auch immer für die Demokraten kandidiert, ist im Grunde gut.«

Der zweite Irrtum leitete sich aus dem ersten ab. Er bestand in der Annahme, dass der politische Horizont begrenzt ist.

Saval war mit dem Studium an der Columbia Universität in New York fertig und hatte gerade seinen ersten Job bei einem Buchverlag bekommen, als für ihn die Probleme der Wirtschaft immer greifbarer wurden. Sein Gehalt reichte damals nicht für die Miete. Der Aufbau einer Gewerkschaft im Verlag scheiterte. In der Nähe seiner Wohnung in Downtown Brooklyn wurde ein gigantisches Bauprojekt, die Atlantic Yards, hochgezogen, was dazu führte, dass viele Anwohner*innen weichen mussten. Als sich die Immobilienkrise zu einer Finanzkrise zu einer Weltwirtschaftskrise ausweitete, ließ sich Savals »schwacher Liberalismus« kaum noch halten. 2008 schloss er sich dem Wahlkampf von Obama an, doch während er versuchte, Wähler*innen von dessen Programm zu überzeugen, stellte Saval fest, dass ihn das Programm selber gar nicht überzeugte. »Er hatte diesen Gesundheitsplan oder was auch immer«, sagt Saval, eine überzeugende Lösung sei Obamacare jedenfalls nicht gewesen. Das Dilemma dieser Zeit, und auf dieses Dilemma kommen viele linke Millennials an irgendeinem Punkt zu sprechen, ergab sich aus dem Mangel an Alternativen. Wenn nicht Obama, wer dann?

Savals dritter Irrtum lag in der Befürchtung, dass sich seine verschiedenen Interessen und politischen Ambitionen nicht verbinden lassen.

Birth of the Office lautet die Überschrift des ersten Artikels, den Saval je für das Kulturmagazin *n+1* geschrieben hat. Es ging darin um die Geschichte der Bürozelle und warum der durchschnittliche

Arbeitsplatz so verstörend uninspirierend ist. 2008 war das, Saval studierte damals in San Francisco. Aus dem Artikel wurde später seine Dissertation und aus der Dissertation 2014 ein von der Kritik hochgelobtes Buch, *Cubed*. Saval war inzwischen nach Philadelphia gezogen und hatte die Leitung von *n+1* übernommen.

Während Saval sich über die Jahre als Kulturkritiker einen Namen machte, nahmen seine politischen Aktivitäten nicht ab. Zwischen 2009 und 2013 arbeitete er unbezahlt für die Gewerkschaft Unite Here. 2011 mische er bei Occupy mit. Drei Jahre später, 2014, trat er den Democratic Socialists of America bei – »bevor es cool war«. Als Sanders zum ersten Mal in den Vorwahlen antrat, eröffnete Saval sogar eine lokale Wahlkampfzentrale in seinem Haus. Mit einer Handvoll Sanders-Volunteers gründete er anschließend Reclaim Philadelphia, eine Organisation, die unter anderem dem progressiven Juristen Larry Krasner zur Wahl zum Bezirksstaatsanwalt von Philadelphia verholfen hat. Krasner gehört zu einer neuen Gruppe von Anwält*innen, die versuchen, das Justizsystem an verschiedenen Orten der USA zu reformieren.

Saval hat die Wiedergeburt der amerikanischen Linken geprägt und beobachtet. Er hat sich in aktivistischen Gruppen organisiert, darüber geschrieben. Sich reingeworfen und wieder zurückgezogen. Manchmal sei es einfach zu viel gewesen, sagt er. Immer wieder kam die Frage auf, ob und wie sich seine Rollen als schreibender Beobachter und politischer Aktiver vereinbaren lassen.

Seit Dezember 2020 nun sitzt Saval im Senat von Pennsylvania, als erster südasiatische Abgeordnete in diesem Parlament in den 338 Jahren seiner Existenz. Und tatsächlich scheint in diesem Job vieles von dem zusammenzulaufen, was er bislang geliebt hat, was ihn auszeichnet und erfüllt.

Der Architekturkritiker Saval vertritt die Demokraten im Komitee für »Urban Affairs und Housing« und kann dort bessere Rahmenbedingungen für nachhaltige Architektur schaffen. Er setzt sich für die Stärkung von Gewerkschaften ein, weil er aus eigener Organizing-Erfahrung um deren Dezimierung weiß. Er trifft sich in regelmäßigen Abständen mit Klima-Aktivist*innen, um einen Green New Deal in Pennsylvania voranzubringen. Er kämpft auch aus persönlichen Gründen für eine Housing Guarantee, ein gesetzliches Recht auf Wohnen also, weil es die Mietkosten waren, die seine Eltern zum Auswandern zwangen.

Das Magazin *The Nation* nannte Saval den »interessantesten Politiker Amerikas«. Eine grandiose Übertreibung, findet er. Hinter der Überschrift steckt allerdings mehr, nämlich ein ernstzunehmender Mangel. Wie beschränkt das jetzige politische System ist, erkennt man unter anderem an der Zusammensetzung der Parlamente. Juristen, Bankkauffrauen und Politikwissenschaftler sind in Disproportionen vertreten, viele Berufe dagegen nie repräsentiert. Was in den Parlamenten fehlt, sind nicht nur andere sozial-ökonomische Hintergründe, es täte darüber hinaus auch gut, wenn mehr Menschen in die Politik gehen, die sich wie Saval als eine Art Hybrid begreifen, Theoretiker*innen und Praktiker*innen in einer Person. Menschen, die sich ihr Wissen und ihre Fähigkeiten in der praktischen Berufserfahrung und in sozialen Bewegungen angeeignet haben – »organische Intellektuelle«, wie der italienische Marxist Antonio Gramsci es nannte. Politik wäre weniger elitär, auch weniger provinziell und bürokratisch, wenn sie sich in diese Richtung öffnet.

* * *

»Mit euch mach ich das«, steht auf einem der Plakate, aber was? »Bereit, weil Ihr es seid«, steht auf einem anderen, aber wofür? »Mehr Sicherheit« klingt bedrohlich, »Nie gab es mehr zu tun« faul. Alte und neue Gesichter, neue und alte Versprechen. Wahlkampf ist die Zeit, in der sich Politik oft noch mechanischer, noch alberner und das ist vielleicht das bitterste, noch inhaltsloser anfühlt. So war es auch im vergangenen Berliner Wahlkampf, aus dem die genannten Slogans stammen. Die Leere unterschied sich vermutlich gar nicht von der aus früheren Wahlkämpfen, aber sie fiel stärker auf, angesichts der zugespitzten Krisen. Wie sagte Diedrich Diederichsen in anderem Zusammenhang? »Eine gespaltene Gesellschaft ist einer zu 100 Prozent verblödeten ja wohl vorzuziehen.«[12]

Jedes Land hat seine eigenen Wahlkampfregeln, -rituale, -codes. Was im SPD-Universum beispielsweise die Bratwurst ist, ist im Iowa-Kosmos der Corn Dog, ein Würstchen im Maisteig, frittiert. Politiker*innen beißen und kleckern im Sinne der Volksnähe. Abgesehen davon funktioniert Wahlkampf in den USA schon deshalb anders, weil es die Primaries gibt, die Vorwahlen, bei denen Politiker*innen innerhalb der Parteien gegeneinander antreten. Es ist ein Grund, warum die Kampagnensaison insgesamt bombastischer, teurer und identitätsstiftender ist als in Deutschland.

Blickt man auf das vergangene Jahrzehnt zurück, lässt sich allerdings auch feststellen, dass es oft genau diese Wahlkämpfe in den Primaries waren, die linke Kräfte freigesetzt und aufgesogen haben. Sanders natürlich, mit seinem »fünfjährigen Krieg gegen die Milliardärsklasse und die Führung der Demokratischen Partei«. Aber auch die zahlreichen lokalen Kampagnen, durch die Aktivist*innen politische Ämter beziehen konnten. Die Vorwahlen der Demokratischen Partei sind zu einem entscheidenden Terrain für die Linke geworden, in *Jacobin* hieß es dazu sogar, »dass eine groß angelegte Klassenformierung in der absehbaren Zukunft vor allem über Wahlkampagnen laufen wird«.[13]

Das sogenannte Canvassing – der persönliche Wahlkampf auf der Straße, von Tür zu Tür, online und am Telefon – ist für viele Organisationen zu einem Schwerpunkt geworden. Canvassing wird dazu genutzt, mit Wähler*innen in Kontakt zu treten, die Mitgliederbasis zu erweitern, das Programm zu optimieren. Leute werden nicht aktiviert, um nach der Wahl wieder in die Passivität geschickt zu werden, sondern im Sinne eines längerfristigen Mitwirkens, als Teil der Organizing-Strategie. Diese Art des Graswurzel-Wahlkampfes, der über geschaltete Werbeblöcke, Marktplatzreden und Infostände hinausgeht, verbreitet sich allmählich auch in Deutschland. Bei der vergangenen Bundestagswahl griffen alle Parteien darauf zurück, wenn auch mit verschiedener Verve und Wirkung.

Nikil Saval veröffentlichte im Herbst 2016 einen Essay, in dem er seine Canvassing-Erfahrungen reflektierte, allen voran die während des damals frischen Sanders-Wahlkampfes. Der Text erfasste das ganze Gefühlsspektrum von Leid über Unsicherheit bis Erfüllung, das so viele Aktivist*innen beschreiben, wenn sie über diese Art des politischen Einsatzes sprechen. Saval erzählte von den Schuldgefühlen, die er spürte, als er sich anfangs trotz Ankündigung nicht beteiligte; er zeichnete nach, wie er im Laufe der Touren durch Philadelphia auf unerwartete Genoss*innen und offene Rassist*innen stieß; er erklärte, dass er im Gegensatz zum Obama-Wahlkampf bei Sanders mit Überzeugung dessen Programm vertreten konnte. Er schrieb: »Ich bin so glücklich wie noch nie, aber spüre auch die Anfänge eines Burnouts.«[14]

Canvassing erfordert Hingabe und Geduld, rhetorische Fertigkeiten und emotionale Arbeit. Es gilt, schnell zu sein, ohne zu überrumpeln, aufklärend, ohne zu belehren. In vieler Hinsicht kommen »traditionelle« Werkzeuge der politischen Arbeit zum Einsatz. Die Möglichkeiten haben sich in den vergangenen Jahren allerdings auch erweitert. Von Bedeutung für die meisten Aktivist*innen ist die App »MiniVAN«, die auf eine gigantische Datenbank der Demokratischen Partei zurückgreift. Durch »MiniVan« kennt man nicht nur Wohnsitz, Alter und Geschlecht der registrierten Wähler*innen (was sich aus deutscher Perspektive wie ein signifikanter Eingriff in die Privatsphäre anfühlt), man weiß auch, wie die vorherigen Gespräche mit anderen Aktivist*innen liefen. Hat jemand die klare Absicht, für den oder die Kandidat*in zu stimmen, klickt man »strong support« und meldet sich vor der Wahl nochmal. Äußert jemand entschiedene Ablehnung, trägt man es entsprechend ein und lässt diejenige Person in Ruhe. Dazwischen gibt es verschiedene Stufen, die signalisieren, dass es weitere Überzeugungskraft braucht. Wenn am Ende 100 Türbesuche dazu führen, dass man das Gefühl hat, zehn Menschen bewegt zu haben, ist das ein gutes Verhältnis.

Canvassing kann auf konstruktive Weise Demut schaffen. Und es kann im besten Fall ein politisches Denken und Handeln bestärken, das über einzelne Personen und Wahlen hinausgeht. »Je tiefer ich in den Wahlkampf einsteige«, schrieb Saval in seinem Essay, »desto weniger interessiert mich der Kandidat«. Und: »Je mehr ich auf die Straße gehe, desto weniger verfolge ich die Nachrichten.«

Als ich mit Saval im August 2020 sprach, lag ihm sein eigener Wahlkampf noch in den Knochen. Zwölf Jahre lang war sein Vorgänger Larry Farnese unangefochten im Amt. Entsprechend hoch war der Aufwand, um genug Wähler*innen für eine linke Alternative zu gewinnen. Saval erzählte, dass er sich – bevor im Winter die Parlamentsarbeit beginnt – auf neue Schreibprojekte freue. Eine Biografie über Richard Wagner wolle er rezensieren, den Kopf freibekommen, mit anderen Themen.

Ganz zum Schluss des Gesprächs teilte Saval noch eine Beobachtung, die mich beeindruckt hat. »Wenn man auf diese Weise Canvassing betreibt«, sagte er, »wächst das Gefühl, dass die Gesellschaft viel interessanter und komplexer ist und die einzelnen Menschen viel interessanter und komplizierter sind. Das macht einen optimistisch.« Savel erklärte, dass bei ihm alleine durch die intensive Kontaktaufnahme mit den Menschen in seinem Umkreis eine neue politische Motivation entstanden sei.

»Ich habe oft das Gefühl, nicht ganz zu diesem Land dazuzugehören«, so Saval. »Dieser Wahlkampf hat mich in vielerlei Hinsicht mit den Vereinigten Staaten versöhnt.«

Savals Erfahrung mag individuell gewesen sein, eine allgemeine Erkenntnis lässt sich dennoch ableiten: Je stärker man in politische Prozesse eingebunden ist – eingebunden sein darf –, desto größer ist die Wahrscheinlichkeit, dass man nicht nur mit den gesellschaftlichen Problemen konfrontiert ist, sondern auch mögliche Lösungen sieht.

EINE NEUE LINKE PARTEI?

Manchmal drückt sich gesellschaftlicher Wandel dadurch aus, dass alte Fragen plötzlich neuen Sinn ergeben. Eine solche Frage, die über Jahrzehnte hinweg eher in trotzkistischen Publikationen oder versponnenen Diskussionskreisen diskutiert wurde, aber heute größere Teile der gesellschaftlichen Linken beschäftigt, ist die nach einer eigenen Partei. Etwas konkreter formuliert: Unter welchen Voraussetzungen ließe sich in den USA eine neue Partei aufbauen, die über die *Spoiler*-Rolle hinausgeht, die also mehr als nur den Democrats Stimmen stiehlt, wie den bereits jetzt existierenden Kleinparteien Green Party und Libertarian Party oft vorgeworfen wird?

Der Journalist Seth Ackerman veröffentlichte im Herbst 2016 einen seither viel zitierten *Jacobin*-Artikel, in dem er die »Blaupause einer neuen Partei« zeichnete.[15] Ackermann warnte darin zunächst, den Fehler früherer Parteien zu wiederholen, sich zu sehr auf die sogenannte *ballot line* zu konzentrieren, darauf also, von Anfang an als *eigene* Partei auf dem Wahlzettel zu erscheinen. Die Strategie müsse kreativer und zugleich pragmatischer sein, schrieb Ackerman. Er argumentierte für den Aufbau einer »Organisation mit Ortsgruppen auf Landes- und Kommunalebene, einem verbindlichen Programm, einer Führung, die ihren Mitgliedern gegenüber rechenschaftspflichtig ist, und Wahlkandidat*innen, die auf allen Ebenen im ganzen Land aufgestellt werden«. Die Entscheidung darüber, wie die einzelnen Kandidat*innen auf dem Stimmzettel erscheinen, müsste »je nach den Wahlgesetzen und der parteipolitischen Färbung des betreffenden Staates oder Bezirks« getroffen werden. Ob die Kandidat*innen »in den Vorwahlen der großen oder kleinen Parteien, als parteilose Unabhängige oder theoretisch sogar auf dem eigenen Wahlzettel« anträten, würde also von Fall zu Fall entschieden werden. Erfolgreich wäre solch ein Projekt in jedem Fall nur, so Ackerman, wenn »ein bedeutender Teil der Arbeiter*innenbewegung im Zentrum« stehe.

Wenn es eine Organisation in den USA gibt, auf die Ackermans Beschreibung am ehesten zutrifft, dann sind es die Democratic Socialists of America. Dass diese Gruppe in seinem Text keine Erwähnung findet, liegt daran, dass sie im Herbst 2016 noch nicht die Größe und Wirkung hatte. Um auf Dauer eine Rolle in der Wahlpolitik zu spielen, müssten jedoch auch die DSA um ein Vielfaches wachsen. Ende 2021 bewegen sie sich ungefähr dort, wo sich die Socialist Party of America (in der Spitze 118 000 Mitglieder) und die Communist Party USA (85 000 Mitglieder) in der ersten Hälfte des 20. Jahrhunderts befanden.

Der Historiker Salar Mohandesi erklärt, dass es weniger darauf ankomme, neue Strukturen zu schaffen, und mehr darauf, bereits bestehende Bewegungen zu bündeln, zu stärken und daraus eine gemeinsame, dauerhafte Plattform zu entwickeln. Mohandesi spricht von einer »Partei als Artikulator«, er schreibt:

Eine Partei, die nur aus Intellektuellen oder nur aus Kämpfer*innen oder nur aus einer einzigen Gruppe von Aktivist*innen besteht, ist eine sehr limitierte Partei. Eine starke Partei ist eine Partei, die nicht nur vielfältig ist, sondern auch in der Lage ist, die verschiedenen Bestrebungen reibungslos zu koordinieren, indem sie das Beste aus den spezifischen Stärken holt, die jede:r Einzelne mitbringt, anstatt alle in eine einzelne Form zu zwingen.[16]

Das Problem ist: Damit eine solche Partei wirkliche Chancen haben könnte, müssten sich in vielen Staaten erst die Wahlgesetze ändern. Um die Wahlgesetze zu verändern, müssten wiederum erst progressive Kräfte an die Macht kommen – und das ist bislang nur über die Plattform der Demokratischen Partei möglich. Auch an diesem Punkt zeigt sich, dass wenig an einer doppelten Strategie für die Linke vorbeiführt: einerseits also unabhängige linke Organisationen aufbauen, andererseits Einfluss innerhalb der Demokratischen Partei gewinnen.

Das De-Facto-Zweiparteiensystem stellt immer weniger Menschen zufrieden – so viel kann man festhalten. In einer Gallup-Umfrage aus dem Februar 2021 sagten 62 Prozent der Befragten, dass Democrats und Republikaner »so schwach darin sind, die amerikanische Bevölkerung zu vertreten, dass eine dritte Partei gebraucht wird«. Höher lag die Zustimmung zu dieser Frage in knapp 20 Jahren nie. Nun ist natürlich klar, dass nicht allen, die eine dritte Partei fordern, auch eine linke oder zumindest irgendwie progressive Partei vorschwebt. Ein erheblicher Teil der republikanischen Wählerschaft beispielsweise, das zeigen andere Umfragen, würde eine eigene Trump-Partei wählen. Wenn der allgemein zunehmende Wunsch nach einer anderen Partei etwas beweist, dann, dass die beiden großen Parteien mit ihrem derzeitigen Programm von der Bevölkerung entfernt sind.

»In jedem anderen Land«, hat Alexandria Ocasio-Cortez mal gesagt, »wären Joe Biden und ich nicht in derselben Partei«. In einem anderen Interview erklärte sie, dass es vor allem die Feindseligkeit aus der eigenen Partei sei, die sie zermürbe. »Ich weiß nicht einmal, ob ich in der Politik bleiben will«, offenbarte Ocasio-Cortez kurz nach der Wahl 2020. Eine Aussage, die besonders bitter ist, bedenkt man, wie wenige Talente ihres Kalibers im Kongress sitzen.

Dass jemand wie Ocasio-Cortez so hart aus der Mitte bekämpft wird, könnte man unter Umständen auch positiv sehen. Es verdeutlicht, wie stark sich die Kräfte des Status quo bedroht fühlen. Die Führungsfiguren der Demokratischen Partei spüren, dass der linke Flügel größer wird. Und vor allem spüren sie, dass hinter der parlamentarischen Opposition, die sich in den vergangenen Jahren formiert hat, Bewegungen und Graswurzel-Organisationen stehen, die im Zweifel auch auf die linken Politiker*innen selbst immer wieder Druck ausüben. Genau das könnte langfristig den Unterschied machen.

SCHLUSS

Jesse Alexander Myerson wusste am Tag nach der Wahl Trumps, dass er weg will. Eine Mischung aus Angst und Frust erzeugten diesen Drang. Raus aus New York, sein Leben verändern. Das hört sich im Rückblick dramatisch an. Für ihn war es vor allem konsequent.

Der 30-Jährige saß am 9. November 2016 abends in seiner Wohnung vor dem Laptop und überlegte, wie er dieses Vorhaben umsetzen könne. Also wandte er sich an seine Freund*innen und Bekannten. Myerson verfasste einen Beitrag auf Facebook, in dem er fragte, ob es eine Organisation im Rust Belt gebe, die einen Job für ihn hat. Nicht irgendein Job natürlich, einer, bei dem es darum geht, »die weiße Arbeiter*innenklasse für den Sozialismus und *Black Liberation* zu begeistern«, wie er schrieb. Der Marxist Myerson war die Partys in Brooklyn leid, in denen über verschiedene Interpretationen des Marxismus diskutiert wird. Nach all den Jahren als Organizer hatte er das Gefühl, woanders besser aufgehoben zu sein. Die Entscheidung, seine Heimat zu verlassen, war persönlich und spontan. Keine Heldentat, sondern der Versuch, im Kollektiv etwas auf lange Sicht zu verändern.

Es dauerte nicht lang, bis sich ein entscheidender Kontakt ergab. Eine Organizerin aus der Stadt Bloomington in Indiana fragte Myerson, ob er mit ihr vor Ort eine neue Graswurzel-Organisation aufbauen möchte. Indiana war einer der Bundesstaaten, die Obama 2008 gewonnen hatte, in denen Sanders 2016 in den Vorwahlen vor Clinton stand, die am Ende aber an Trump gingen. Ein Staat, in dem die großen Krisen der amerikanischen Gesellschaft fest in den Alltag der Menschen geknotet waren und immer noch sind:

die zunehmende Armut, die Opioid-Epidemie, der Verfall der öffentlichen Infrastruktur, vieles mehr. Als Myerson dieses Angebot bekam, zögerte er nicht lang. Es war genau die Art Projekt, die ihm vorschwebte. Im Frühjahr 2017 schließlich packte er seine Klamotten und zog nach Bloomington. Wenig später ging Hoosier Action an den Start. Ziel der Organisation ist es, eine progressive Basis im ländlichen Indiana aufzubauen, so den Bedingungen entgegenzuwirken, unter denen jemand wie Trump Erfolg hat.

Jesse und ich kannten uns damals nicht gut, aber ich bewunderte diese Entscheidung aus der Distanz ungemein. Es wirkte auf mich fast irritierend selbstlos, so resolut war dieser Schritt. Anders als ich war Jesse schon als Jugendlicher an linker Politik interessiert, er protestierte in der High School gegen den Irak-Krieg, warf sich in politische Kampagnen, nahm an Occupy teil und arbeitete einige Jahre für die Gewerkschaft der Krankenpfleger*innen. Anders als ich sah sich Jesse früh selbst als politischen Akteur, als jemand, der die Dinge zwar auch als Autor beschreiben, sie aber vor allem gestalten will. Für ihn und seine Familie, jüdische Kommunist*innen, war die Wahl Trumps eine einzige Verheerung und mehr: Es war die Verpflichtung, etwas zu tun.

Wir sind mittlerweile Freunde. Und wenn immer Jesse aus der Welt des Organizings erzählt, habe ich das Gefühl, Politik ein bisschen besser zu begreifen. Ich habe nicht zuletzt durch ihn präziser verstanden, was es heißt, ein System zu kritisieren und womöglich sogar zu bekämpfen, ohne dabei zu vergessen, dass die beteiligten Menschen auch Produkte eben jenes Systems sind. Mit einer anderen Haltung, sagte er mir, hätte er damals gar nicht das Projekt in Indiana beginnen können. Statt die *white working class* pauschal abzustempeln, war für ihn viel entscheidender, die Unentschlossenen, Hoffnungslosen und Nichtwähler*innen unter ihnen zu aktivieren. »Um den Faschismus zu überwinden«, schrieb Jesse in einem Artikel kurz nach seinem Umzug, »müssen wir aufhören, die Mittelschicht zu fetischisieren und anfangen, die Arbeiter*innenklasse zu vereinen«.[1]

Jesse ist heute wieder zurück in seiner Heimat New York, mit etwas kürzeren Haaren und längerem Bart. Während Hoosier Action irgendwann ohne ihn weiterlief, hat er mit Heartland Rising ein neues Graswurzelnetzwerk aufgebaut, das Menschen in Midwest-Städten wie Bloomington mit Menschen in den Küsten-Großstädten für progressive politische Projekte verbindet. Im Spätsommer 2021 zog Jesse temporär nach Buffalo, in den Nordwesten des Bundesstaates New York, wo er als Kommunikationsdirektor die Schwarze Sozialistin India Walton bei ihrem Wahlkampf zur Bürgermeisterin unterstützte.

Warum ich von Jesse an dieser Stelle erzähle? Gerade mal zehn Jahre liegt es zurück, dass er über den Zuccotti Park lief und, elektrisiert von der Occupy-Energie, zum ersten Mal in seinem Leben die konkrete Hoffnung verspürte, dass eine radikal andere Politik möglich ist. Dieses Gefühl, das sein Leben verändern sollte, entstand weder durch irgendein Wahlergebnis noch durch ein neues Gesetz oder die mitreißende Rede eines Politikers. Es entstand dadurch, dass er von ganz verschiedenen Menschen umgeben war, mit denen er gemeinsam überlegte, was für eine Welt sie eigentlich wollen.

Die politische Landschaft hat sich seit Occupy grundlegend verändert. Und so wie Jesse Graswurzel-Organizing im ländlichen Indiana und Gewerkschaftsarbeit in New York als ein zusammenhängendes Projekt begreift, wie er sich zwischen Protest und Wahlpolitik bewegt, wie er Sozialismus als anti-rassistisches Projekt verfolgt – so haben sich Millionen andere Amerikaner*innen in den vergangenen Jahren aufgemacht, um an verschiedenen Fronten mit unterschiedlichen Methoden für eine neue Politik zu kämpfen. Immer mehr Menschen in diesem Land wollen etwas, von dem sie wissen, dass es möglich ist: ein selbstbestimmtes Leben in einer gerechten Gesellschaft. Und immer mehr Menschen sind dabei, Macht von unten aufzubauen, um diese Ziele zu erreichen.

BEZIEHUNGSWEISEN

Wenn ich eine Sache in der Arbeit an diesem Buch gelernt habe, dann, dass Beziehungen die Grundlage eines jeden linken Projektes sind, das auf Dauer wirken möchte. Es braucht Zeit und Einsatz, bis man Menschen davon überzeugt, dass sich Beteiligung lohnt. Man muss Leuten vertrauen können, um ein politisches Programm zu entwickeln und Aktionen zu planen. Diese beiden Dinge, Vertrauen und Überzeugung, entstehen vor allem dann, wenn man gemeinsam diskutiert, plant, träumt und handelt, sie wachsen in Beziehung mit anderen Menschen.

Der französische Philosoph René Girard sprach von »mimetischem Begehren«, wie er das Verlangen der Nachahmung nannte, das seiner Meinung nach ur-menschlich sei. Wir wollen das, was die anderen haben, so Girards These, aus dem einfachen Grund, *weil* die anderen es haben. Sein Verständnis von Nachahmung war im Kern ein pessimistisches, da es den Menschen als ein Herdentier darstellte, das in seiner Reflexionsfähigkeit stark limitiert ist. Das mimetische Begehren führt in Girards Vorstellung deshalb auch zu Rivalität und Ausgrenzung. Je mehr Menschen etwas wollen, sagte er, desto umkämpfter wird dieses Etwas auch.

Dem Konzept von Girard lässt sich ein hoffnungsvolles Verständnis von Nachahmung entgegenstellen. Dadurch, dass man dem Menschen zuspricht, nicht nur zu imitieren, weil er es nicht anders kann, sondern weil er es auch bewusst tut, als Mittel der Inspiration und Bereicherung. Wir schauen hin, hören zu, wägen ab, denken weiter. Wir lassen uns von anderen Menschen anstiften, beleben, abschrecken. Wir imitieren dort, wo es uns sinnvoll erscheint, entwickeln daraus das, was uns entspricht. Nachahmung wird so zur Quelle von Herausforderung und Ermutigung. In Beziehung zu anderen Menschen, das ist meine persönliche Erfahrung, kann man seine Haltung und Meinung am besten infrage stellen, seine Perspektive erweitern und Verantwortung übernehmen. Beziehungen sind der Ort, an dem Wandel möglich wird.

»Für jemanden zu kämpfen, den man nicht kennt, ist eine wunderschöne Idee; für jemanden zu kämpfen, den man kennt, ist, wie man gewinnt«, schrieb der Historiker und Autor Gabriel Winant zum Ende des langen Jahres 2020 in einem Essay, in dem er linkes Organizing in Zeiten von Sanders, Trump und Biden reflektierte.[2] Man könnte diesen Satz – in einem anderen Zusammenhang – als einen Auftrag zum Rückzug ins Private deuten, als Rechtfertigung der privilegierten Buddy-Clique. Was Winant ausführte, war jedoch genau das Gegenteil. Er beschrieb damit, wie sich der Aufbau von Beziehungen in emanzipatorische Erfolge umsetzen lässt. Je näher man seinen Mitstreiter*innen ist, desto wahrscheinlicher ist es, dass abstrakte Konzepte wie Community, Mutual Aid oder Solidarität mit Leben gefüllt werden. Je lebendiger und konkreter das Zusammenwirken, desto eher lassen sich auch politische Vorhaben verwirklichen. Beziehungen sind also alles andere als nur ein Selbstzweck. Sie sind die Voraussetzung für kollektive Macht.

Eine einzelne Person, die ihre Studiumsschulden aus Protest gegen das ausbeuterische System nicht mehr zahlt, wird vermutlich vor Gericht landen. Tausende Personen, die sich für diesen Schritt koordinieren, haben die Chance, das System zu überwinden. Eine einzelne Person, die sich einem Nazi-Aufmarsch entgegenstellt, riskiert ihr Leben. Tausende Personen machen es wahrscheinlicher, dass sich die Nazis zurückziehen. Eine einzelne Person, die sich vornimmt, die Polizei seltener einzuschalten, wird sich im Fall einer Gefahrensituation alleine fühlen. Tausende Personen können ein Netzwerk aufbauen, das in Notfällen eingreift. Eine einzelne Person, die sich entscheidet, eine Außenseiterkandidatin im Wahlkampf zur Stadträtin zu unterstützen, wird wenig ausrichten. Tausend Personen bedeuten bei einem engen Rennen im Zweifel den Unterschied.

Doch es ist eben nicht nur die Masse, die in all diesen Konstellationen entscheidend ist. Viele Menschen, die an einem Ort zusammengewürfelt sind, reichen alleine nicht. Der Schlüssel sind gemeinsame Ziele, politische Organisierung – das Vorhandensein von verlässlichen Beziehungen.

Auch Korruption und Nepotismus beruhen darauf, dass man sich kennt und vertraut. Beziehungen, die lediglich Machtverhältnisse vertiefen, gibt es demnach genug. Ein Saal voller Linker, bei denen doch nur die gleichen Leute in doch nur der gleichen Rangordnung über doch nur die gleichen Themen sprechen, droht doch nur das gleiche Scheitern. Revolutionäre Energie entsteht durch die Entwicklung *anderer* Beziehungen, wie die Philosophin Bini Adamczak sagt. Durch *Beziehungsweisen*, die sich Hierarchien querstellen, die solidarisch und offen sind. »In der Vereinzelung lebt das Gemeinsame so wenig wie in der erzwungenen Einheit«, schreibt Adamczak. Befriedigende Beziehungsweisen dürften deshalb »nicht als harmonistisch konzipiert werden, sondern als konfliktfähig«.[3]

Die Frage, die sich immer wieder stellt: Was muss passieren, dass Menschen sich anders begegnen und entfalten können? Welche Orte braucht man dafür, welche Infrastrukturen, Methoden, Inhalte? Was sind die Bedingungen für revolutionäre Beziehungsweisen? Die Bewegungen und Organisationen, die in diesem Buch beschrieben werden, haben auf unterschiedliche Weise demonstriert, wie man sie herstellen kann.

Der eine Modus ist die Konfrontation. Occupy beispielsweise zeigte, dass die Besetzung öffentlicher Orte dazu führen kann, dass sich ungeahnte politische Möglichkeiten ergeben. Die Aktivist*innen wussten damals nicht, ob die General Assemblys, Komitees und Aktionen »funktionieren«, ob der 99-Prozent-Slogan wirkt. Sie probierten es aber, weil ihnen die Offenheit vielversprechender erschien als der Status quo. Hätte sich Occupy an die Regeln gehalten, wüssten wir heute nicht, was Occupy ist.

Direkte Konfrontation war nicht nur bei Occupy entscheidend, sondern auch bei den Aufständen von Ferguson, Standing Rock oder Minneapolis. Menschen, die sich zunächst fremd waren, kamen an Orten, die zunächst unbequem erschienen, in einer

Nähe, die zunächst überfordernd wirkte, zusammen, versorgten sich gegenseitig mit Essen und Schlafplätzen, organisierten dabei Proteste, Diskussionen und Kulturangebote und schafften so Räume, in denen die Vorzeichen des Miteinanders andere waren. Räume dieser Art, in denen Solidarität und Kreativität gerade in der Improvisation blühen, lassen sich zwar selten lange bewahren. Wenn nicht das eigene Chaos bremst, dann tut es meist die Polizei. Die Beziehungen, die sich daraus entwickeln, bleiben aber oft umso länger.

Der andere Modus ist die langfristige Organisierung. Gruppen wie Black Visions, das Debt Collective, die Democratic Socialists of America, Sunrise Movement und auch manche neu aufgestellte Gewerkschaft haben Strukturen entwickelt, in denen sich Menschen auf individuelle Weise einbringen können, was den Fokus und Umfang betrifft, aber gemeinsam an den gleichen politischen Zielen arbeiten. Wahlen sind weder der Ausgangspunkt ihrer Arbeit noch der Endpunkt. Die genannten Kollektive zeigen, dass Dinge sich nur verändern, wenn es eine aktive Basis gibt.

Konfrontation und Organisierung – wenn man so will, sind das ewige linke Rezepte. Diese Rezepte wurden in den vergangenen Jahren jedoch umgeschrieben und erweitert. Die Menschen sind dabei, alte Ideen wie den Sozialismus neu zu interpretieren, neue Visionen wie den Green New Deal mit Leben zu füllen. Und sie tun das in Arten und Weisen, die ein anderes gemeinschaftliches Wirken ermöglichen. Zum ersten Mal seit langer Zeit spürt man in den USA so etwas wie eine Aufbruchstimmung von unten. Alles andere als permanent, aber immer wieder, an immer mehr Orten, immer stärker.

DIE LEERE NACH MERKEL

Während ich diesen Satz tippe, liegt die Bundestagswahl 2021 knapp einen Monat zurück. Alles läuft zu diesem Zeitpunkt auf eine Ampel-Koalition zwischen SPD, Grünen und FDP hinaus –

drei Parteien, die im Vergleich zur vorherigen Wahl im Ergebnis jeweils zugelegt haben. Wie die Politik der neuen Regierung im Detail aussehen wird, wird sich herausstellen müssen. Folgt man den bisher veröffentlichten Plänen, zeichnen sich jedoch bestimmte Dinge ab. Beim Thema Klima hat man sich darauf verständigt, den Kohleausstieg vorzuziehen. Eine Veränderung des jetzigen Steuermodells scheint nicht geplant, die Schuldenbremse soll gleichzeitig bleiben, was die große Frage aufwirft, wie der anvisierte Umbau der Infrastrukturen finanziert werden soll. In der Sozialpolitik ist neben einem erhöhten Mindestlohn ausgemacht, dass Hartz IV zwar beendet und durch ein Bürger*innengeld ersetzt wird. Das System der Sanktionen aber bleibt grob das Gleiche.

»Fortschritt« und »Zukunft« werden von den Spitzen der drei Parteien in Dauerschleife beschworen, Buzzwords wie »Modernisierung« und »Digitalisierung« fliegen herum, kombiniert mit Begriffen wie »Experimentierräume«, die in ihrem Kontext – in dem Fall geht es um die Aufweichung des Arbeitsschutzes – nichts Gutes erahnen lassen. Schon jetzt ist auffällig, wie groß die Diskrepanz zwischen progressiver Rhetorik und mangelndem Interesse an wirklichem Wandel ist. Es scheint sich weder ein neues Verhältnis zum Thema Wachstum durchzusetzen, noch eine Demokratisierung der Arbeitswelt gewollt, noch ein groß angelegter Ausbau öffentlicher Infrastrukturen geplant zu sein. Trotz all der Slogans ist von einem Wandel in Deutschland derzeit wenig zu spüren. Und das, obwohl nach 16 Jahren mit der gleichen Regierungsspitze doch eigentlich alles nach einem Neuanfang ruft.

Angela Merkel stand, wie der Kulturkritiker Tobias Haberkorn es mal auf den Punkt gebracht hat, zugleich für die absolute Versachlichung und die absolute Personalisierung von Politik.[4] Jede Entscheidung, die sie traf, wurde als pragmatisch-zwingend verkauft – und fast alle großen Entscheidungen lagen letztlich bei ihr. In der Kombination entstand so die Illusion einer absoluten Alternativlosigkeit, die permanent den politischen Horizont beschränkte. Für die strukturellen Probleme, die Deutschland und die Welt beschäftigen, hat Merkel in ihren vier Amtszeiten kaum Lösungen gefunden. Die ökonomischen Ungerechtigkeiten haben sich verschärft, die Erde wurde weiter abgewirtschaftet. Und dennoch, trotz all der verpassten Chancen und halbgaren Reformen, hatte man immer wieder das Gefühl, es mit der Bundeskanzlerin noch gut erwischt zu haben – verglichen mit vielen anderen Regierungschefs und angesichts der instabilen Zeiten. Wenn es eine*n Politiker*in gibt, der*die Mark Fishers Konzept des kapitalistischen Realismus verkörpert, dann ist es wohl Merkel.

Dieses Kapitel ist nun vorbei, zumindest personell. Und es stellt sich die große Frage, was als nächstes kommt. Was sind die konkreten Ideen und visionären Erzählungen der kommenden Jahre, wenn es um den überfälligen Umbau der Wirtschaft und des Staates geht? Wie können Vermögen, Arbeit und Macht gerechter verteilt – und noch wichtiger – anders organisiert werden, sodass eine rückwirkende Umverteilung gar nicht mehr nötig ist? Wie schützt man Menschen vor Rassismus? Wie lässt sich Sicherheit neu denken? Wohnen? Familie? Erziehung? Wie setzt man neue Technologien ein? Und *wer* bestimmt eigentlich, wie das alles passiert? Lassen sich Alternativen zu dem jetzigen Modell der repräsentativen Demokratie finden, damit in Zukunft so viele Menschen eingebunden sind wie möglich, direkter und erfüllender? Wie könnte eine solche Öffnung der Gesellschaft aussehen?

Welche Rolle die Linkspartei bei der Beantwortung dieser Fragen und Herausforderung spielen wird, ist fraglich. Bei der Bundestagswahl reichte es mit 4,9 Prozent und drei Direktmandaten gerade mal so für den Einzug ins Parlament: das schlechteste Ergebnis seit Gründung. Der desaströse Zustand der Linken hat viele Gründe, für deren Ausführung es ein eigenes Buch bedürfte. Die Probleme verdichten sich jedoch schon in einzelnen Umfrageergebnissen. Bei einer allgemeinen Befragung kurz nach der Hochwasserkatastrophe im Juli 2021 gaben 86 Prozent der Menschen an, den Klimawandel als ein sehr großes Problem wahrzunehmen. Nur ein einziges Prozent allerdings sagte, dass die Linkspartei beim Klimaschutz am ehesten eine »Politik in ihrem Sinne« vertrete.[5] Mindestens so verheerend war das, was bei den Nachwahlbefragungen herauskam: Die Linke war sowohl unter Arbeiter*innen mit fünf Prozent der Stimmen[6] als auch unter Gewerkschaftsmitgliedern mit knapp sieben Prozent[7] jeweils die schwächste aller großen Parteien. Selbst die FDP lag in diesen beiden Kategorien vor ihr.

Das größte Problem dieser Partei ist wohl, dass unter dem Strich kaum noch jemand richtig weiß, was sie will. Die Linke wird weder als Vertreterin der Arbeiter*innenklasse wahrgenommen noch als Stimme der sozialen Bewegungen. Während die Basis im Osten Deutschlands immer weiter wegbricht, ist es komplett verpasst worden, eine neue Basis aufzubauen. Migrantische Fabrikarbeiter, studentische Lieferdienstkuriere, junge Klimaaktivisten, ältere Pflegerinnen, frustrierte Hartz-IV-Empfänger, queere Künstlerinnen, prekäre Mieter – sie alle und noch viele mehr gehören doch mindestens zum Potenzial einer linken Partei. *Diese* Linkspartei scheint aber immer noch in alten Mustern gefangen zu sein, irgendwo zwischen Nostalgie und Spalterei. Es fehlt an einer nachvollziehbaren Vision, auch die Kommunikation ist oft abschreckend. Unter dem Strich gibt es zu viele Gründe, sich von der Linken abzuwenden – auch für Linke.

Von wem sollen in den nächsten Jahren die Impulse kommen? Einzelne Strömungen und Personen innerhalb der Parteien machen durchaus Hoffnung. Die interessantesten Räume haben sich jedoch auch in Deutschland *außerhalb* der Parteipolitik ergeben.

Da wäre der Volksentscheid »Deutsche Wohnen & Co. enteignen«, eine der beeindruckendsten Initiativen der vergangenen Jahre. Über eine Million Berliner*innen – und 59 Prozent der Wähler*innen – stimmten im Herbst 2021 dafür, die insgesamt rund 240 000 Wohnungen der größten privaten Immobilienfirmen in Gemeineigentum zu überführen. Den Unterschied bei dieser Kampagne machte am Ende die Art Organizing, die aus den USA kommt: Kiezteams zogen durch die Viertel der Hauptstadt, von Wohnung zu Wohnung, klapperten Plätze ab, bauten Beziehungen auf – um damit so viele Menschen wie möglich direkt zu kontaktieren und als Mitkämpfer*innen zu gewinnen. »Die Befähigung von Aktiven, die eigene Bubble zu verlassen, Haustürgespräche zu führen und dies auch anderen beizubringen, ist ein großer Schritt vorwärts für linke Bewegungspolitik in Berlin«, bilanzierte die Zeitschrift *analyse & kritik*.

Wie genau der neue Senat von Berlin das Referendum umsetzen wird, ist zwar noch nicht klar. Die Initiative Deutsche Wohnen & Co. enteignen hat durch drei Jahre intensives Organizing aber auch deutlich mehr erreicht, als das reine Ergebnis. Entstanden ist im Laufe dieser Zeit eine sozial-politische Infrastruktur, verteilt auf alle zwölf Bezirke Berlins, die aus Mieter*innen, Aktivist*innen und Expert*innen besteht. Zusammen ist ihnen nicht nur gelungen, ein Strukturproblem – hohe Mieten, schlechtes Wohnen, soziale Verdrängung – zu identifizieren und den Diskurs zu diesem Thema immens zu verschieben. Sie sind direkt zu den Wurzeln dieses Problems – der Eigentumsfrage – gedrungen und haben eine Basis aktiviert, die Alternativen aufzeigt.

Noch in den Anfängen befindet sich Migrantifa, ein Aktionsbündnis, das »antifaschistische Politik von Migrant*innen für Migrant*innen« verfolgt. Die Idee eines solchen Netzwerkes kam vor einigen Jahren in Reaktion auf den strukturellen Rassismus der Polizei und das tödliche Grenzregime der EU auf. Gestalt nahm Migrantifa nach dem rechtsextremen Anschlag in Hanau im Februar 2020 an. »Für uns war es super wichtig, nach Hanau der Wut und Trauer Raum zu geben und sie nicht in Verzweiflung abdriften zu lassen«, sagte eine der Aktivist*innen, Meryem Malik, zur *taz*. Ortsgruppen gibt es mittlerweile in mehreren Großstädten wie Berlin, Frankfurt und Stuttgart. Die grundsätzliche Notwendigkeit von Migrantifa begründete Malik auch damit, dass zu viele linke Strukturen in Deutschland mehrheitlich weiß dominiert seien. »Wir wollen an einem Ort sein, wo Migrant*innen sich wohlfühlen und wo jede*r mitkämpfen kann und nicht erschlagen wird von Politsprech, Manifesten und autonomer Selbstdarstellung.«

Deutsche Wohnen & Co. enteignen und Migrantifa stehen nicht alleine. Es finden sich in Deutschland viele linke Initiativen, unerschrockene Aktivist*innen, scharfsinnige Denker*innen. Trotzdem aber gibt es kaum so etwas wie gesellschaftliche Aufbruchstimmung, geschweige denn einen Linksruck. Woran liegt das? Mangelt es an Politiker*innen, die einen Wandel authentisch verkörpern? Ein paar davon würden sicherlich nicht schaden. Werden die verschiedenen Kämpfe und Themen zu selten miteinander verbunden? Die ewige Gegenüberstellung von »Identitätspolitik« und »Klassenpolitik« scheint dafür zu sprechen. Geht es »uns«, wie oft behauptet, am Ende doch »zu gut«? Wohl kaum. Missstände und Wut gibt es genug. Oder fehlt es schlichtweg an einem Glauben daran, dass umfassende Veränderungen und konkrete Verbesserungen des Lebens auch *machbar* sind?

UTOPIEN

Eine der Ausgangsthesen dieses Buches war die, dass von Amerikas neuen Linken Inspiration ausgehen könnte. Auf welche Weise, habe ich in den einzelnen Kapiteln versucht zu beschreiben. Die Bewegungen und Organisationen, die sich in den vergangenen Jahren entwickelt haben, lassen sich nicht aus den spezifischen Kontexten und Landschaften lösen. Der Vorschlag lautet deshalb weniger, Organisation X oder Konzept Y oder Reform Z eins zu eins zu übertragen oder zu kopieren – sowieso eine Sache der Unmöglichkeit. Lernen lässt sich von den neuen Kräften in den USA etwas viel Grundsätzlicheres: der Mut zu einer offensiven linken Politik, die sich auch vor Utopien nicht scheut.

In den Konzepten, die in den vergangenen Jahren zu Wegweisern der amerikanischen Linken wurden, verbindet sich jeweils eine radikale Gegenwartskritik mit – das ist entscheidend – einer positiven Erzählung. Die Idee des Abolitionismus beispielsweise transportiert die Vision einer Welt, in der die Menschen so ausreichend mit materiellen Dingen, Bildung und Gesundheit versorgt sind, dass Polizei und Gefängnisse gar nicht mehr nötig sind. In den Plänen zum Green New Deal und Red Deal drückt sich die Überzeugung aus, dass ein wirklich nachhaltiges Wirtschaften und Leben keinen Rückschritt bedeuten muss, sondern ganz neue Freiheiten ermöglicht. Auch in den Ideen eines demokratischen Sozialismus und einer Care-Ökonomie steckt der Glaube daran, dass eine andere Art des Arbeitens und Kümmerns uns fundamental glücklicher machen würde.

Es geht bei diesen Gesellschaftsentwürfen nicht um Blaupausen, niemand kann schließlich sagen, was genau die alten Systeme ersetzen würde. Zu jeder überzeugenden Utopie gehört deshalb immer auch das Eingeständnis der Ungewissheit. Wirkung entfalten die genannten Konzepte dadurch, dass sie der täglichen politischen Arbeit einen Horizont verpassen, der über Katastrophenvergegenwärtigung und Schadensbegrenzung hinausgeht.

»Es gibt die Vorstellung, dass insbesondere linke Politik, revolutionäre Politik, sehr ernst sein muss«, sagte mir die langjährige marxistische Organizerin Rachel Herzing, die zu den Mitgründer*innen von Critical Resistance gehört, einer Organisation, die sich für die Abschaffung des *Prison Industrial Complex* einsetzt. Ernsthaftigkeit in Form handfester Analysen, konkreter Strategien und belastbarer Beziehungen sei zwar unersetzlich, wie Herzing erklärte. »Unsere Bewegungen verlangen aber genauso Freude und Überschwang.« Um wirklichen Wandel anschieben zu können, das machte sie klar, braucht es so etwas wie Zukunftslust. »Wir müssen dafür stehen, dass unsere Ideen schöner, besser und praktischer sind. Wir müssen unser Zeug unwiderstehlich machen.«

Zukunftslust, das ist leichter gesagt als getan. Wie soll die große Hoffnung entstehen, wenn man mit so vielen realpolitischen Grenzen und Hierarchien konfrontiert ist? Wie entwickelt man revolutionäre Räume, wenn die Gegenwart immer wieder Türen zuschlägt? Wie schützt man sich vor Verzweiflung, wenn alles darauf hinausläuft, dass Trump 2024 wieder kandidiert?

Verabschiedet man sich von der Idee eines großen revolutionären Knalls, der alles plötzlich gut macht, kommt es auf den Weg dorthin an. Auf die Art der Organisierung, Gewohnheiten und Praktiken, die Kombination verschiedener Taktiken. Der französische Sozialphilosoph André Gorz sprach in den 60ern von der »nicht-reformistischen Reform«[8] – ein Konzept, auf das sich seit ein paar Jahren wieder verstärkt bezogen wird. Gorz wollte über die strenge Binarität von Reform und Revolution hinaus. Nichtreformistische Reformen, erklärte er, seien Reformen, die darauf zielten, die Kräfteverhältnisse grundsätzlich zu verschieben. »Sie sollen Breschen im Kapitalismus sein, die ihn in seinen Grundfesten erschüttern.«

Die amerikanische Rechtsprofessorin Amna Akbar hat drei Kennzeichen einer nicht-reformistischen Reform festgehalten: Erstens unterscheiden sie sich von liberalen Reformen in ihrer »radikalen Vorstellungskraft«, das heißt, sie sind eingebettet in eine Vision des Systemwandels. Zweitens werden sie nicht von Eliten angestoßen, sondern von unten. Drittens geht es nie nur um die »Reparatur durch Gesetze«, sondern immer um den Aufbau von kollektiver Macht.[9]

Was etwas abstrakt klingt, lässt sich an drei Beispielen gut erklären: Das erste Beispiel wäre das von Astra Taylor gegründete Debt Collective, das sich für eine Tilgung aller medizinischen und bildungsbezogenen Schulden einsetzt und dieses Vorhaben mit der Vision eines universell frei zugänglichen Bildungs- und Gesundheitssystems verbindet. Auf ähnliche Weise verknüpft sich die Forderung nach einem Abbau der Polizei (»Defund the Police«) mit der Investition in Sozialstrukturen, um somit ein grundlegend neues Justizsystem entwickeln zu können. Auch der Pro Act – eine Gesetzesinitiative, die im Repräsentantenhaus bereits verabschiedet wurde, aber bislang am Senat scheitert – könnte den Charakter einer nicht-reformistischen Reform annehmen. Würde der Pro Act in allen Punkten umgesetzt, hätten Arbeiter*innen in den US nicht nur mehr rechtlichen Schutz, sondern auch neue Möglichkeiten der Kontrolle über die Produktion. Es könnte der Anfang sein, Machtverhältnisse zu verrücken.

Die Frage, die sich linke Projekte nach Gorz also stellen sollten, ist die nach dem Prozess. Liegt die Utopie nur in der Zukunft, oder beginnt sie mit der Art, wie sich Menschen schon in der Gegenwart begegnen, organisieren, zu Entscheidungen kommen und Ziele verfolgen?

UNGEWÖHNLICHE ALLIANZEN

Das kommunistische Kollektiv *Endnotes* veröffentlichte Ende 2020 einen Aufsatz, in dem ein globaler Blick auf die laufende Ära der großen Proteste und heftigen Aufstände geworfen wurde.[10] *Endnotes* bezog sich in dem Text auf den iranisch-amerikanischen Soziologen Asef Bayat, der vor einigen Jahren den Begriff der »Nicht-Bewegung« geprägt hat. Bayat beschrieb mit diesem Begriff die Masse der unorganisierten Aufständischen, die er während des Arabischen Frühlings, aber auch in anderen Ländern wie Chile beobachtet hatte. Nicht-Bewegungen, führte *Endnotes* mit Blick auch auf die George-Floyd-Proteste in den USA aus, seien von einem »Durcheinander der Identitäten« geprägt. »Proletarier*innen, Studenten*innen und die Mittelschicht« gingen gemeinsam auf die Straße, ohne »eine kohärente Vorstellung von der Überwindung des Kapitalismus« zu haben. Was wir sehen, seien »Revolutionäre ohne Revolution«.

Wie passend der Begriff der »Nicht-Bewegung« im amerikanischen Kontext ist, kann man bezweifeln. Zutreffend ist aber in jedem Fall, dass die linken Kräfte weder das eine inhaltliche Programm haben, noch die exakt gleichen Taktiken und Ziele verfolgen. Es gibt keine »kohärente Vorstellung von der Überwindung des Kapitalismus«, das stimmt. Und vielleicht ist das auch besser so.

In Standing Rock schlossen sich Großstadtlinke dem indigenen Widerstand an, um für eine Welt zu kämpfen, in der Menschen und Natur miteinander blühen. Im Silicon Valley organisieren sich Lagerhaus-Beschäftigte und Softwareentwicklerinnen, um gerechte Arbeitsbedingungen und eine Demokratisierung des Internets zu erreichen. In Portland demonstrierten Schwarze Antifaschistinnen neben einer Gruppe überwiegend weißer Mütter, der sogenannten »Wall of Moms«, für sichere öffentliche Räume. Wo Grenzen fallen, wächst Solidarität. Kein magischer Trick, sondern meist harte Arbeit.

Im »Durcheinander der Identitäten« könnte, wie *Endnotes* in dem Aufsatz angedeutet hat, also gerade die große Chance liegen. Militante Marxistinnen, die bürgerliche Kräfte auf ihre Seite ziehen; Politiker, die mit Aktivistinnen kooperieren; Klima-Wissenschaftlerinnen, die mit Gewerkschaftlern Pläne schmieden; Arbeiter*innen aus verschiedenen Berufen, die gemeinsam streiken. Ungewöhnliche Allianzen – die neue Beziehungsweisen ermöglichen.

»Bewegungen sind dann am mächtigsten, wenn sie beginnen, die Vision und Perspektive derer zu beeinflussen, die sich nicht unbedingt mit diesen Bewegungen assoziieren«, hat Angela Davis mal gesagt.[11] Schauen wir in diesem Sinne auf die, die solche Banden schon bilden. Sie treiben die Geschichte an.

ANMERKUNGEN

EINLEITUNG

1 Hannah Black: *Go Outside*, Artforum (Dezember 2020): https://www.artforum.com/print/202009/hannah-black-84376.
2 Tobi Haslett: *Magic Actions*, n+1 (Ausgabe 40, Sommer 2021): https://nplusonemag.com/online-only/online-only/magic-actions.
3 Redfin-Umfrage zum Thema Klima und Wohnungsumzüge: https://www.redfin.com/news/climate-change-migration-survey.
4 Paul Mason: *Twenty reasons why it's kicking off everywhere*, auf seinem Blog Idle Scrawl (Februar 2011).
5 Malcolm Harris: *Kids These Days*, Little, Brown and Company (2017), Seite 6.

1 AMERIKAS NEUE LINKE

1 Corey Robin: *The Obamanauts*, Dissent Magazine (Herbst 2019): https://www.dissentmagazine.org/article/the-obamanauts.
2 U.S. Energy Information Administration zur Energieversorgung in den USA: https://www.eia.gov/todayinenergy/detail.php?id=40973.
3 Micah L. Sifry: *Obama's Lost Army*, The New Republic (Februar 2017): https://newrepublic.com/article/140245/obamas-lost-army-inside-fall-grass-roots-machine.
4 Charlene Carruthers: *Unapologetic*, Beacon Press (2018), Seite 39.
5 Welche Rolle radikaler Widerstand in der Geschichte der USA gespielt hat, lässt sich besonders gut über Howard Zinns Buch *A People's History of the United States* (HarperCollins) nachvollziehen.
6 Jane McAlevey im Gespräch mit dem Magazin Current Affairs: https://www.currentaffairs.org/2019/04/jane-mcalevey-on-how-to-organize-for-power.
7 Alyssa Battistoni: *Spadework*, n+1, (Ausgabe 34, Frühling 2019): https://www.nplusonemag.com/issue-34/politics/spadework/.
8 Kalle Kunkel und Jana Seppelt: *Was Organizing (nicht) ist*, Zeitschrift LuXemburg (Mai 2021): https://www.zeitschrift-luxemburg.de/was-organizing-nicht-ist/.
9 The Lancet Commission: *Public policy and health in the Trump era* (Februar 2021).

2 OCCUPYS ERBE

1. Keeanga-Yamahtta Taylor: *Building a multiracial Occupy movement*, SocialistWorker.org (November 2011): https://socialistworker.org/2011/11/03/multiracial-occupy-movement.
2. Peter Frase: *Four Futures*, Jacobin Magazine (November 2011): https://www.jacobinmag.com/2011/12/four-futures/.
3. Astra Taylor: *Democracy May Not Exist, but We'll Miss It When It's Gone*, Metropolitan Books (2019).
4. Astra Taylor, Keith Gessen et al.: *Occupy! Scenes from Occupied America*, Verso Books (2011), Kindle-Version, Position 1759.
5. Ebd., Position 520.
6. Journal of General Internal Medicine (Mai 2019) zu medizinischen Schulden: https://doi.org/10.1007/s11606-019-05002-w.
7. Lizzie Presser: *When Medical Debt Collectors Decide Who Gets Arrested*, ProPublica (Oktober 2019): https://features.propublica.org/medical-debt/when-medical-debt-collectors-decide-who-gets-arrested-coffeyville-kansas/.
8. David Graeber: *The Democracy Project*, Random House (2013), Kindle-Version, Position 144.

3 VISIONEN DER SCHWARZEN BEWEGUNG

1. Keeanga-Yamahtta Taylor: *Von #BlackLivesMatter zu Black Liberation*, Unrast Verlag (2017), übersetzt von Gabriel Kuhn.
2. Data Collaborative for Justice: *Tracking enforcement rates in New York City*, 2003–2018: https://datacollaborativeforjustice.org/wp-content/uploads/2020/09/2020_08_31_Enforcement.pdf.
3. Eine Analyse von ABC News zum Polizeiverhalten in den USA (Juni 2011): https://abcnews.go.com/US/abc-news-analysis-police-arrests-nationwide-reveals-stark/story?id=71188546.
4. Council on Criminal Justice: *Trends in Correctional Control by Race and Sex* (2019): https://counciloncj.org/wp-content/uploads/2021/09/Trends-in-Correctional-Control-FINAL.pdf.
5. Prison Policy Initiative: *How race impacts who is detained pretrial* (Oktober 2019): https://www.prisonpolicy.org/blog/2019/10/09/pretrial_race/.
6. Alicia Garza: *Die Kraft des Handelns*, Tropen (2020), Seite 346.
7. Robin D. G. Kelley: *Why Black Marxism, Why now?*, Boston Review (Februar 2021): http://bostonreview.net/race-philosophy-religion/robin-d-g-kelley-why-black-marxism-why-now.
8. Cedric J. Robinson: *Black Marxism*, The University of North Carolina Press (2000), Seite 169.

9 Economic Innovation Group: *Neighborhood Poverty Project* (Mai 2020): https://eig.org/wp-content/uploads/2020/04/Persistence-of-Neighborhood-Poverty.pdf.

4 SOZIALISTISCHER REALISMUS

1 Umfrage zur finanziellen Absicherung der US-Bevölkerung: https://www.bankrate.com/banking/savings/financial-security-january-2021.
2 Institute for Policy Studies: *Billionaire Bonanza 2020*: https://ips-dc.org/wp-content/uploads/2020/04/Billionaire-Bonanza-2020.pdf.
3 Susan Weissman: *The course is set on hope*, Verso Books (2001).
4 Raul Zelik: *Wir Untoten des Kapitals*, Suhrkamp (2020).
5 Keeanga-Yamahtta Taylor: *How We Get Free*, Haymarket Books (2017).
6 Olúfẹ́mi O. Táíwò: *Identity Politics and Elite Capture*, Boston Review (Mai 2020): https://bostonreview.net/race/olufemi-o-taiwo-identity-politics-and-elite-capture.
7 Lux Magazine, (Ausgabe 1, Januar 2021), Editorial.
8 Meagan Day und Micah Uetricht: *Bigger Than Bernie*, Verso Books (2020).

5 LAND ZURÜCK

1 Nick Estes: *Our History is the Future*, Verso Books (2019).
2 Der Blog von Nick Estes: *owasicu owe waste sni*: https://nickestes.blog/.
3 Zoltán Grossman: *Unlikely Alliances*, University of Washington Press (2017).
4 YouGov-Umfrage zum Klima (September 2019): https://yougov.co.uk/topics/science/articles-reports/2019/09/15/international-poll-most-expect-feel-impact-climate.
5 The Guardian/YouGov zum Thema Klima-Leugnung: https://www.theguardian.com/environment/2019/may/07/us-hotbed-climate-change-denial-international-poll.
6 Yale Universität: International Public Opinion on Climate Change (2021): https://climatecommunication.yale.edu/wp-content/uploads/2021/06/international-climate-opinion-february-2021d.pdf.
7 Matt Huber in Jacobin Magazine (Februar 2021): https://jacobinmag.com/2021/05/rich-people-climate-change-consumption.
8 Kate Aronoff: *Overheated*, Bold Type Books (2021).
9 The Red Nation: *The Red Deal*, Common Notions (2021), Seite 7, übersetzt durch Nicole Millow für Progressive Internationale: https://progressive.international/wire/2021-04-19-the-red-deal-indigenous-action-to-save-our-earth/de.

10 Kanahus Manuel und Naomi Klein in The Globe and Mail (November 2929): https://www.theglobeandmail.com/opinion/article-land-back-is-more-than-a-slogan-for-a-resurgent-indigenous-movement.
11 Leanne Betasamosake Simpson in Pacific Standard: https://psmag.com/ideas/indigenous-knowledge-has-been-warning-us-about-climate-change-for-centuries.
12 Andreas Malm: *Wie man eine Pipeline in die Luft jagt*, Matthes & Seitz (2020).
13 Eva von Redecker: *Revolution für das Leben*, S. Fischer (2020).
14 Leanne Betasamosake Simpson: *As We Have Always Done*, University of Minnesota Press (2017).

6 ABOLITIONISMUS

1 Gallup-Umfrage zum Vertrauen in die Polizei: https://news.gallup.com/poll/317114/black-white-adults-confidence-diverges-police.aspx.
2 Alex Vitale: *The End of Policing*, Verso Books (2017).
3 Anonymer Medium-Blog: *Confessions of a Former Bastard Cop*: https://medium.com/@OfcrACab/confessions-of-a-former-bastard-cop-bb14d17bc759.
4 Mychal Denzel Smith: *Abolish the Police*, The Nation (April 2015): https://www.thenation.com/article/archive/abolish-police-instead-lets-have-full-social-economic-and-political-equality/.
5 Mariame Kaba: *We Do This 'Til We Free Us*, Haymarket Books (2021), Seite 35.
6 Studie des Bundesministeriums der Justiz und für Verbraucherschutz: *Legalbewährung nach strafrechtlichen Sanktionen* (2016).
7 Unabhängige Kommission Antiziganismus: *Perspektivwechsel – Nachholende Gerechtigkeit – Partizipation* (2021).
8 Interview mit Vanessa E. Thompson und Daniel Loick in analyse und kritik (Juni 2020): https://www.akweb.de/bewegung/rassismus-und-die-identifikation-mit-dem-blick-der-polizei/.
9 *190220 – Ein Jahr nach Hanau*, Podcast von Sham Jaff und Alena Jabarine, online z. B. über Spotify.
10 W. E. B. Du Bois: *Black Reconstruction*, The Free Press (1998).

7 KLASSE UND CARE

1 Strategic Organizing Center: *Primed for Pain* (Mai 2021).
2 The Daily: *A Union Drive at Amazon* (April 2021): https://www.nytimes.com/2021/04/01/podcasts/the-daily/amazon-union-vote-alabama.html?showTranscript=1.

3   Jane McAlevey: *A Collective Bargain*, HarperCollins (2020).
4   Jane McAlevey: *Absehbare Niederlage*, Zeitschrift LuXemburg (April 2021), übersetzt von Jan-Peter Hermann: https://www.zeitschrift-luxemburg.de/die-absehbare-niederlage-in-alabama-eine-kritik-der-organizing-kampagne-bei-amazon/.
5   Chris Maisano: *Can Labor Break Its Double Bind?*, Catalyst (Winter 2021): https://catalyst-journal.com/2021/03/can-labor-break-its-double-bind.
6   U. S. Bureau of Labor Statistics: *Union Members Summary* (Januar 2021): https://www.bls.gov/news.release/union2.nr0.htm.
7   Economic Policy Institute: *State of Working America Wages 2019*: https://www.epi.org/publication/swa-wages-2019/.
8   Pew Research Center: *Trends in income and wealth inequality* (Januar 2020): https://www.pewresearch.org/social-trends/2020/01/09/trends-in-income-and-wealth-inequality/.
9   J. D. Vance: *Hillbilly Elegy*, Harper Press (2016), Seite 238.
10 Gabriel Winant: *The Next Shift*, Harvard University Press (2021).
11 *The Care Economy Statement*, entdeckt durch den Blog der Politikwissenschaftlerin Antje Schrupp): https://thecareeconomy.ca/statement.
12 *Bunker with a bowling alley: How the rich are running from coronavirus*, Los Angeles Times (März 2020): https://www.latimes.com/business/real-estate/story/2020-03-23/rich-are-running-from-coronavirus.
13 Sophie Lewis: *Full Surrogacy Now*, Verso Books (2019).
14 United Nations Office on Drugs and Crime: *Global Study on Homicide* (2018): https://www.unodc.org/documents/data-and-analysis/GSH2018/GSH18_Gender-related_killing_of_women_and_girls.pdf.
15 Melinda Cooper: *Family Values*, Zone Books (2019).
16 Sarah Jaffe: *Necessary Trouble*, Bold Type Books (2016), Seite 98.
17 Eric Blanc: *Red State Revolt*, Verso Books (2019).
18 Data for Progress, Umfrage zur amerikanischen Ökonomie: https://www.dataforprogress.org/memos/economic-order-is-stacked-against-workers.
19 Gallup-Umfrage zu Gewerkschaften: https://news.gallup.com/poll/318980/approval-labor-unions-remains-high.aspx.
20 Sarah Jaffe: *The Collective Power of #MeToo*, Dissent (Frühling 2018): https://www.dissentmagazine.org/article/collective-power-of-me-too-organizing-justice-patriarchy-class.
21 Yonatan Miller im Interview mit Neues Deutschland (April 2021): https://www.neues-deutschland.de/artikel/1150338.tech-workers-coalition-gegen-gehaltsunterschiede-und-raubrittermentalitaet.html.
22 César Rendueles: *Kanaillen-Kapitalismus*, übersetzt von Raul Zelik, Suhrkamp (2018).

8 ÜBER DEN GREEN NEW DEAL HINAUS

1 Data for Progress, Umfrage zum Green New Deal: https://www.datafor progress.org/blog/2021/4/19/voters-support-green-new-deal.
2 Varkini Prakash und Guido Girgenti: *Winning the Green New Deal*, Simon & Schuster (2020), Beitrag von Dyanna Jaye, Seite 168.
3 Studie in Nature Reviews Earth & Environment: *The environmental price of fast fashion* (2020): https://doi.org/10.1038/s43017-020-0039-9.
4 Vereinte Nationen: *Food Waste Index Report 2021*.
5 Mariana Mazzucato: *Covid-19 and the Green New Deal*, SDG Blog (Dezember 2020): https://www.un.org/development/desa/undesavoice/more-from-undesa/2020/12/50538.html.
6 Journal Science: *Estimating economic damage from climate change in the United States* (Juni 2017), zusammengefasst online in der New York Times: https://www.nytimes.com/interactive/2017/06/29/climate/southern-states-worse-climate-effects.html.
7 Jasper Bernes: *Between the Devil and the Green New Deal*, Commune (April 2019): https://communemag.com/between-the-devil-and-the-green-new-deal/.
8 Thea Riofrancos: P*lan, Mood, Battlefield – Reflections on the Green New Deal*, Viewpoint Magazine (Mai 2019): https://viewpointmag.com/2019/05/16/plan-mood-battlefield-reflections-on-the-green-new-deal/.
9 *Red Deal*, Seite 37.
10 Kate Aronoff, Daniel Aldana Cohen, Alyssa Battistoni, Thea Riofrancos: *A Planet to Win*, Verso (2019).

9 STAATSFEIND*INNEN

1 Shane Burley: *Why Charlottesville?*, Protean Magazine (August 2020): https://proteanmag.com/2020/08/12/why-charlottesville/.
2 Duden, »Staatsfeind«: https://www.duden.de/rechtschreibung/Staatsfeind.
3 Shane Burley: *Why We Fight*, AK Press (2021), Seite 26.
4 Studie des Center for Strategic and International Studies: *The War Comes Home* (Oktober 2020): https://www.csis.org/analysis/war-comes-home-evolution-domestic-terrorism-united-states.
5 Adam Johnson: *In Month After Charlottesville, Papers Spent as Much Time Condemning Anti-Nazis as Nazis*, Fair (September 2017): https://fair.org/home/in-month-after-charlottesville-papers-spent-as-much-time-condemning-anti-nazis-as-nazis/.
6 Mark Bray: *Antifa vs. Milo Yiannopoulos: Who won?*, Salon (Januar 2018): https://www.salon.com/2018/01/31/antifa-vs-milo-yiannopoulos-who-won/.

7   Institut für Demokratie und Zivilgesellschaft: *Hate Not Found?!* (November 2020): https://www.idz-jena.de/fileadmin/user_upload/Hate_not_found/WEB_IDZ_FB_Hate_not_Found.pdf.
8   Timothy Snyder: *Über Tyrannei*, Beck Verlag (2017), Seite 124.
9   Robin D. G. Kelley im Interview mit der Los Angeles Times (März 2021): https://www.latimes.com/lifestyle/image/story/2021-03-17/robin-dg-kelley-black-marxism-protests-la-politics.
10 Alberto Toscano: *The Long Shadow of Racial Fascism*, Boston Review (Oktober 2020): https://bostonreview.net/race-politics/alberto-toscano-long-shadow-racial-fascism.

10 ZWISCHEN BEWEGUNG UND PARLAMENT

1   Real Clear Politics: Congressional Job Approval: https://www.realclearpolitics.com/epolls/other/congressional_job_approval-903.html#polls.
2   Studie des Public Religion Research Institute: *2016 American Values Study*: https://www.prri.org/research/poll-1950s-2050-divided-nations-direction-post-election/.
3   Studie der Friedrich-Ebert-Stiftung: *Vertrauen in Demokratie* (2019): http://library.fes.de/pdf-files/fes/15621-20190822.pdf.
4   Studie der Robert Bosch Stiftung: *Beziehungskrise?* (2021): https://www.bosch-stiftung.de/sites/default/files/publications/pdf/2021-07/Studie_Beziehungskrise_B%C3%BCrger_und_ihre_Demokratie.pdf.
5   Analyse von Open Secrets: *Majority of lawmakers in 116th Congress are millionaires*: https://www.opensecrets.org/news/2020/04/majority-of-lawmakers-millionaires/.
6   Lauren Berlant: *Cruel Optimism*, Duke University Press (2011).
7   Lauren Berlant: Sixth Annual Feminist Theory Workshop (März 2012): https://www.youtube.com/watch?v=Wni7qAhabcY.
8   Andrew Marantz: *Are We Entering a New Political Era?*, New Yorker (Mai 2021): https://www.newyorker.com/magazine/2021/05/31/are-we-entering-a-new-political-era.
9   Data for Progress, Umfrage zu einer staatlichen Arbeitsplatzgarantie: https://www.filesforprogress.org/memos/case-for-a-federal-job-guarantee-program.pdf.
10 Data for Progress, Umfrage zur Tilgung von Universitätsgebühren: https://www.filesforprogress.org/datasets/2020/12/dfp_vox_student_debt.pdf.
11 Data for Progress, Umfrage zu einer Vermögensteuer: https://www.dataforprogress.org/blog/2021/2/22/warren-wealth-tax-winning-strategy.

12 Diedrich Diederichsen: *Am Stammtisch der Sachlichkeit*, Merkur (September 2021): https://www.merkur-zeitschrift.de/2021/08/24/am-stammtisch-der-sachlichkeit-markiertes-sprechen-in-deutschland/.

13 Chris Maisano: *Eine Linke, die zählt*, Jacobin (März 2021): https://jacobin.de/artikel/dsa-democratic-socialists-of-america-stratgie-biden-sanders-wahlkampf-marxistischer-reformismus-strategie-us-linke-demokraten/.

14 Nikil Saval: *Canvassing*, n+1 (Ausgabe 26, Herbst 2016): https://www.nplusonemag.com/issue-26/the-intellectual-situation/canvassing/.

15 Seth Ackerman: *A Blueprint for a New Party*, Jacobin (August 2016): https://jacobinmag.com/2016/11/bernie-sanders-democratic-labor-party-ackerman.

16 Salar Mohandesi: *Party As Articulator*, Viewpoint Magazine (September 2020): https://viewpointmag.com/2020/09/04/party-as-articulator/.

SCHLUSS

1 Jesse A. Myerson: *Trumpism: It's Coming From the Suburbs*, The Nation (Mai 2017): https://www.thenation.com/article/archive/trumpism-its-coming-from-the-suburbs/.

2 Gabriel Winant: *We Live in a Society*, n+1 (Dezember 2020): https://www.nplusonemag.com/online-only/online-only/we-live-in-a-society/.

3 Bini Adamczak: *Beziehungsweise Revolution*, Suhrkamp (2017).

4 Tobias Haberkorn: *Sie wird untergehen*, Zeit Online (September 2017): https://www.zeit.de/kultur/2017-09/angela-merkel-bundeskanzlerin-vertrauen-buerger-politikstil.

5 ZDF Politbarometer (30. Juli 2021): https://www.zdf.de/nachrichten/politik/politbarometer-laschet-union-verluste-sonntagsfrage-100.html.

6 Infratest Dimap, Wahlumfrage 27. September 2021: https://www.tagesschau.de/wahl/archiv/2021-09-26-BT-DE/charts/umfrage-job/chart_891978.shtml.

7 DGB Einblick, Wahlergebnis unter Gewerkschaftsmitgliedern (Oktober 2021): https://www.dgb.de/themen/++co++79fb7b60-1f79-11ec-88c8-001a4a160123.

8 André Gorz: *Zur Strategie der Arbeiterbewegung im Neokapitalismus*, Europäische Verlagsanstalt (1967).

9 Amna Akbar: Harvard Law Review Forum, Ausgabe 2 (Dezember 2020): https://harvardlawreview.org/2020/12/demands-for-a-democratic-political-economy/.

10 Endnotes Journal: *Onward Barbarians* (Dezember 2020): https://endnotes.org.uk/other_texts/en/endnotes-onward-barbarians.

11 Angela Davis: *Freedom is a Constant Struggle*, Haymarket Books (2016), Seite 47.

DANKSAGUNG

First of all, I would like to thank every single person who gave me their precious time and talked to me for this book.

Ich danke Elisabeth Ruge für die Unterstützung von Beginn an. Du hast mich mit deiner Überzeugung immer wieder motiviert.

Tom Kraushaar für das große Vertrauen und das Lektorat; dem ganzen Team von Klett-Cotta für die tolle Arbeit.

My infinite gratitude to Ryan Devereaux for introducing me to a new world.

Thank you, my dear Carousel Ponies: Abby Ellis, Ali Gharib, Andrea Jones, Carmel Lobello, Gideon Orion Oliver, Hannah Cohen, Jesse A. Myerson, Mae Smith, John Knefel, MJ Knefel, Mychal Denzel Smith and Nick Pinto.

Ein spezieller Dank an …

Anne Waak, Asal Dardan, Caspar Shaller, Emily Dische-Becker, Eva von Redecker, Fabian Wolff, Georg Diez, Laura Ewert und Samira El Ouassil für die Gedanken zum Buch.

Antonia Polkehn für alles. Ole Brandmeyer für alles andere.

Meinen Bruder Julian und seine, meine Familie, Erika, Teo und Mia – mit Euch fühle ich mich so wohl.

Meine Eltern Mechthild und Klaus, Ihr seid für mich der größte Halt.

Meine Tash. Es gibt keine Worte dafür, wie dankbar ich Dir bin. Nicht mal im Deutschen. I love you.